Sozialmanagement oder Wohlfahrtsverwaltung?

Europäische Hochschulschriften

Publications Universitaires Européennes
European University Studies

Reihe XXII
Soziologie

Série XXII Series XXII
Sociologie
Sociology

Bd./Vol. 307

PETER LANG
Frankfurt am Main · Berlin · Bern · New York · Paris · Wien

Nikolaus Dimmel

Sozialmanagement oder Wohlfahrtsverwaltung?

Überlegungen zum Umbau des Wohlfahrtsstaates

PETER LANG
Europäischer Verlag der Wissenschaften

Die Deutsche Bibliothek - CIP-Einheitsaufnahme

Dimmel, Nikolaus:

Sozialmanagement oder Wohlfahrtsverwaltung? : Überlegungen zum Umbau des Wohlfahrtsstaates / Nikolaus Dimmel. - Frankfurt am Main ; Berlin ; Bern ; New York ; Paris ; Wien : Lang, 1997
(Europäische Hochschulschriften : Reihe 22, Soziologie ; Bd. 307)
ISBN 3-631-41698-9

NE: Europäische Hochschulschriften / 22

Gedruckt mit Unterstützung des
Evers-Marcic-Fonds der Rechtswissenschaftlichen
Fakultät der Universität Salzburg.

ISSN 0721-3379
ISBN 3-631-41698-9

Printed in Germany 1 2 4 5 6 7

Vorwort

Ursprünglich dachte ich daran, den Erfahrungs- und Zitatenschatz, der in meinem Behördentagebuch aus den Jahren meiner praktischen Tätigkeit als Sozialamtsleiter einer österreichischen Statutarstadt festgehalten ist, in einem satirischen Essay aufzuarbeiten. Im Laufe der Abwicklung eines rechtssoziologischen Forschungsprojekts, welches sich mit dem „Aushandeln von Wohlfahrtsstaatlichkeit" befaßt, wurde mir jedoch klar, daß damit der Dramatik des Überlebens unter Armutsbedingungen, andererseits aber auch der Komplexität von Entscheidungen in Wohlfahrtsverwaltungen nicht entsprechend Rechnung getragen würde. Nicht zuletzt war mir ja auch darum zu tun, die Verstrickungen bürokratischer Formalisierung, mit denen ich jahrelang gerungen habe, sowohl mit dem in kritischer Distanz geübten Auge des Soziologen zu beobachten als auch mit der offen dargelegten Absicht zu analysieren, die Notwendigkeit von Veränderung zu begründen. Ob es gelungen ist, das ursprüngliche Projekt einer bürokratiekritischen „situation comedy" in einen ebenso verwaltungssoziologischen wie reform- und handlungsorientierten Essay, der sich in die gegenwärtige Debatte um einen Umbau des österreichischen Wohlfahrtsstaates einmischen möchte, umzuwandeln, muß der/die LeserIn beurteilen. Ich möchte an dieser Stelle Nicolaas DeJongh, Herbert Gottweis, Markus Gstach, Reinhold Popp und Herbert Prucher danken, ohne die der vorliegende Essay in der vorliegenden Form wohl so nicht zustandegekommen wäre. Dank gebührt auch dem Rene Marcic Fonds der Rechtswissenschaftlichen Fakultät der Universität Salzburg für seine finanzielle Unterstützung zur Drucklegung.

Nikolaus Dimmel im Januar 1997

Inhaltsverzeichnis

Einleitung

Der vorliegende Essay versteht sich als Plädoyer für die Anwendung von Managementwissen in Wohlfahrtsverwaltungen (WFV). Dies begründend wird die vorherrschende Organisationsform, die Kultur administrativer Entscheidungen als mit-ursächlich für die Krise des Wohlfahrtsstaates (WFS) beschrieben. Mit dem Begriff „Wohlfahrt" wird hier der Kern wohlfahrtsstaatlicher Leistungen gefaßt, nämlich die Sozialhilfe einschließlich sozialer Dienste und Hilfen in besonderen Lebenslagen, die Behindertenhilfe sowie die Jugendwohlfahrt der Länder und Gemeinden.[1] Motiv der vorliegenden Arbeit ist es, jene *organisationellen Pathologien* (Türk 1978) zu beleuchten, die für die kontraproduktiven Selbstschließungen und unbeabsichtigten Selbstblockierungen der WFV ursächlich sind. Dies geschieht mit der Zielsetzung zu zeigen, daß eine der Sachlage angemessene Reform des WFS gegen alle Krisenrhetorik greifbare Handlungsspielräume eröffnen würde.

Im folgenden werden keine „großen Lösungen"[2] angeboten. Vielmehr soll es vor dem Hintergrund der chronifizierten Krise des Sozialstaates[3] darum gehen, erst einmal die Komplexität der Krisenfaktoren im Konfliktfeld Wohlfahrt sachgerecht abzubilden. Im Anschluß daran soll der Anteil der WFV an den Fehlstellungen und Fehladressierungen des WFS bestimmt werden, um darauf aufbauend wiederum Ansatzpunkte für eine Reform der WFV zu formulieren.

Einschränkend ist anzumerken, daß es „den WFS" in Österreich schlechthin nicht gibt.[4] Besser wäre es, von zumindest neun *regionalen Wohlfahrtskulturen* zu sprechen, wobei nochmals zwischen zentralräumlichen und ländlichen Regionen zu unterscheiden wäre.[5] Diese dezidiert kulturelle Perspektive, die auch auf verflochten regulierte Handlungskontexte, weltanschauliche Narrative (Mythen, ideologische Erzählfiguren) und den kollektiven Habitus von Akteuren („Korpsgeist" oder „codes of conduct") in Organisationen und Netzwerken scharfgestellt ist, ermöglicht es, die Ergebnisse der Interventionen des politisch-administrativen Systems als Wechselspiel von institutionellen Rahmenbedingungen (Recht, Geld) und Handeln (Interesse, Motivation, Wissen, Kompetenz) zu verstehen.

Innerhalb dieses Bezugsrahmens spielen nicht nur die Unterschiede in den *Rechtskulturen*[6] (i.e. „ethics and practices of legal organizations"; Gibson 1996) und Institutionen der WFV, sondern auch die jeweiligen, historisch gewachsenen *Kommunikationsstrukturen* eine wesentliche Rolle.[7] Insofern ergeben sich die Differenzen zwischen den neun unterschiedlichen Landessozialpolitikkulturen nicht nur aus der unterschiedlichen Rechtslage und der Aufbau- und Ablauforganisation der zugehörigen Ämter. Sie wurzeln auch in der Diskursorganisation der Wohlfahrtsagenda,[8] also in dem, wie über die Sache (nicht immer) öffentlich verhandelt wird. Von nicht zu unterschätzender Bedeutung hierbei sind kleinräumige, *mikroklimatische Diskurspraktiken.* Diese tragen entscheidend dazu bei, daß persönliche Beziehungen[9], subkulturelle Codierungen und eigentlich nicht bewußt reflektierte Konfliktklimata auf sozialtechnische Regulierungen ofmals größeren Einfluß haben als Recht oder Organisationsregeln.

Richtet man den Blick auf die interne Diskursorganisation der WFV, so spielen hier die eingeübten Diskursverständnisse und der soziale Habitus der Akteure (Dimmel 1996c) im politisch-administrativen System einerseits und die unübersichtliche Umwelt der WFV, die sich als Geflecht kontrollierender und intervenierender gesellschaftlicher Assoziationsverhältnisse (Vereine, Kirchen, Berufsvereinigungen, Medien, Rechnungshöfe uam.) beschreiben läßt, eng zusammen. Je komplizierter dieses Geflecht der externen Moralagenturen, Meinungsträger, Multiplikatoren, Verbände und freien Wohlfahrtsträger, desto vorläufiger gerät auch die politisch-administrative Auseinandersetzung, desto beliebiger wird das politische Argument, desto indifferenter werden auch die Regulierungsleistungen der Verwaltung. Dabei sind weniger die Kräfteverhältnisse denn die konkreten Austausch- und Interaktionsbeziehungen zwischen den Akteuren ausschlaggebend für die Entstehung von sozialpolitischen Programmen und Implementationskulturen, also die Art und Weise der Umsetzung und Verwirklichung von Aufgaben und Zielsetzungen.

Ich werde die vorstehend umrissene Themenstellung nach einer „tour d'horizon" durch die Kultur von WFV (Kap.1) in drei Teilen zueinander ins Verhältnis bringen: zum ersten wird anhand einer näheren Betrachtung der Elemente der Krise des WFS gezeigt, daß diese längst nicht nur durch die Verengung des budgetären Handlungsspielraums hervorgerufen wurde (Kap.2). Gezeigt wird dabei, daß hier ein ganzes Bündel (Delegitimation der Wohlfahrt, Überforderung der Wohlfahrtspolitik, Fehlprogrammierungen und -adressierungen von Recht etc.) von Faktoren zusammenspielt. Innerhalb dieses Bündels verkörpert das Verwaltungsprocedere (Verfahren, Strategien, Entscheidungen usw.) eben nur ein Element unter mehreren. Zum zweiten befasse ich mich mit dem Stellenwert der WFV innerhalb der Bürokratie, mit den Grundmustern, Fehlfunktionen und Pathologien der Bürokratie (Kap.3). Zugleich versuche ich zu zeigen, daß und wie diese Fehlfunktionen und Pathologien fallweise auslösend für die vielgestaltigen Blockierungen in der Performanz, also der Integrationsleistung und Sozialgestaltung durch den WFS sind. Im darauf folgenden Teil (Kap.4) wende ich mich der Frage zu, welche Managementstrategien und -maßnahmen erforderlich wären, um WFV in selbständig agierende, transparente und effektive Organisationen zu verwandeln. Es handelt sich dabei um Vorüberlegungen zu einer anderen Strategie der Wohlfahrtsverwaltungsreform als der bisher verfolgten. Das zusammenfassende Schlußkapitel stellt schließlich die Frage nach einem sowohl realistischen als auch sozialen Integrationsinteressen verpflichteten Reformszenario des WFS.

Dabei ist angemessen ins Kalkül zu ziehen, daß die Reformkapazität und damit auch die Reformwahrscheinlichkeit des WFS in den letzten Jahren zweifellos niedrig war. Man muß hierbei in Rechnung stellen, daß die öffentliche Verwaltung von einer wirkungsmächtigen 250-jährigen Tradition getragen wird, die sich in ihr Recht, ihre Institutionen und Corpsrituale eingeschrieben hat. Zudem hat sich im Habitus der Akteure eine strukturell konservative Denkhaltung verfestigt, welche jegliche Veränderung bzw. Reform beargwöhnt. Nicht wenige Stimmen meinen daher, eine Reform der öffentlichen Verwaltung sei eigentlich nur durch die weitgehende Privatisierung ihrer Agenden und damit durch ihr quantitatives wie qualitatives „Downsizing“ möglich.

Dies aber ist nur ein Element der Malaise. Zugleich nämlich erweist sich auch die innere Reformbereitschaft und -fähigkeit des politischen Systems als beschränkt. Wer folglich über die Reform des WFS nachdenkt, muß zugleich auch über eine andere Performanz der Politik, über einen anderen Typus von politischen Eliten nachdenken.

Jedes Reformszenario des WFS muß sich schließlich auch mit den komplizierter werdenden Ligaturen des sozialen Strukturwandels beschäftigen. Die traditionelle „Armutsbevölkerung“ wird sukzessive durch neu entstehende Risikopopulationen überlagert. Neue Formen der Marginalisierung, Randständigkeit und normalisierten Teilhabeverweigerung (Alleinerziehen, Schulden, Arbeitslosigkeit) entstehen und damit in Zusammenhang auch neue Herausforderungen an die Erfassung und Bearbeitung sozialer Risiken sowohl durch den Staat als auch die Zivilgesellschaft.

1. Zur Kultur von Wohlfahrtsverwaltungen

Ein plausibler Befund lautet, daß die Handlungselemente und Steuerungstechniken herkömmlicher Verwaltung[10] dem Wohlfahrtszweck zunehmend unverträglich (Fink 1990; Gilbert 1995) sind: der auf den Codes des interventionistischen Rechts und der Kameralistik basierende Vollzug wird der Komplexität sozialer Inklusions- und Integrationsaufgaben längst nicht mehr gerecht.[11]

Soll vor diesem Hintergrund das in einer ganzen Reihe von Bundesländern und (Statutar)Städten debattierte Reformprojekt einer Effizienzsteigerung der WFV gelingen,[12] dann müssen sich sowohl die Codierungen als auch die institutionellen Rahmenbedingungen von Rechtsvollzug und Administration ändern, wie dies die „New-Public-Management"-Debatte[13] andeutet. Das Handlungsrepertoire der Verwaltung (Ordnungs- bzw. Eingriffsverwaltung einerseits, Leistungsverwaltung andererseits) wäre durch Management-Strategien zu ergänzen. Management hieße, das Organisationsmuster der WFV auf Formen der strategischen Zielerreichung zu programmieren, die geprägt sind durch Lernen, Umweltbeobachtung, Selbstanpassung und Flexibilität (Cohen/Sproull 1996).

In dieser programmatischen Vorgabe liegt großes Konfliktpotential. Zum ersten verträgt sich das streng formalisierte Verwaltungsprocedere mit der voraussetzungsvollen Vorgabe einer sowohl strategischen als auch flexiblen Zielerreichung durch lernende Organisationen nicht ohne weiteres. Fox/Miller (1996,18) sprechen zurecht vom „folly of binding behaviour by writing rules". Zum zweiten ist das Personal in WFV weithin nicht hinreichend qualifiziert, mit den zunehmend prozedural erweiterten Ermessensspielräumen professionell umzugehen. Dies ist unter anderem auch der unsystematischen Entwicklung von Führungskapazitäten geschuldet (Terry 1996). Zum dritten geht es im Wohlfahrtsbereich eben nicht nur um Management, sondern um „*Sozialmanagement*" (Gehrmann/Müller 1993; Schwarz 1996), also die Verbindung von organisatorischer Steuerung und Sozialtechnik. Das

Erfordernis, Management als Sozialmanagement zu konzeptualisieren, bezieht sich dabei auf die doppelseitige Ausprägung der WFV als öffentliche Verwaltung und „Non-Profit-Organisation" (NPO).

Gerade aus dieser *Janusköpfigkeit* der WFV (Verwaltung/NPO) speist sich ein tiefgreifendes Dilemma gegenläufiger Handlungsanforderungen zwischen der Logik sozialer Regulation (Francis 1993) einerseits und der Logik der Verwaltung (Schauer 1983) andererseits. Konkret soll alle WFV situationsbezogen einmal als *Administration*[14], ein ander mal als *Behörde*[15] tätig werden.[16] Im ersten Fall verwirklicht sie einen responsiv-steuernden, situativ-offenen Programmvollzug, im zweiten einen konditionalen oder zweckhaft-finalen Rechtsvollzug im Rahmen der Hoheitsverwaltung. Als Administration besteht ihre Aufgabe in der wohlfahrtspolitischen Programmformulierung und -implementation. Als Behörde wiederum soll sie die verschiedenen Elemente bürokratischer Routine flexibel, gesetzmäßig und verfahrenskonform auf bewegliche soziale Inklusionsziele hin ausrichten.[17] Sie soll die Vielschichtigkeit, Vernetzung und Folgelastigkeit ihres Ereignisumfeldes mit der Kontingenz wohlfahrtspolitischer Vorgaben verknüpfen, soll Zufall und Notwendigkeit verbinden, sich ihrer Umwelt anpassen und diese trotzdem kontrollieren (Willke 1996,156ff.).

Daß sie diesen widersprüchlichen Anforderungen kaum gerecht wird, erklärt sich einmal aus der inputorientierten Aufbau- und Ablauforganisation der WFV sowie der unsystematischen Verrechtlichung (Hegenbarth 1983) der wohlfahrtsstaatlichen Agenden. Zum anderen spielt aber auch das komplizierte Dreiecksverhältnis zwischen Administration, Klientel und freien Wohlfahrtsträgern im dritten Sektor zwischen Markt und Staat (Seibel 1992,57ff.) herein. Zumal die handelnden Akteure im Feld (Politik, Medien, Selbsthilfegruppen, intermediäre Organisationen uam.) ja eine Vielzahl von gegenläufigen Interessen verfolgen.[18] Reibungsverluste entstehen zum dritten auch daraus, daß die Personalrekrutierung und -entwicklung der WFV den vielgestaltigen Anforderungen an die Personalqualifikation (zur Bewältigung von Konsens, Diversität, Konflikt und Adaption; vgl. Fiol 1996) kaum Rechnung getragen hat. Eigentlich müßten die Planstellen der WFV, auf denen vielgestaltige Rechts- und Kontextkenntnis, hohe Streß- und Frustrationstoleranz, soziale und verbale Kompetenz, Team- und Konfliktfähigkeit sowie Entscheidungskapazität gefordert sind, mit den qualifiziertesten und motiviertesten MitarbeiterInnen der öffentlichen Verwaltung besetzt werden (Müller-Schöll/Priebke 1991). Praktisch aber ist das nur äußerst selten und regional unterschiedlich ausgeprägt der Fall.

Die Verwaltung reagierte auf den wachsenden Veränderungsdruck bislang mit einer Reihe von Struktur- und Aufgabenreformprojekten. Diese zielten im wesentlichen darauf ab, die Verwaltung in eine *Dienstleistungs-* und *Serviceeinrichtung*[19] umzuwandeln (Budäus 1994). Einerseits waren die Reformprojekte auf Auslagerungs- und Privatisierungsvorhaben der Wirtschaftsverwaltung (Bürsch 1996), andererseits auf eine Entbürokratisierung der Ordnungsverwaltung konzentriert.

Gerade für die Effizienzsteigerung der Wohlfahrt essentielle Instrumente wie Planung, Controlling und Evaluation aber blieben bei diesen Aufgabenreformprojekten unterbelichtet. Strategien zur Dezentralisierung und Vernetzung, die erforderlich wären, um das Verhältnis zwischen öffentlichen und privaten Wohlfahrtsträgern nach sachlichen Gesichtspunkten zu ordnen, wurden nicht entwickelt. Auch nach Elementen des Kontrakt- und Qualitätskontrollmanagements, unentbehrlich, um soziale Dienstleistungen an berufbaren Standards und Kriterien zu messen, sucht man vergeblich. Es fehlt an der „Produktion von Managementwissen" (Clegg/Palmer 1996), welches den Steuerungsbedingungen von WFV angemessen ist. Stattdessen laufen die aktuellen Vorgaben der politischen Klasse und bürokratischen Zentralstellen im Rahmen der Entstaatlichungsdebatte darauf hinaus, die WFV solle sich auf ihre Pflichtaufgaben zurückziehen. Praktisch verfehlt die Verwaltungsreformdebatte auf diese Weise aber die Problem- und Bedarfslage der WFV.

In Anbetracht des steigenden Erklärungs- und Rechtfertigungsbedarfs kann die Zielsetzung einer Reform der WFV aber nur darin liegen, die Erbringung wohlfahrtsstaatlicher Leistungen einesteils bspw.

im Sinne gesteigerter Planung (Treutner 1982) zu *professionalisieren* (Qualitätsdimension) andernteils zu *effektivieren* (Kostendimension):

- Maßnahmen der Professionalisierung würden auf die inhaltliche Standardisierung der Erbringung bzw. Vollziehung von wohlfahrtlichen Leistungen bzw. Interventionen zielen,
- Maßnahmen der Effektivierung hingegen würden darauf zielen, Personal und materielle Ressourcen besser, nachhaltiger und im Sinne sozialer Inklusion treffsicherer einzusetzen.

Nun scheint jedoch eine ganze Reihe von Faktoren, welche für die Performanz[20] wohlfahrtsstaatlicher Interventionen, also ihren Entstehungs-, Geltungs- und Durchsetzungszusammenhang, bestimmend sind, der Realisierung beider Zielsetzungen (Professionalisierung/Effektivierung) hinderlich zu sein:

Wohlfahrtsprogramme werden im Grunde genommen kompensatorisch (Lange 1992) und von einer auf *Legitimationseffekte* (Offe 1984,130ff.) und die Reduktion von Komplexität bedachten Politik formuliert. Deren aus taktischen Gründen vereinfachte Lösungen aber steigern unentwegt die Komplexität (Kamper 1994,121) sozialpolitischer Aufgabenstellungen.[21] Im Ergebnis verteilen „Politiker nicht mehr Rechte und materielle Güter, sondern wählen sich statt dessen die Inneneinrichtung der Köpfe der Leute zum Betätigungsfeld" (Offe 1994, 127). Sie konstruieren vereinfachte Simulationen von Realität, die sie bravourös „bewältigen"[22] – zugleich aber setzen sie damit „unstable signs leading to a virtual reality" (Fox/Miller 1996,46).

Innerhalb der Verwaltung werden Wohlfahrtsagenden überwiegend von nachgeordneten Organisationseinheiten vollzogen. Als solche sind sie in eine geschäftsordnungstechnisch streng durchorganisierte und vor allem einheitliche Hierarchie eingefügt. Daß die öffentliche, vom administrativen Ordnungsanspruch[23] her durchstrukturierte und deshalb monokratisch-hierarchische Organisation dabei keine Rücksicht auf die Besonderheiten der Erbringung von wohlfahrtsstaatlichen Leistungen nimmt, liegt in eben dieser Codierung begründet. Zumal WFV intern oftmals als ein organisatorisch, funktional aber auch kulturell dem leistenden und gestaltenden Ordnungsstaat zugewachsenes Teil wahrgenommen werden. Aus diesem Grunde hat die Verwaltung für dessen Performanz (noch) keine adäquate Formen- und Organisationssprache entwickelt. Da scheint es nur folgerichtig, daß weite Bereiche der WFS gleichsam im kulturellen Gewande der *Ordnungs-* bzw. *Polizeiverwaltung*[24] (Tjaden-Steinhauer 1985) agieren. Sie werden eingeschränkt durch die formal-restriktive Formensprache der Hilfe und das ordnungspolizeiliche Instrumentarium des Verfahrens der Leistungserbringung.[25] Dazu kommt, daß WFV eigentlich als „end-of-the-pipe"-System[26], als eine an unterschiedlichen Symptomen laborierende *Reparaturwerkstätte des Sozialen* eingerichtet sind. Insofern sind sie dazu verhalten, in einer defensiven Grundhaltung ihr ohnehin schwieriges Verhältnis zu anderen Aufgaben der Ordnungs-, Gestaltungs- und Leistungsverwaltung im Gleichgewicht zu halten.

Dieser Widerspruch zwischen Inhalt und äußerer Form von Wohlfahrt spiegelt sich auch in der Hilfenkonstruktion selbst. Hilfe ist im WFS zumeist nur gegen Compliance, also Mitwirkung und Unterwerfung, zu erlangen (Dimmel 1996a). Damit erhalten Leistungen im WFS eine grundsätzlich *ambivalente* Ausprägung. Hilfe zur Selbsthilfe ist diesbezüglich immer zugleich auch ein Element sozialer Kontrolle. Dieser Kontrollauftrag wird eben nicht sozialpädagogisch, sondern mithilfe hoheitlicher Zugriffs- und Disziplinierungsmöglichkeiten umgesetzt.

Auch als Reaktion darauf entwickelte die WFV eine vom Rest der Verwaltung abgesonderte *Kommunikations-*, *Gestaltungs-* und *Leistungskultur* (Oppen 1991,34ff.). Dabei haben sich eigene, funktional autonome (Willke 1991,70) Codierungen, Sprachregelungen, Leistungsvorverständnisse und Ideologien herausgebildet. Diese prägen einen Verwaltungsalltag, der von einem Spannungsverhältnis zwischen Hilfe und Kontrolle im Außenverhältnis zur Klientel, Subordination und erkämpfter Handlungsautonomie im Innenverhältnis gegenüber den Vorgesetzten (Caiden 1991) geprägt ist. Im Ergebnis kollidieren Zielsetzungen, Arbeitsweisen und Instrumente der WFV häufig mit denjenigen anderer Verwaltungszweige. Nicht selten werden der WFV in diesem Konflikt Erledigungsstrategien und Verarbeitungsformen aufgezwungen, die sich aus sozialarbeiterisch-sozialpädagogischer Sicht bei der Klientel kontraproduktiv auswirken. Stattdessen tragen diese Erledigungsformen der operationalen Logik anderer Subsysteme (z.B. der Wohnungsverwaltung, der Aufenthaltsbehörde oder des Schulamtes) Rechnung (Williams 1991). Dann verfolgt zwar die WFV im konkreten Fall das – sozialtechnisch durchaus begründbare – Vorhaben der Errichtung eines Netzwerks von Notschlafstellen, Tageszentren und Übergangswohnungen zur Prävention und De-Eskalation von Delogierungsproblemen auf/in körperschaftseigenen Liegenschaften/ Räumlichkeiten (Dimmel 1993). Zugleich aber verfolgen die Vermögens- und Wohnungsverwaltung und die administrative Spitze der betreffenden Verwaltungseinheit andere Zielsetzungen, nämlich diejenige einer Veräußerung eben dieses kommunalen Liegenschaftsbestandes. Ein ander mal soll die WFV ihr Agieren nach innen hin penibel dokumentieren und benötigt dazu aufgrund ausschließender Zuständigkeitsbestimmungen die organisationsinterne Statistik. Diese aber erhält zugleich die Anweisung, keine zusätzlichen statistischen Arbeitsaufträge mehr für die Wohlfahrt abzuarbeiten. Ein drittes mal finanziert ein Sozialamt unter enormem Personal-, Sach- und Strukturaufwand mehrfach den aushaftenden Mietzins eines in einer städtischen Wohnung untergebrachten Klienten, um dann über das örtlich-zuständige Bezirksgericht von der auf Betreiben des städtischen Wohnungsamtes anberaumten Räumung des Mietgegenstandes zu erfahren. In diesen Widersprüchen spiegeln sich nicht nur Kommunikationsstörungen, sondern auch systematisch angelegte, machtvermittelte Konfliktkonstellationen zwischen einzelnen Teilen der öffentlichen Verwaltung und deren Interessen (Crozier/Friedberg 1993).

❑ Eine erste essentielle Beobachtung geht also dahin, daß der leistende und gestaltende Rechts- und Sozialstaat bislang *keine eigenständige Organisations- und Rechtsformensprache* für die Implementation von Wohlfahrtsprogrammen und die Erbringung sozialer Inklusionsleistungen hervorgebracht hat.[27]

Nun sind aber nicht nur die Organisations- und Rechtsformen, sondern auch die Maßstäbe und das Design der *Personalrekrutierung* und *-entwicklung* im Wohlfahrtsbereich dem Selbstverständnis der Ordnungsverwaltung verhaftet, wie an einer Reihe von Aspekten deutlich wird.

Kennzeichnend ist, daß den Bediensteten der WFV nur *allgemeine Einstiegsqualifikationen* abgefordert werden. Eigenständige Standards und Kriterien der Personalrekrutierung im Bereich soziotechnischer Intervention existieren nicht. Nach wie vor wird für die Erledigung von Sozialhilfeagenden bestenfalls Maturaniveau eingefordert. In einigen (Statutar) Städten sitzen C-Bedienstete (ohne Matura) zwei Jahrzehnte lang als Sachbearbeiter ihren (den ihnen „ausgelieferten") Klienten gegenüber. Eine über die Anforderungen der Dienstprüfung hinausgehende, einer Verwaltungsakademie gleichzuhaltende Grundausbildung für Bedienstete der WFV, die zugleich auch ein nicht zu unterschreitendes Einstiegs- bzw. Zugangsniveau festlegen würde, fehlt.

Auch dem Erfordernis einer *permanenten Weiterqualifikation* des Personals wird nicht Rechnung getragen. Von der Zielsetzung, den Bediensteten der WFV eine sozialtechnologisch-sozialpädagogische Fortbildung angedeihen zu lassen, ist man weit entfernt. In dieses Bild paßt, daß institutionelle Vorkehrungen zur Vermeidung von „burn-out"-Syndromen wie ein regelmäßiger und absichtsvoller Wechsel in andere Verwendungsbereiche nicht existieren. Fortbildungsaufenthalte werden oftmals als Gratifikation gewährt und nicht als Erfordernis und Voraussetzung der Dienstpflichtenerledigung wahrgenommen.

Diese Mängellage, was Einstiegsqualifikation und Fortbildungsorganisation betrifft, liegt darin begründet, daß die öffentliche Verwaltung in ihrem herkömmlichen Gefüge einen spezifischen Mitarbeitertyp (Armanski 1983) rekrutiert und entwickelt. Ungeachtet aller Modernisierungsrhetorik (was z.B. „corporate identity", „corporate design" oder Mitarbeiterschulungen an Verwaltungsakademien betrifft) werden am Arbeitsmarkt tendenziell Dienstnehmer nachgefragt, deren Charakterprofil vor allem in hierarchische *Weisungsketten* paßt. Diese Nachfrage nach einer Persönlichkeitsstruktur, die Entscheidungen umsetzt, unerheblich, ob sie professionellen Standards der Aufgabenerledigung zuwiderläuft,[28] speist sich fortgesetzt aus der Logik administrativer

Macht (Schluchter 1985; Galkin 1986; Sofsky/Paris 1991). Dabei entsteht eine *„institutionelle Schizophrenie“*, eine buchstäbliche Bewußtseinsspaltung. Einerseits werden Bürgernähe, Serviceorientierung und eine Dienstleistungsethik eingefordert. Andererseits wird im administrativen Innenverhältnis mithilfe von Codierungen, Weisungen, Ausgrenzungen und Disziplinierungen ein konformer, risikoscheuer Persönlichkeitstypus zugerichtet. Dieser Typus setzt Sicherheit vor Gewißheit, will umstandslos angewiesen erhalten, was welcher Erledigung zuzuführen ist (Ahlemeyer 1994). Kurz gefaßt: Selbstdarstellung und tatsächliche Sozialisationsleistung der Verwaltung divergieren dramatisch. Tatsächlich bedrohliche Dimensionen erhalten derartige Rekrutierungs- und Sozialisationskulturen dann, wenn die besten Sachbearbeiternaturen zu Leitern ernannt werden. Diese sind dann – ganz im Sinne des „Peter-Prinzips“ (Peter/Hull 1990) – am Zenit ihrer Karriere angelangt, wenn sie zugleich den Status gänzlicher Inkompetenz erreicht haben.

❑ Eine zweite essentielle Beobachtung lautet damit, daß Verwaltungen ihre Mitglieder, freilich innerhalb der durch die Formalien, Verfahren und Rituale hierarchischer Unterwerfung gezogenen Bestands- und Reproduktionsgrenzen des Systems, einer nicht immer nur subtilen *psychosozialen Zurichtung* unterziehen (Häussermann 1977, 91ff.).[29]

Diese beiden Elemente, nämlich einerseits die ordnungs- und *polizeirechtliche* Dimensionierung der WFV und andererseits die besondere Enkulturation der Angehörigen von WFV, die sich aus dem monokratischen Systemen eigenen *Disziplinierungsimpuls* ergibt, werden ergänzt durch eine nicht immer feinsinnig gesteuerte *organisationelle Randständigkeit* der WFV, genauer: durch ihre taktische wie strategische Randlage innerhalb der Verwaltungsorganisation. WFV treten hierzulande nirgendwo als Spiel- und Schrittmacher verwaltungskultureller Innovationen auf. Ganz im Gegenteil ist der Umgang mit ihnen und ihren Bediensteten von einer latenten Aggression und Ausgrenzungsbereitschaft bestimmt (Stumpfögger/Wiethoff 1989,75ff.).

So erwarten im organisationsinternen Konflikt SozialarbeiterInnen von den funktionalen Vorgesetzten einen möglichst niedrigen Grad der Formalisierung. Sie fordern Supervision, Teamarbeit, Reflexion, kollegialen Führungsstil oder unbürokratische Erledigungsformen. „Top-down" bietet die Bürokratie ihnen im Gegenzug Kanzleiordnungen, hierarchische Weisungszusammenhänge und autoritären Führungsstil. Von unten wird *Partizipation*, organisatorisches Mitentscheiden und Verständnis (*Empathie*) für die spezifischen Arbeitsanforderungen im Umgang mit schwierigen KlientInnen eingefordert. Von oben wird gegengleich *Subordination*, Einhaltung formaler Regeln und Folgebereitschaft abverlangt (Klages 1987). WFV und Zentralverwaltung sprechen also weder dieselbe Sprache noch decken sich ihre Aufgabenstellungen, Codierungen und Interessen.

Zerbrechen soziales Motiv und Akzeptanz der Wohlfahrt, wie dies in der gegenwärtigen Krise des WFS der Fall ist, *reproduziert* sich der gesellschaftliche *Ausgrenzungsdiskurs* gegenüber Armut, Hilfsbedürftigkeit und sozialer Randständigkeit auch innerhalb der Verwaltung. Die WFV wird dann nicht selten als Verursacher des Finanzierungsnotstandes der öffentlichen Hand gehandelt (Busch 1994). Die Bediensteten der WFV gelten als Kollaborateure „sozialschmarotzender" Klienten, die organisationsinterne Legitimität sinkt (Stumpfögger/Wiethoff 1989,138ff.). Ein Sozialamt wird schließlich als „Sibirien des Magistrats" bezeichnet. In „Sibirien" werden individuelle „burn-out"-Syndrome, enorme persönliche Konfliktpotentiale zwischen den Bediensteten und verschiedentlich eine unverständig-zynische Haltung gegenüber Klientel und freien Wohlfahrtsträgern geradezu kultiviert. Damit gelingt es, die strukturell angelegte Überforderung der WFV als Organisation über eine *Aggressionsumleitung* zu individualisieren, gleichsam in individuelles Versagen zu übersetzen. Nicht die anhaltend überfordernden Rahmenbedingungen einer fließbandartigen Abfertigung von KlientInnen stehen zur Rede. Nicht das beinahe gänzliche Ausbleiben präventiver Strategien oder eine schmalsinnig auf skandalisierte Einzelfälle orientierende Ausgabenvollzugskontrolle stehen im Zentrum der Kritik, sondern das Versagen einzelner Individuen. Anstatt die systemische

Fehlstellung zu hinterfragen, werden einzelne Bedienstete diszipliniert. Die (selbstredend) auch im Subjekt unauflöslichen Widersprüche zwischen der strukturellen Gewalt des Marktes und den Intrikationen der Wohlfahrt verwandeln sich im Einzelfall in ein Disziplinarverfahren.[30]

Augenfällig hängt die organisationelle Randständigkeit der WFV unmittelbar mit der „top-down“-Perspektive der obersten Leitungsfunktionen der öffentlichen Verwaltung zusammen. Hier nämlich werden die Verarbeitungsformen der Krise des WFS fälschlich als bloßes Wachstum des Bedeckungsbedarfs wahrgenommen. Sie rücken als ständige Nachfrage nach Erweiterungen im Personalstand, nach größeren Räumlichkeiten für den Vollzug, nach Angeboten für Personalqualifikation und Fortbildung, nach Supervision und Coaching in das Aufmerksamkeitsfenster vorgelagerter Dienststellen. Reflexartig wird „top down“ mit dem Hinweis auf die Unfinanzierbarkeit des steigenden Bedarfs gekontert. Dabei geht es in erster Linie gar nicht um Geld. Tatsächlich nämlich zielt das „bottom-up“ formulierte Anforderungsprofil auf eine *strategische Flexibilisierung*, auf eine gesteigerte *„requisite variety“* der WFV. Das Forderungsmotiv liegt in der Adaption der Vollzugs- und Interventionsstruktur von WFV an die gewandelten sozialen Reproduktionsrisiken, nicht in der Verfolgung von Machtkalkülen. Auf diese Weise wird den WFV eine Entscheidungspräferenz unterstellt, die nicht sie sondern die Zentralstellen verfolgen.[31]

Die Antworten auf allfällige Forderungen nach der Etablierung einer möglichst gegenstands- und entwicklungsangepaßten Entwicklung der WFV lassen sich zumeist als Bündel von *Abwehr-*, *Umdeutungs-* und *Verweigerungsstrategien* lesen. Einmal werden Innovationen verdeckt sanktioniert (Krebs 1987), so wenn eine fachspezifische Einschulung vor Ort zwar amtsintern gestattet, aber nicht zugleich im Stellenplan durch eine befristete Personalaufstockung ausgeglichen wird, weshalb die nicht erledigten Aufgaben auf die übrigen DienstnehmerInnen verteilt werden müssen. Ausbildung erscheint dann als Privileg. Ein ander mal werden ausargumentierte Forderungen nach einem Controlling wohlfahrtlicher Interventionsleistungen, also einer professionalisierten und begleitenden Steuerung des Vollziehungs- und

Interventionshandelns[32], in ein Instrument der kameralistischen Ausgabenkontrolle umgewandelt. Dann wieder wird die Forderung nach der Schaffung dezentraler, relativ autonomer funktionaler Fachbereiche[33] (Willke 1996,68ff.) als unvereinbar mit der allgemeinen hierarchischen Struktur (Geschäftsordnung) und als „Aufblähung" des Personalstandes denunziert – und damit verweigert.

❑ Eine dritte Beobachtung geht also dahin, daß seine Verwaltungsumgebung unter den für sie als unabänderlich geltenden Bedingungen *keine* grundsätzliche *organisatorische Verselbständigung* des Wohlfahrtsbereiches[34] zulassen will. Man spricht nicht dieselbe Fachsprache (ausgenommen die Juristen – natürlich), orientiert sich an unterschiedlichen „Patterns" der Professionalisierung (Stichweh 1994) und bringt keine Empathie für spezifischen Umgang mit den Strukturen sozialer Desorganisation auf.

Wir haben bislang die *ordnungs- und polizeirechtliche Formensprache*, unterschiedliche Strategien einer auf *hierarchische Funktionslogiken* abgestimmten *Personalentwicklung* sowie eine intern grundgelegte *organisationelle Randständigkeit* als Faktoren der Krise der WFV herausgehoben. Ein weiteres Krisenmoment liegt nun aber auch in der *internen Führungs- und Entscheidungsorganisation* der Bürokratie.[35] Bereits eine oberflächliche Betrachtung zeigt, daß die Führungskultur einerseits von systemischen, also in der geschäftsordnungsförmig festgelegten Reproduktionslogik der Organisation verankerten Parametern (Hierarchie, Befehlsketten, Verantwortwortlichkeiten) abhängt. Andererseits aber ist sie auch Ausdruck der in der Organisation dominanten Kommunikations- und Persönlichkeitsstruktur (Gaier 1986,340ff.). In diesem Spannungsverhältnis zwischen formalen und informellen Elementen kommt der persönlichen Dimension, den *Motivlagen*, *Aspirationshorizonten*, *Frustrationsschwellen* und intellektuellen Verarbeitungskapazitäten entscheidender Stellenwert zu.[36] Zweifellos hängt es zudem auch von der „persönlichen Chemie" der handelnden Akteure zwischen den jeweiligen Führungsebenen ab, ob Verwaltungsorganisationen Krisen informell „durchtauchen" oder als Reformimpuls nutzen, ob es ihnen gelingt, ihre Codierung angesichts turbulenter Umwelten von *Reaktion* auf *Aktion* umzustellen, ob sie Kritik zulassen oder sanktionieren (Bardmann 1994,365ff.).

Nun ist die interne Entscheidungsorganisation dadurch geprägt, daß bürokratische Entscheidungsabläufe einerseits durch Elemente der Formalisierung und Regelbindung, andererseits durch eine tief internalisierte *Geschäftsordnungsfixierung* geprägt sind. Innerhalb der gegebenen Macht-, Hierarchie- und Karrierestrukturen werden dabei diejenigen Entscheidungstypen präferiert, die substantiell *innovations-* und *risikofeindlich* sind und das Kriterium *Sicherheit* vorrangig reihen. Dieses Muster einer risikofeindlichen Formalisierung erleichtert es, die im Grunde genommen eigentlich ideologisch motivierte Verweigerungshaltung gegenüber dem Bedarf der WFV nach inhaltlich-offenen, verhandlungstechnisch-weichen Lösungen formal zu legitimieren. Es verunmöglicht Vollziehungslogiken, die auf kontextbezogene Verhandlungslösungen in heiklen psychodynamischen Systemen abstellen. Dies fördert eine Entscheidungskultur, in der 80% der Energien darauf verwendet werden, zu erklären, warum etwas *nicht* möglich ist. [37]

Diese Geschäftsordnungsfixierung trägt dazu bei, daß an zentralen Entscheiderpositionen bzw. Schalthebeln der inneradministrativen Macht Akteure am Werk sind, die nicht durch Sachkenntnis und Fähigkeiten zur Problemwahrnehmung, sondern durch die langjährig-fehlerfreie Einhaltung von Formalien qualifiziert sind. Zudem werden auf Entscheiderpositionen oftmals Personen gehievt, die diesen Posten gleichsam als Altenteil politisch zugewiesen erhalten haben.[38] Dieser eigenartigen Ordnung von Qualifikation und Karriere entspricht, daß, wer sich einmal in einer Führungsfunktion installiert sieht, in weiterer Folge weder mit Innovations- noch Qualifikationszwängen konfrontiert ist. Zweifellos war diese Rekrutierungslogik in einer Phase, in der die WFV als vergleichsweise „ruhiges Geschäft“[39] beschrieben werden konnte, nicht weiter beunruhigend. Kritisch wurde sie erst zu dem Zeitpunkt, an dem sich die Verwaltung der Wohlfahrtsagenden in ein *Geflecht permanenten Krisenmanagements*[40] verwandelte. Spätestens jetzt waren Führungspersonen gefragt, die sachlich-qualifiziert, selbständig, rasch und situativ angepaßt handeln und entscheiden konnten (Vetter/Wiesenbauer 1992).

❑ Unsere vierte Beobachtung geht folglich dahin, daß die *Rekrutierung, Problemwahrnehmung und Problemverarbeitung* in den Führungspositionen der Verwaltung mit dem Strukturwandel des Sozialen kaum Schritt gehalten[41] hat.

Nun sind aber nicht nur die Verwaltungsaufbau und -ablauforganisation ursächlich dafür, daß der WFV oftmals klare Reformperspektiven fehlen und keine ebenso programmatischen wie professionellen Anpassungsleistungen[42] an den Strukturwandel sozialer Reproduktionsprobleme erfolgen. Ohne Zweifel spielen Recht, Hierarchie, Kultur und Entscheidungsorganisation eine gewichtige Rolle. Aber auch das politische System, das angesichts der veränderten Aufgabenstellungen des WFS überfordert scheint,[43] trägt sein Teil hierzu bei.

Innerhalb der politischen Eliten des WFS dominiert noch immer die Mentalität der *einzelfallbezogenen Intervention*. PolitikerInnen geht es auf den „Moralmärkten" (Münch 1995) zumeist nur um die notabwendende Lösung im Individualfall. Sie ersetzen das struktur- und lösungsorientierte Denken in sozialpolitischen Kategorien mangels Interesse und Kompetenz durch punktuelle Einzelfalletikettierung und mediale Selbstdarstellung[44] (Fleck 1991). Auf diese Weise gerinnt Wohlfahrtsfahrtspolitik zu einer ideologischen Spielfläche biologistischer Spekulationen (Honderich 1994). Daß sie nicht länger als Raum staatlicher Intervention und sozialer Inklusion verstanden wird, trägt mit bei zu einer *intellektuellen Entsicherung*, einem *„loose talk"* der politischen Eliten.[45] Folge dieses „loose talk" ist, daß die Systeme und Programme des WFS auf gesetzlicher Ebene den Strukturwandel sozialer Reproduktionsrisiken[46] nicht entsprechend verarbeiten können. Auch in der Organisation der Politik, also auf Ressortebene, zeigt sich, daß Aufgaben unzureichend vernetzt sind und sogar funktional zusammengehörige Bereiche wie Gesundheit, Soziales und Wohnungswesen unterschiedlichen Ressortzuständigkeiten zugeordnet werden.

❑ Eine fünfte Beobachtung macht also daran fest, daß die Fehlstellungen der Bürokratie durch die *kognitive Überforderung* der politischen Eliten mitbedingt sind. Die politischen Eliten verarbeiten die Komplexität wohlfahrtlicher Interventionen nicht entsprechend, spuren ausgetretene Routinen mehr oder weniger hilflos nach und vermögen keine längerfristigen Konzeptionen zu entwerfen bzw. durchzuhalten. Offe (1984,35) spricht zurecht von „crises of crisis-management".

Inadäquate Rechts und Organisationsformen, die psychosoziale Zurichtung der Organisationsmitglieder, Rekrutierungs- und Entscheidungsprobleme in Führungspositionen sowie die kognitive Überforderung der Politik beeinflussen einander wechselseitig. Eben diese Konstellation, die sich seitens der Verwaltung als *de-modernisierende Selbstschließung*, als Verweigerung der Auflösung archaischer Hierarchien und Rituale und seitens der Politik als Mixtur aus *Überforderung* und *Desinteresse* lesen läßt, hat im Bewußtsein derjenigen, die im Parteienverkehr unzureichend ausgestattet jeden Tag mit der Verbitterung und Aggression der „zu-kurz-Gekommenen" möglichst effizient umgehen müssen, weitreichende Auswirkungen.

Alltag der Bediensteten in WFV ist der *strukturell angelegte „burnout"*. MitarbeiterInnen werden „verheizt", unvorbereitet in persönlich tiefgreifend verunsichernde Konfrontationen geschickt. Ein Pendant zur organisationellen Randständigkeit der WFV und ihrer unzureichenden Ausrüstung ist dabei die geringe Wertschätzung ihrer MitarbeiterInnen. Diese wird, einmal abgesehen von mitunter wahrlich beschämenden Arbeitsbedingungen, vor allem in der Bezahlung der Bediensteten sichtbar. Legion sind hier die Fälle, in denen Bedienstete der WFV kaum über wesentlich mehr materielle Ressourcen verfügen als ihre antragstellenden Klienten. Verbürgt sind Fälle, in denen Bedienstete der WFV Zweitjobs annehmen müssen, um nicht selbst in die Sozialhilfebedürftigkeit abzurutschen. Derartige Konstellationen sind einer sozialtechnisch-professionalisierten Aufarbeitung individueller Notlagen, die sich oftmals aus materiellen und psychosozialen Aspekten zusammensetzen, nicht nur nicht förderlich. Sie entpuppen sich auch als Strategie, eine Konfliktkonstellation zu schaffen, welche enorme Steuerungsressourcen in der WFV an das „Containment" des Konflikts zwischen der Klientel und den Bediensteten bindet (Cochrane 1994).

Auf Seiten der Verwaltung reagieren die handelnden Individuen unter den geltenden restriktiven, auch persönliche Entwicklungsperspektiven verweigernden Bedingungen oftmals mit *Bestrafungs-, Vergeltungs-, Disziplinierungs-* und *Ausgrenzungsstrategien*. Sie bestrafen, unentwegt selbst unter Druck gesetzt, die Klientel stellvertretend für den Anteil an Desorganisation und Nonkonformität, den sie in sich selbst ausmachen aber nicht zulassen können und wollen. Sie üben angesichts ihrer eigenen prekären ökonomischen Situation Vergeltung für das ökonomisch wie sozialpolitisch nicht mehr legitimierbare Forderungsverhalten der Klientel. Sie disziplinieren die abgeforderte, jedoch nicht nachgewiesene Bereitschaft zur Selbstorganisation und Unterwerfung auf einem Arbeitsmarkt, der sie dazu zwingt, im Amt zu verbleiben. Und sie grenzen, was oftmals nicht viel mehr als eine spezifische Form der Notwehr darstellt, die Klientel über Terminsetzungen, Ermittlungs- und Beweisverfahren oder schlichte Erledigungsverweigerung aus, um ihre eigene Arbeit überschaubar zu gestalten und das Verhältnis zwischen Anforderungen und Leistungsfähigkeit/bereitschaft überhaupt steuerbar zu halten. Damit sind ausdrücklich keine moralischen Bewertungen eingeführt. Damit ist vielmehr ein Selbstverteidigungsverhalten, sind *„Coping"-Strategien* zur Aufgabenbewältigung in einer subjektiv als dilemmatisch erfahrenen Position beschrieben (Andre 1994,163ff.). Dieses Dilemma wiederum ist systematisch angelegt, entspringt den Herrschaftsinteressen und Widersprüchen innerhalb der Bürokratie (Armanski 1983,172ff.) und den ideologischen Legitimationsfiguren im Verhältnis zwischen dem politischen und dem administrativen System.

Soziale *Verteilungskonflikte* werden in dieser Façon *individualisiert* im Akt der Leistungsaushandlung zwischen den Bediensteten der WFV und der von Armut, psychosozialer Überforderung und sozialer Randständigkeit betroffenen Klientel. Aber auch in der Dreiecksbeziehung zwischen Klient, dem Leistungsträger öffentliche Hand und dem Leistungserbringer freier Wohlfahrtsträger erscheint der gesellschaftspolitische Verteilungskonflikt um die Zulässigkeit von Wohlfahrt als überwiegend persönliche Interaktionsbeziehung. Solcherart werden sozialpolitische Inklusionsprobleme auf eine Ebene gebracht, auf der diese Probleme unter den geschilderten Bedingungen gar nicht lösbar sind. Inklusionsprobleme werden in Berechnungsfragen der Stundenabrechnung zwischen Hauskrankenpflege und eigenleistungsverpflichtetem Klient übersetzt, die Versagungen des Arbeitsmarktes verwandeln sich in interpersonelle Kontroll- und Disziplinierungskonflikte. [47]

Die Krise des WFS erscheint auf der Grundlage des bisher Ausgeführten nicht nur als Ergebnis veränderter budgetärer Handlungsmöglichkeiten. Sie läßt sich auch als Ergebnis herrschender Führungs-, Entscheidungs und Vollziehungskulturen auf Ebene der Politik und Verwaltung verstehen. Gerade deswegen steht zur Debatte, was man denn an der Performanz des WFS in welcher Form verändern müßte, damit Entscheidungszusammenhänge professionalisiert und effektiviert werden können. Und deshalb ist auch der Frage nachzugehen, welche Ergebnisse diese Professionalisierungen für die jeweiligen Beteiligtengruppen in den Entscheidungsprozessen des WFS hätten.

2. Dimensionen der Krise des Wohlfahrtsstaates

Mitte der 90er Jahre scheint der österreichische WFS an seinen Handlungs- und Leistungsgrenzen angelangt. Länder und Gemeinden sehen sich nicht erst seit den ersten beiden „Sparpaketen" 1995/96 mit sich stet verschärfenden Gestaltungs-, Legitimations- und Finanzierungsproblemen konfrontiert. Die „Erosion und Desintegration des Sozialstaates" (Koch 1996) schlägt auf den WFS durch. Davon abgesehen jedoch können erhebliche Teile der Krise des WFS als selbstverursacht beschrieben werden. Intern liegt die Krise u.a. in inkompatiblen rechtlichen Strukturprinzipien, in unprofessionellen prozessualen Abläufen sowie in kontraproduktiven Interaktionsformen zwischen den Beteiligten begründet.[48] Die einzelnen Hilfesysteme sind funktional untereinander nicht hinreichend abgestimmt (Talos/Wörister 1994). Im Ergebnis ist ein rationaler, sowohl dem Paradigma sozialer Inklusion als auch demjenigen der Wirtschaftlichkeit und Effizienz verpflichteter verwaltungsförmiger Umgang mit sozialen Problemen nicht erkennbar. Wie angedeutet liegt die Ursache all dieser Probleme nicht einfach nur in dem in sämtlichen OECD-Staaten gleichzeitig ablaufenden, in erster Linie durch die Globalisierung der Ökonomie bedingten „roll-back" des WFS (Jessop 1994; Ashford 1994; Pierson 1995; Esping-Andersen 1996). Vielmehr ist ein komplexer Ursachenzusammenhang sichtbar, in den hinein unterschiedliche *politische*, *normative, kulturell-diskursive* und *institutionelle* Funktionsdefizite staatlicher Wohlfahrt verstrickt sind.

2.1. Die ökonomische Dimension: Beschäftigungs- und Verteilungsprobleme

Zweifellos gilt, daß die verstetigte Arbeitsmarktkrise und die mit ihr einhergehende gesellschaftliche Spaltung zwischen Modernisierungsgewinnern und -verlierern die wirkungsmächtigste Triebfeder der Krise des WFS ist. Vor dem Hintergrund nachhaltiger Umverteilungsstrategien zu Lasten unterer sozialer Schichten werden dabei Steuerungs- und

Finanzierungsprobleme des ersten sozialen Netzes in das zweite soziale Netz des Wohlfahrtsstaates delegiert.[49] Olk/ Riedmüller (1994,31) sprechen von einem „Paradigmawechsel vom Versicherungs- zum Versorgungsparadigma". Sinken aber die Finanzierungs- und Gestaltungsressourcen des Sozialversicherungssystems, wie dies unter den gegenwärtigen Bedingungen anhaltender Beschäftigungsprobleme und rückläufiger staatlicher Umverteilungskapazitäten der Fall ist, zerbricht der soziale Regulationsmodus (Strasser 1985). Kommunen und Länder werden nachhaltig überfordert (Bullmann 1991). Eine Reihe von *Erosionserscheinungen* als da sind: die Verstetigung der Arbeitslosigkeitsbelastung[50] (Bust-Bartels 1990; BMAS 1995), die Herausbildung arbeitsmarktpolitischer Problemgruppen (Schmal 1993), die Erosion des Normalarbeitsverhältnisses[51] (Mückenberger 1990), die Zersetzung des sozialen Regulativs der Normalerwerbsbiographie, Flexibilisierung und Automatisation der Arbeit, Internationalisierung ökonomischer Beziehungen uam. trägt zu einer beschleunigten Dynamik der Entsicherung von Risiken[52] im Sozialversicherungsbereich bei. Selbst Arbeit schützt nicht mehr vor Armut.[53] Das hat vor allem seinen Grund in der Entstehung von „low-paid, lousy service jobs" (Esping-Andersen 1996) nicht nur im Dienstleistungsbereich[54] (Schmee/Landl 1991) Zudem werden in der Krise Einkommensersatz- und Vermittlungsleistungen gekürzt oder Anspruchsvoraussetzungen verengt[55] (Petersen 1989,234ff.). Diese Verschärfung der einschlägigen Leistungs- und Zumutbarkeitsbestimmungen[56] ist folgenreich. Einerseits beschleunigt sie nämlich die *„downward-mobility"* auf der *Dequalifikationstreppe* des Arbeitsmarktes (Rifkin 1995). Andererseits drängt sie die Arbeitslosen verstärkt in Arbeitsmärkte, auf denen diese keine bedarfsdeckenden Einkommen mehr lukrieren können.[57]

Der Sozialstaat delegiert also nicht mehr finanzier- oder steuerbare Probleme hinunter in den WFS der Länder und Gemeinden.[58] Je virulenter diese neuen Armutsfallen und sozialen Desorganisationsprobleme werden, deren Bearbeitung an den Schnittstellen zwischen Sozialversicherungs- und Wohlfahrtsbereich im Einzelfall ausverhandelt werden müssen, desto schneller wächst die Kostenlast der sozialen

Wohlfahrt in Ländern und Gemeinden über das zur Verfügung stehende Einnahmenvolumen hinaus (Olk/Otto 1985). Dies bestärkt die ohnedies vorhandene Abneigung gegenüber einem Wohlfahrtsaufwand, dessen ökonomische Rentabilität und ethische Berechtigung ohnehin bereits in Frage gestellt wird (Skidelsky 1996). Im Ergebnis verstärkt jener Mechanismus der Problemdelegation die Neigung der betroffenen Gebietskörperschaften zu *defensiv-reaktiven* und überwiegend *kostenorientiert* ausgestalteten *Reaktionsmustern* (Brunn 1985; Pratscher 1996). Wohlfahrt wird zunehmend auf Kosten- und Finanzierungsfragen reduziert, Qualität und Professionalität wohlfahrtlicher Hilfen und Dienstleistungen werden demgegenüber nachrangig. Der WFS kommt zudem mit der wachsenden Streubreite von Risiken nicht mehr zu Rande. Das soziotechnische Selbstverständnis, soziale Interventionen *präventiv, folgenorientiert* und *kontextsensitiv* zu setzen[59], scheitert zunehmend an mangelnden Ressourcen zur Diversifikation (Offe 1996a,147ff.), zumal der WFS ja aus allgemeinen Steuermitteln und nicht im Umlageverfahren finanziert wird. Und je deutlicher sozialstaatlich nicht mehr versicher- bzw. erfaßbare Risiken auf die Ebene des WFS delegiert[60] werden, desto unvermittelter werden hier Inklusionsaufgaben an intermediäre Organisationen der Zivilgesellschaft, an Familien (insbesondere: Frauen) und Individuen delegiert (Bäcker/Stolz-Willlig 1994).

2.2. Die politische Dimension: über den „loose talk“ der Wohlfahrtspolitik

Die politische Wohlfahrtsstaatsdebatte[61] ist realiter eine Debatte auf niedrigem Niveau. Vor allem sticht die mangelnde empirische Tragfähigkeit politischer Konzepte, das *mangelnde Wissen* politischer Eliten über Klienten, Kosten-Nutzen-Relationen, Interventionsbedarfe und Bedürfnisse ins Auge (Buhr/Ludwig/Leibfried 1990). Termini wie „soziale Wohlfahrt“, „soziale Dienste“ oder „Sozialhilfe“ werden weithin undifferenziert verwendet. Armuts- und Randständigkeitsrisiken, deren Kumulation und Verlauf, *Risikobetroffenheit* und Risikoverarbeitung, die *Nutzenverteilung* von Leistungen und deren soziale Adressierung bleiben dem wohlfahrtspolitischen Diskurs fremd. Durchaus folgerichtig prägen Projektionen wie die Figur der „mißbräuchlichen Inanspruchnahme“ die Auseinandersetzung. Soziotechnisch fragwürdige *Fehlnutzungen* und *Fehladressierungen* von Leistungen hingegen wecken kaum Interesse. Die Inanspruchnahme eines Arbeitnehmerfreibetrags in Höhe eines halben Mitunterstütztenrichtsatzes ist ein Landtagspolitikum – der Umstand, daß eine Hofratswitwe zusätzlich zu ihren Pensionen Pflegegeld in Stufe IV bezieht und damit ein rechnerisches Einkommen jenseits der 50.000.- öS lukriert, ist es, unbeschadet der Dramatik der Pflegebedürftigkeit, oftmals nicht. Ebenso schwach ausgeprägt ist die Beleuchtung des Faktums der *Nichtinanspruchnahme* von Leistungen (Hartmann 1985) sowie das Problem der ideologisch aufgeladenen Dethematisierung (Honderich 1994) von rechtlichen Durchsetzungsmöglichkeiten. Hinter diesem Desinteresse verbirgt sich freilich auch ein funktionales Interesse an sozialer Ungleichheit (Leisering/Leibfried 1996). Denn Armut soll auch disziplinieren, soll als Abstiegsdrohung soziale Konformität gewährleisten, soll herrschaftsfunktional entsolidarisieren.

Durchaus folgerichtig mangelt es der politischen Auseinandersetzung an Reflexivität: auf eine permanente und systematische Sozialdatenerfassung, auf verbindlich-ausverhandelte Figuren und Kriterien wird ebenso verzichtet wie auf rechtspolitisch angelegte Erwägungen zur Neugestaltung des WFS (Dimmel 1996b). Jene Performanz verleiht dem wohlfahrtspolitischen Diskurs ein mitunter absurdes Gepräge. Wenn mancherorts vorgeschlagen wird, bei einem „Wohlfahrtskuchen“ von 2 Mrd. öS eine Summe von 5 Mio. p.a., das sind 2,5%, in eine professionelle externe Sozialplanung zu investieren, handelt man sich (einmal abgesehen von der tatsächlich existenten Übersetzungsproblematik des Datentransfers zwischen Administration und externen Forschungseinrichtungen) den Vorhalt ein, man trage damit zur Vergeudung von Steuergeldern bei. Wenn man hingegen dieselbe Summe in die Seniorenanimation (praktisch: Kaffeekränzchen, Krampusfeier) der Seniorenverbände der politischen Parteien investiert, so handelt es sich im Selbstbild der Beteiligten um professionelle Altenarbeit. Derartig unschlüssige Befunde und Wertungswidersprüche der Wohlfahrtspolitik führen oftmals zu *eskapistischen Lösungsstrategien*. Ausgesprochen destruktiv wird dies dort, wo die wirklichkeitsvereinfachenden Konstruktionen der Politik mit eindeutigen moralischen Konnotationen (ehrliche Arme, Arbeitsunwillige) arbeiten und in Mechanismen der legitimierenden Schuldzuweisung[62] umschlagen. Unterhalb dieses Niveaus werden Diskurse dann durch Reinigungsrituale ersetzt, in denen die Verursacher von Krisen geortet, geoutet und diszipliniert werden. In dieser *„politics of mistrust“* (Macarov 1995,147) verdrängen ideologische Projektionen z.B. über den „moral hazard“ der sozialgefährlichen Klassen (Morris 1994) zunehmend sachliche Erwägungen.

Diese Wahrnehmungsverkürzungen und ideologischen Projektionen in der aktuellen Auseinandersetzung um die Legitimierbarkeit von Wohlfahrt spiegeln die Hegemonie eines ebenso wirtschaftsliberalen wie konservativen Gesellschaftsentwurfs (Esping-Andersen 1996). Dieser neoliberale Argumentationsfundus operiert in erster Linie mit der empiriefernen Figur einer weitgehenden Selbst- und Eigenverantwortlichkeit (Honderich 1994,130ff.). Zielsetzung ist eine Hochleistungsgesellschaft jenseits des staatlich-institutionell vermittelten Solidaritätszusammenhangs. Die „gesellschaftlichen Assoziationsverhältnisse“ (Offe 1989) von Körperschaften und Institutionen sollen gelokkert werden: zur Rede stehen ein Übergang vom institutionellen hin zum residualen WFS (Offe 1996b,328), ein Neuzuschnitt staatlicher Zuständigkeiten, die Einstellung universalistischer Leistungsprogramme sowie die stärkere Akzentuierung von Bedürftigkeitsprüfungen und sozialer Kontrolle (Abromeit 1990). Das Postulat der Eigenvorsorge avanciert zum neuen gesellschaftlichen Leitbild (Epskamp 1989) – ungeachtet der faktisch eskalierenden sozialen Reproduktionsrisiken. Damit in Zusammenhang stehend erlebt die Figur der Kleinfamilie in einer Politik der Refamilialisierung sozialer Risken (Pfaff 1995; Ostner/ Voges 1995), obschon verschiedene Desorganisationserscheinungen (Scheidung, Illegitimität, atypische Formen des Zusammenlebens) nicht zu übersehen sind, eine gesellschaftspolitische Aufwertung[63]. Sie wird zu einem Fokus des sozialpolitischen Konfliktes (Bäcker/Stolz-Willig 1994; Ostner 1995).

Zugleich verdrängen die *Kosten-Nutzen*-Relationen eines strikt ökonomisch-reduktionistischen Denkens mehrdimensionale Konzepte zur Bewertung sozialer Intervention (Afheld 1994; Koch 1995). Nicht nur längerfristige Integrationseffekte und Nutzenkombinationen aus sozialpädagogischen und psychosozialen Interventionen, aus denen der Gewinn nachhaltiger Selbsthilfefähigkeit lukriert werden kann, bleiben unberücksichtigt. Auch Nutzenverteilungen zwischen den Subsystemen des Sozial- und WFS fallen hinter den Horizont. Jegliche Leistungsgewährung, die sich nicht absehbar „rentiert" oder „amortisiert", sieht sich dem Verdacht ökonomischer Irrationalität ausgesetzt. Auf diese Weise wird der öffentliche Diskurs um Wohlfahrt eindimensional. Daß aus Mitteln der Sozialhilfe z.B. Statutarstädte ihren kommunalen Wohnraum mitfinanzieren, daß die Sozialhilfe zur Krankenanstaltendefizitabdeckung herangezogen wird, daß aus Mitteln der Jugendwohlfahrt Aufwendungen im Justizbudget reduziert werden, daß die Behindertenhilfe der Länder den Rehabilitationsaufwand des Arbeitsmarktservice sowie den Förderungsaufwand der Pensionsversicherungsanstalten entlastet usf. ist im kollektiv-medialen Bild der Wohlfahrt nicht enthalten. Derlei Verkürzungen wiederum erhöhen die Anfälligkeit des politisch-legislativen Diskurses gegenüber zeitgeistigen, plakativen „Sozialschmarotzer"-Phantasien.[64] In dem Maß, in dem die Adressierungen und Kosten/Nutzen-Relationen ebenso wie die Verteilungswirkungen wohlfahrtsstaatlicher Leistungen[65] dunkel bleiben, bleibt selbst den Proponenten sozialreformistischer Positionen zwischen steigenden Klientenzahlen und sinkenden Bewältigungsressourcen eigentlich nur noch die stille Hoffnung auf eine steigende Nichtinanspruchnahme zustehender Leistungen.[66] Zur dünnen Decke des sozialpolitischen Diskurses trägt schließlich auch bei, daß die Wohlfahrtsbudgets der Länder nur bedingt vergleichbar, zudem auch mit dem Bundesbudget nicht kompatibel[67] (Dimmel 1995a) sind.

Unwissenheit, Eigenverantwortungsideologie und ein auf ökonomische Kennziffern reduzierter Denkeinsatz haben eine tiefgreifende

Differenzierung zwischen *guten* und *schlechten Risiken* im wohlfahrtsstaatlichen „common sense" herausgearbeitet (Altmeyer-Baumann 1987; Müller 1992). Die guten Risiken der ehrlichen Armen abzufedern wird als moralisch integer gewertet. Die schlechten Risiken der „Trittbrettfahrer" abzufedern wird hingegen moralisch fragwürdig (Freyberg 1995) problematisiert, weil es sich dabei im Auge der politischen Eliten entweder um Fälle aussichtsloser Verwahrlosung und emotionaler Devastierung, um arbeitsfähige Arbeitsunwillige oder schlicht um Personen handelt, die ihre Bedürftigkeits- oder Notlage selbst herbeigeführt haben.

Diese ideologisch-programmatische Hegemonie hat fatale Konsequenzen sowohl für die Status der Politik als auch für die Repräsentations- und Interventionsformen des WFS. Geschwindigkeit zählt jetzt mehr als jedes Argument (Bolz 1994). Sozialpolitik wird im *„schumpeterianischen Leistungsstaat"* (Jessop 1992,232) zu „bricolage", zu Bastelarbeit mit den Abfallstoffen des Boulevards, reagiert nur noch auf mediale Aufzeichnung.[68] Im Ergebnis ermöglicht die öffentliche Unsichtbarmachung der Armut nicht nur die nachträgliche Legitimation eines *„shrinking state"* (Crook/Pakulski/Waters 1992,79ff.), sondern auch die neoliberale Skandalisierung sozialer Reproduktionsformen und kultureller Praktiken der Armutsbevölkerung (Walker 1993,145ff.; Kempson/ Bryson/Rowlingson 1994). Sie verformt den Wohlfahrtsdiskurs zu einer *sozialpsychologischen Entlastungskonstruktion*, zu einem Amalgam ideologischer Projektionen und politischer Rituale.

Fassen wir zusammen, so ist das *„Hegemonialprojekt"* (Jessop 1994,50) des Schumpeterianischen *Workfare-State*, das sich in die Auseinandersetzung um Funktion, Leistung und Zwecksetzung des WFS eingeschrieben hat, durch den weitgehenden *Verzicht auf Wissen* geprägt. Das weithin intellektueller Auseinandersetzung abgeneigte politische System gibt aufgrund des Nichtwissens über Nebenwirkungen und Spätfolgen sozialtechnischer Entscheidungen jegliche sachdienliche Geistesgegenwart mit Ausnahme der taktischen Ressourcen zur Selbsterhaltung preis (Kamper 1994). In einer buchstäblich heillosen *Eskamotierung* und/oder Fetischisierung der wohlfahrtlichen

Vollzugs- und *Entscheidungspraxis* wird das Nachdenken durch moralische Kategorienbildungen und Skandalisierungsprojektionen (Ebbinghausen 1995) ersetzt, mit denen Verursachergruppen ausfindig und sozial-unschädlich gemacht werden sollen.

2.2.1. Zur Aufgabe des wohlfahrtspolitischen Gestaltungsanspruchs

Nicht nur die utopischen Energien des WFS sind erschöpft (Habermas 1985), auch der soziale Konsens über die Kompensation von Chancenungleichheiten bröckelt. Deshalb wären politische Eliten gefragt, die mit den Koordinaten einer reflexiv gewordenen Moderne (Beck 1993,190ff.; Harvey 1990) in verflochtenen *„Policy-Netzwerken"* aus Organisationen, Gruppen und Einzelpersonen (Windhoff-Heritier 1996) konstruktiv umgehen können. Angesichts der gesellschaftlichen Verformungen, Spaltungen und Ausgrenzungen sind Politiker in der Rolle des kompetenten Promotors gefragt, der an der partizipativen und somit dialogischen Entwicklung eines auf die soziale Inklusion der sozial Ausgegrenzten bedachten „common sense" arbeitet (Engelen-Kefer 1996). Zur Rede stehen Politiken der „redistribution, sufficiency and participation" (Twine 1994,76ff.). Es geht dabei um die Entwicklung angemessener, vor allem flexibler Steuerungs-, Rechts- und Programmformen einer pluralistischen Wohlfahrtsproduktion (Evers/Olk 1996), die auch den lebensweltlichen Einbringungslogiken der Klientel entsprechen. Held (1994,47) nennt diese Zielsetzung treffend „politics of empowerment", einer Bemächtigung der Bedürftigen.

Tatsächlich aber wird Politik mit Wohlfahrt weithin von nichtqualifizierten und sachlich nicht-legitimierten Akteuren (Döring 1989; Klages 1993) unterhalten. Gerade nach dem wohlfahrtspolitischen *„break-up of consensus"* (Johnson 1993) Anfang der 90er Jahre agieren politische Entscheider eigentlich nur noch, um Legitimitätskrisen kurzfristig einzudämmen. Die Krisenrhetorik der Wohlfahrtspolitik folgt dabei vor allem nicht-expliziten Loyalitätsbindungen, vermeintlichen Selbstdarstellungszwängen (Münch 1995,88ff.) und verdeckten Lobbyinteressen. Politiker bedienen sich dabei vor allem jener Ziel/Mittel-

Vereinfachungen (Rothgang/Haug 1993), die medial „stimmenträchtig" transportiert werden können. Von daher rührt, daß Entscheidungen der politischen Ebene unter Unsicherheits- und Reversibilitätsbedingungen (Mulgan 1990) zunehmend durch *Interventionen*, *Loyalitätsabgleich* oder *Bargaining* herbeigeführt werden. Dem entspricht eine nicht nur entideologisierte, sondern auch programmferne Politikpraxis, die oftmals nur als *Kuhhandelmentalität* annähernd korrekt beschrieben werden kann: „Gibst Du mir die Sozialhilfemillionen, laß ich Dich Deine Bauern fördern; muß ich meine Wohnbauförderung kürzen, baust Du schmälere Landesstraßen, stimme ich Deiner Wahlpräferenz zum Landeshauptmann zu, erhalte ich eine Jugendberatungsstelle." Ob die Lebenshilfe diese Millionen braucht, ob die Bauern nicht ohnehin überfördert sind, ob die Wohnbauförderung ohnehin nur die obere Mittelschicht begünstigt oder ob überhaupt Bedarf nach einer Jugendberatungsstelle besteht, bleibt in diesem Spiel der wechselseitig konzedierten Bedienung von Interessengruppen zweitrangig. Diese Politikkultur führt nicht nur zu einer grundlegenden *Entscheidungsunsicherheit* (Wiesenthal 1990) der sozialpolitischen Entscheidungsträger selbst. Sie hat auch ein strukturelles bzw. institutionelles Unvermögen des politischen Systems zur Folge, mittelfristige Entwicklungen sowohl zu konzipieren als auch durchzuhalten.[69]

Im Entscheidungsalltag fehlt die fachliche Entscheidungskompetenz des politischen Systems, vernetzte Bedarfe auch unter Nutzung verwissenschaftlichter Grundlagen zu formulieren. Es mangelt an intellektueller Kapazität, prozedurale „*incentives*" (Anreizsysteme) oder finale Ziele (gesellschaftspolitische Vorordnungsleistungen des Staates) treffsicher zu formulieren. Wohlfahrtspolitik stellt sich deshalb überwiegend nur noch als Abdruck externer Handlungszwänge einerseits und unkontrollierbarer Verwaltungsdynamiken andererseits anstatt als Management von Risiken (Giddens 1994,174ff.) dar. Sie wird vorwiegend von budgetären Vorgaben sowie von der institutionellen Spielstärke traditioneller Subventions- bzw. Förderungsempfänger bestimmt. So verwaltet denn die Politik den WFS unter den gegenwärtigen Bedingungen eher als daß sie ihn gestaltet.

Näher betrachtet zeigt sich, daß den politischen Akteuren oftmals eine Vorstellung von dem, was Wohlfahrtspolitik an Elementen der Arbeitsmarkt-, Familien-, Gesundheits-, Umwelt-, Verkehrs-, Wohnungs-, Raumordnungspolitik etc. einschließt, abgeht.[70] Ebenso fehlen ihnen konzise rechtspolitische Überlegungen dahingehend, was möglicherweise Gegenstand einer *„contracting-out"*-Strategie, einer Auftragsvergabe nach außen sein könnte, was Gegenstand der Privatisierung vordem öffentlich unterhaltener Einrichtungen sein könnte, was Private denkmöglich eigenverantwortlich erledigen können und was die öffentliche Hand unbedingt hoheitlich bearbeiten muß (Culpitt 1992,139ff.). Daraus resultiert, daß wohlfahrtspolitische Handlungsfelder nicht hinreichend miteinander verknüpft (Benz 1995) sind. Weder Resssortchefs noch Beamte der Führungsebene noch allfällig beauftragte Sozialwissenschafter reflektieren die entsprechenden Entwicklungen auf der Grundlage kanonisierten Wissens. So erstaunt nicht, daß nicht einmal wohlfahrtspolitische Rahmenpläne existieren, denen eine klare Prioritätenreihung auch unter verengten budgetären Handlungsspielräumen zu entnehmen wäre. Ein *„ubiquitärer Pragmatismus"* ist entstanden (Wittkämper 1982), dem fachlich begründbare Entscheidungen für oder gegen spezifische Entwicklungspfade nachgerade verzichtbar (Strasser 1986) erscheinen.

Im Ergebnis werden wohlfahrtspolitische Entscheidungen in aller Regel kurzfristig und -sichtig, emotionalisiert und unter dem Eindruck unprofessioneller Akteure (z.B. der Boulevardpresse) getroffen (Gerhards 1991). Längerfristige, integrierte Kosten-Nutzen-Rechnungen über den Horizont der nächsten Wahl hinaus sind selten. Im Außenverhältnis führt dieser instrumentelle Operationsmodus zu einer reaktiven *„stop-and-go"*-Politik, welche keine berufbaren Kriterien abbildet. Sozialplanungskompetenzen fehlen im politischen Entscheidungsprozeß weithin (Flösser 1994,127ff.). Selbst sozialwissenschaftliche Studien in diesem Feld sind oftmals nicht operational orientiert.[71] Zudem hat die Politik die raren Planungskompetenzen zwischen jeweiligen Fachreferaten/Ämtern/Abteilungen zumeist unverbunden verteilt, sodaß, wenn überhaupt vorhanden, Gesundheits- und Sozialplanungen parallel geführt werden. Auch deshalb fehlt oftmals jegliche Verbindlichkeit von Planungsprozessen, werden Vorschläge zwischen den partikularen Erledigungslogiken unterschiedlicher Abteilungen zerrieben und bleibt die Einbindung Externer in den Intrikationen des gegenseitigen „Containments" von Politik und Verwaltung bedauerlich schwach.

Auf der Entscheidungsebene fehlen institutionalisierte Absprachen, in denen sich die politischen Eliten als Vermittler und Themensetzer profilieren (Neumann 1991). Dieser *niedrige Verflechtungsgrad* begünstigt Strategien des *Entscheidens durch Nicht-Entscheiden* und elaborierte *„black-box-Strategien"* der Politik ohne Rücksicht auf die Leistungsfähigkeit der Verwaltung (Timmermann 1995). Zugleich kapitulieren die politischen Eliten im WFS vor der inneren Aufbaustruktur der Verwaltungskörper, vor ihrem hierarchisch-monokratischen Disziplinierungszusammenhang und der ausgeprägten „Betriebskaisermentalität" in einzelnen Abteilungen und Referaten. Ergebnis ist, daß sich Entscheidungskriterien und verbindliche Standards für politische Entscheidungen im sozialpolitischen Decision-Making kaum finden (Williams 1994; Bakker/Miller 1996). Entscheidungen werden überwiegend nach politischem Gutdünken, Zufall oder einer Politik der Symbole und Gefühle getroffen. So fehlen weithin Förderungsrichtlinien, weil Struktur und Motivationslage des Subventionswesens in sich mehrschichtig sind, weil Subventionen oftmals verdeckte Förderungen an politische Vorfeldorganisationen darstellen oder weil hier eine lagerorientierte Klientel-Mentalität befestigt werden soll.[72]

Fassen wir zusammen, so wird die unausweichliche Reform des WFS seitens der politischen Eliten also nur auf kurze Distanz gedacht. Wenn überhaupt wird sie in einer dem neoliberalen Deregulierungsanspruch gegenüber defensiven Grundhaltung (Brodie 1996) konzipiert. Zugleich zeigt sich das politische System angesichts der Ambivalenz und Komplexität von Entscheidungszusammenhängen (Wimmer 1993) und des erhöhten Tempos der Problemfigurationen (Beck 1994) sowohl kognitiv als auch operativ *überfordert*. Längerfristige, auch qualitative Elemente eines institutionellen „welfare pluralism" (Mishra 1996) berücksichtigende Überlegungen sind rar. In vielen Fällen geht es den Entscheidern und politisch Verantwortlichen primär um die *Eindämmung* der *Kosten-*, Problem- und Anspruchsflut.[73] Ansätze zur Strukturentwicklung, Professionalisierung oder Sozialplanung angesichts des grundlegenden Wandels der Sozialstruktur, des Regulationsregimes und der sozialen Kohäsionsmuster finden sich kaum. In dieser weitgehend strategielosen, taktisch-dominierten Defensivposition steht letztlich nicht mehr das „wie" der Steuerung, sondern das „ob-über-hauptnoch", die Steuerung selbst, in Frage (Marsland 1996).[74]

Exkurs 1.: Das Sozialhilfe-Roll-Back

Besonders augenfällig wird diese Entwicklung am „roll-back" der Sozialhilfe. 1993 betrug - gemessen an der Anzahl der Einkommensarmen von ca. 1,4 Mio Menschen - die Gesamtzahl der Sozialhilfebezieher 112.830, wobei die Bezieherzahlen im Zeitraum 1987-93 um 1,9% gesunken sind. [75]

Die vordergründige Sozialhilfe-Debatte verdeckt faktisch die realen Problemstellungen: 1994 wurden brutto (also ohne Einnahmen) 14,3 Mrd öS für Sozialhilfe ausgegeben,[76] davon 80% für die stationäre Versorgung in Heimen und Anstalten sowie die ambulante Pflegeversorgung. Die korrespondierenden Einnahmen betrugen 1993 3,49 Mrd öS, sodaß ein Nettoaufwand von 10,8 Mrd öS angesetzt werden muß. Die gesamten Aufwendungen für Sozial- und Behindertenhilfe betrugen 1993 20,2 Mrd öS; das entsprach 0,9% gemessen am BIP und 3,2% gemessen an den gesamten Sozialausgaben (Sozialquote). Von den 14,3 Mrd öS (ohne Behindertenhilfe) wurden allein 8,5 Mrd öS für die stationäre Versorgung und 1,6 Mrd öS für ambulante Pflegeaufgaben, 1,3 Mrd öS für Familienhilfe und Haushaltshilfe aufgewendet. Für Richtsatzleistungen wurden 2,8 Mrd öS aufgewendet, davon alleine 1,1 Mrd öS für behinderte oder ältere arbeitsunfähige Menschen. Sozialhilfe ist also in erster Linie Altersversorgung: 1995 wurden 73% aller Wohlfahrtsaufwendungen für Personen über 65 aufgewendet.[77]

Der Aufwand für die im öffentlichen „Sozialschmarotzerdiskurs" inkriminierten ein- und mehrmaligen Geldleistungen in der offenen Sozialhilfe (Richtsätze) lag 1993 bei 11,7% des Sozialhilfebudgets bzw. 1,7 Mrd öS. Trotzdem setzen die politischen Eliten ihre Energien daran, die offene Sozialhilfe zu reformieren, um im Mainstream populistisch-neoliberaler Rhetorik den ideologischen Rechtfertigungsdruck zurückzunehmen.

Dementgegen zeigt die Verteilung der Gesamt-Kosten im Zeitraum 1987-93, daß die geschlossene Sozialhilfe (Anstalten/Heime) mit +58,8% doppelt so schnell steigt wie die offene Sozialhilfe mit +23,9%. Aufgrund demographischer Verschiebungen liegen auch die künftigen Finanzierungsprobleme der Sozialhilfe im geschlossenen und sozialen Dienstleistungsbereich. Die nach wie vor im Vordergrund der Wohlfahrtsdebatte zelebrierte Auseinandersetzung um den angeblichen Sozialhilfemißbrauch verzeichnet also die realen Probleme. Im übrigen: der durchschnittliche Sozialhilfe-Richtsatz betrug 1993 nur noch 35% des Pro-Kopf-Durchschnittskonsums.

Die Gründe für den Sozialhilfebezug sind schließlich klar umrissen: 2/3 benötigen Sozialhilfe wegen Pflege- und Anstaltsbedürftigkeit sowie Behinderung, 10% benötigen Sozialhilfe als Ergänzung zum (falls überhaupt vorhandenen) Arbeitslosengeld und in weniger als 10% der Fälle liegt kein eigenes Einkommen vor. Annähernd 60% der Klientel sind weiblich.

2.3. Die kulturelle-ideologische Dimension: „Sozialschmarotzer"-Ideologien

Angesichts der tiefgreifenden gesellschaftlichen Spaltungen zwischen Modernisierungsgewinnern und -verlierern (Vobruba 1987) zerbricht der gesellschaftliche Konsens über die moralische Legitimität wohlfahrtsstaatlicher Inklusionsleistungen. Ersetzt wird dieser Konsens durch das harsche Postulat sozialer Kontrolle und Disziplinierung. Dabei sollen Hilfe und Kontrolle, *Compliance* (selbstdisziplinierte Mitwirkung) und *Repression* wesentlich enger[78] (Jessop 1991; Lawson 1993) als bislang geführt werden. „Hilfe nur noch für diejenigen, die sie wirklich brauchen", lautet die zeitgenössische Phrase.[79] Dahinter wird eine Zersetzung des traditionalen Solidargedankens (Dettling 1995) sichtbar, in der sich der „common sense" sozialer Inklusion von den untersten 10-15% der Bevölkerung (Dimmel 1996e) verabschiedet. Diese spielen dann kaum noch eine Rolle im Kalkül sozialpolitischer Legitimation.[80]

Vor allem über die Medien vermittelte *„Sozialschmarotzer"-Projektionen*[81] und Phantasien von „sozialen Hängematten" haben Konjunktur. Sie verzeichnen das über schiefliegende Gerechtigkeitsdiskurse ohnehin negativ aufgeladene (Frankenberg 1994; Schmidt 1995) Bild der tatsächlichen Verteilungswirkungen der wohlfahrtstaatlichen Leistungen. Dieses Zerrbild wiederum bereitet den Boden für einen populistisch-konservativen Ökonomisierungs- und Ausgrenzungsdiskurs (Müller 1992). Dessen Projektionen weisen zwar faktisch keine empirische Entsprechung hinsichtlich der behaupteten „Kostenexplosion" im WFS auf (Dimmel 1995a). Sie tragen aber dazu bei, die ohnehin virulenten freiheitsbeschränkenden, repressiven, kontrollierenden und disziplinierenden Aspekte der Hilfe[82] noch stärker zu konturieren.

Eine augenfällige Konsequenz des steigenden *Delegitimationsdrucks* liegt in der Bereitschaft der Klientel, ihrer Vertretungen, aber auch der kritischen Öffentlichkeit, die Auflösung der rechtlichen Rationalität des Wohlfahrtsrechts hinzunehmen. Weitgehend ohne Widerspruch – von Widerstand vergleichbar der Figur des zivilen Ungehorsams kann hier ohnehin nicht die Rede sein – wird zur Kenntnis genommen, daß das Wohlfahrtsrecht zunehmend am Fixpunkt einer situativen Verfügbarkeit und Flexibilität orientiert wird. Das aber bedeutet, daß Hilfe jederzeit rückholbar[83] sein darf. Hingenommen wird, daß im öffentlichen Diskurs auf Basis der bereits vorgenommenen Trennung zwischen „guten" und „schlechten" sozialen Risiken zwischen sozial-integrierbaren und sozial nachhaltig ausgegrenzten Personen unterschieden (Döring 1995) wird. Innerhalb dieses Narrativs geraten vorwiegend diejenigen in die Risikozone sozialer Ausgrenzung, bei denen mehrere soziale Risiken zugleich eskaliert sind. Das sind diejenigen Personengruppen, bei denen sich keine nachhaltigen Integrationschancen mehr am Arbeitsmarkt (auch am geschützten) eröffnen, die weder als ehrliche Arme noch als moralisch integre Behinderte ihr Stigmatisierungsrisiko reduzieren können.[84]

Freilich haben die ideologisch-diskursiven Projektionen über Sozialschmarotzer und Trittbrettfahrer, die gleichsam der Treibstoff sind, mit dem die Delegitimationsbewegung erzeugt wird, aber auch ein reales Substrat. Sie beziehen sich ja auf einen tatsächlich kaum noch überschaubaren, komplex-mehrgleisigen, einander teilweise überlappenden Leistungsfächer[85], der zwischen den einzelnen Hilfesystemen aufgespannt[86] ist. Dessen Unüberschaubarkeit wird dort zum Problem, wo auf der „Nutzeroberfläche" der Administrationen die einzelnen Handlungsbereiche nicht mehr rekonstruierbar verknüpft,[87] wo Leistungen aus unterschiedlichen Titeln mit unterschiedlichen Konsequenzen, z.B. im Rahmen der Kostenbeitragspflicht, erbracht werden. Im Ergebnis wird Klientel, Öffentlichkeit und Financiers unverständlich, wie, warum und mit welchem Kalkül die Akteure der WFV entscheiden,[88] bleibt es für den antragstellenden Klienten eine „black box", ob und warum ein Rollstuhl finanziert wird, eine Geldaushilfe in finanzieller Notlage gewährt wird oder eine Kostenbezuschussung bei einer Heimunterbringung erfolgt. Diese *Intransparenz* des Entscheidens wird verstärkt durch einen umfassenden Reflexionsverzicht (Dokumentation, Evaluation, Statistik) des WFS über den Nutzen einzelner Interventionsformen.

Exkurs 2: Nichtinanspruchnahme: Dunkelziffern im Wohlfahrtsstaat

Sozialschmarotzerideologien sowie die Disziplinierungs- und Abschreckungsstrategien einer mehr oder weniger passiv institutionalisierten Verwaltung führen zu einer Steigerung der Nichtinanspruchnahme von Hilfeleistungsangeboten.[89] Ein erheblicher Teil derjenigen, die hilfsbedürftig sind, die in materieller Not leben, die ausgegrenzt wurden, nimmt dabei die Leistungen, die ihnen rechtlich zustehen, nicht in Anspruch. Man spricht von diesem Personenkreis als der *„Dunkelziffer der Armut"* oder *„verdeckter Armut"*.

Den zentralen Erscheinungsformen (absolut, temporär, partiell, differentiell)[90] der Nichtinanspruchnahme lassen sich bestimmte Ursachen (nämlich: systembedingte, verhaltensbedingte und organisationsbedingte) und zwei spezifisch wirksame Filter (zum ersten freie Wohlfahrtsträger im dritten Sektor, zum zweiten soziale Netzwerke, insbesondere die Familie) zuordnen.[91] Hier spielen also drei Faktoren zusammen, nämlich die Funktionsweise der Hilfensysteme, das ir/rationale Verhalten der Klienten und schließlich die Möglichkeit rationalen Handelns in Organisationen. Liegen die wesentlichen Ursachen der Nichtinanspruchnahme auf der Systemebene sowohl im lückenhaften Bedarfsdeckungscharakter der Hilfen sowie in der mangelhaften Abstimmung der unterschiedlichen sozial- und wohlfahrtsstaatlichen Transfersysteme, so handelt es sich auf der Verhaltensebene um weit vielschichtigere wie komplexere Ursachen und Motivlagen. Zu diesen zählen vor allem die *Unkenntnis* von Anspruchsvoraussetzungen, die *Angst* vor Stigmatisierung, negative Erfahrungen im Umgang mit Behörden oder bewußte *Verzichtshaltungen*. Auf der Organisationsebene schließlich tragen Phänomene der *passiven Institutionalisierung* von Behörden, des Verzichts auf präventive Strategien der Kostenminimierung, die Selbstverständlichkeit des nicht - abgestimmten Vorgehens zwischen mehreren beteiligten Behörden aber auch die mangelhafte Sozialberatung und Information der Klientel zur Nichtinanspruchnahme bei.

Zwischen diesen Faktoren wirken zwei Puffer, nämlich das Funktionieren freier Wohlfahrtsträger im dritten Sektor und die Intensität und das Ausmaß der Subsidiarität in sozialen Netzwerken, insbesondere der Familie. Gemeint ist damit in erster Linie das Beratungshandeln freier Wohlfahrtsträger, deren Kooperation mit Behörden wie den Sozialämtern aber auch mit anderen NPOs. Freie Träger verfügen ja über entscheidende Standort- und Erreichbarkeitsvorteile gegenüber Behörden. Sie sind niedrigschwellig und gering formalisiert. Beratung und Betreuung wirken als Selektionsmechanismen, welche eine Eskalation der Bedürftigkeit (z.B. Ratenvereinbarung statt Delogierung) verhindern und/oder verzögern können. Selbstredend spielt zum anderen die

Auffang- und Tragfähigkeit der sozialen Netzwerke, in denen sich die von Armut betroffenen Personen bewegen, eine entscheidende Rolle für die Nichtinanspruchnahme.[92]

Schätzungen der Nichtinanspruchnahme von Sozialhilfe liegen zwischen 100% (Hartmann 1985) und 175% (Salzburg-Stadt)[93] der unterstützten Personen. Andere Untersuchungen wiederum kommen zu dem Ergebnis, daß der Berechtigtenkreis 2,4 mal so groß ist wie die Zahl der tatsächlichen Sozialhilfebezieher. Eine erste Möglichkeit, dieses Phänomen der Nichtinanspruchnahme zu plausibilisieren, wäre der Vergleich zwischen Sozialhilfestatistik und errechneter Armutsgefährdung. In der aktuellen Sozialhilfestatistik[94] werden 60.995 Empfänger in Privathaushalten und 29.486 in Heimen ausgewiesen. Berichtigt man diese Zahlen hinsichtlich der nicht erfaßten Gebietskörperschaften und bekannten Erfassungslücken, haben 1993 128.100 Personen Sozialhilfe bezogen.[95] Demgegenüber wären bei einem haushaltsausgabenbezogenen Ansatz maximal 1,5 Mio Menschen als „arm" zu qualifizieren.[96] Bei einkommensbasierten Berechnungen wiederum wären maximal 940.000 Personen als „arm" zu qualifizieren.[97] Diese Zahlen entsprechen 10,4% aller Haushalte (298.000), in denen 12,5% der Bevölkerung (938.000 im Jahr 1992) und 20,8% aller Kinder leben. Folgt man dieser äußerst groben Vergleichsrechnung, so könnte man eine Nichtinanspruchnahme alleine der Sozialhilfe in einer Größenordnung zwischen ca. 130.000 und ca. 810.000 Personen vermuten.

Für die Existenz beträchtlicher Nichtinanspruchnahmequoten sprechen aber auch drei spezifische Funktionszusammenhänge, nämlich a) eine strukturell angelegte Nichtwahrnehmung von Armut in der Konstruktion der Sozialhilfe selbst, b) ein tiefgreifender Wandel in der Erscheinungsform der Armut (Stichworte: Heterogenisierung, Verzeitlichung) und c) eine Reihe von strategischen, im Vollziehungsverhältnis angelegten Hürden.

Zum ersten liegt ein zentraler Grund für das Phänomen der Nichtinanspruchnahme in der Konstruktion der Sozialhilfe selbst, nämlich dem *Richtsatzmechanismus* als einem zentralen Element der Leistungserbringung. Modellrechnungen zeigen, daß die derzeitige Richtsatzkonstruktion weder bedarfsdeckend ist noch armutsvermeidend wirkt. Die Sozialhilfe reagiert formal erst dann, wenn die Armutszone längst schon erreicht ist. Armutsvermeidung und Armutsbekämpfung sind folglich eine Sache der Vollzugspraxis.

Ein zweiter Grund für die Nichtinanspruchnahme von Sozialhilfe liegt in der Veränderung der sozialen Zusammensetzung und Erscheinungsform sozialer Bedürftigkeit, nämlich a) in der Heterogenisierung von sozialen Risken, b) in der Kumulation von mehreren Armutsrisikofaktoren und c) in der Verzeitlichung der Armutsbetroffenheit.

Zu den im Vollziehungsverhältnis selbst angelegten Gründen für die Nichtinanspruchnahme zählen zum dritten auch subjektive Faktoren wie die mangelnde Rechtskenntnis der antragstellenden Personen, das Auseinanderfallen von Wahrnehmung und tatsächlicher Verhaltensorientierung (Festinger 1978), die Angst vor sozialer Diskriminierung, diffuses Schamempfinden, die Furcht vor sozialem Statusverlust (Neckel 1993) oder Stolz, der eine Verzichtshaltung verfestigt. Erkennbar ist aber auch ein strategisches Vermeidungsverhalten, wobei administrative Eingriffe in den persönlichen Bereich aus Unsicherheit im Umgang mit Behörden vermieden werden sollen.

In besonderer Weise ursächlich für die Nichtinanspruchnahme sind *administrative Hürden*. Zu diesen Hürden zählen a) Formen der passiven Institutionalisierung, b) Fehlinformationen und/oder verweigerte Informationen und c) die Schaffung bürokratischer, verfahrensbezogener Hindernisse. Strategien der passiven Institutionalisierung senken vor allem die Erreichbarkeit der Hilfe durch Formen der räumlich - organisatorischen Distanz zwischen Amt und Klient. Das Amt wartet gewissermaßen auf die Klientel und geht nicht hinaus in die sozialen Problemzonen vor Ort. Diese Haltung ist folgenreich, denn zum ersten reduziert beinahe jede Prävention die Kostenbelastung und zum zweiten verfügen Personen mit kumulierten sozialen Problemen faktisch weder über die soziale noch die verbale Kompetenz, Vorsprachetermine rechtzeitig zu beantragen und ihre Probleme vor einer Behörde so vorzutragen, daß daraus ein leistungsauslösender Sachverhalt wird. Strategien vorenthaltener oder selektiver Information reduzieren das Nachfrageverhalten. Fehlt den potentiell Anspruchsberechtigten weitgehend das Wissen um die Anspruchsgrundlagen und die tatsächlich zu realisierenden Höhen der Hilfe, werden auch situative Entlastungsstrategien der Behörde erleichert. Bürokratische Hindernisse schließlich (Formularien, konditional gesetzte Formbindungen), die zumeist auch mit einer mangelhaften Ingebrauchnahme des Grundsatzes der Amtswegigkeit bzw. „Manuduktion" des Klienten einhergehen, zementieren die Position des Antragstellers auf diejenige des Bittstellers.

In der Nichtinanspruchnahme von wohlfahrtsstaatlichen Hilfen zeigt sich die *symbolische Funktion* des *Wohlfahrtsrechts*: würden alle, die einen Rechtsanspruch auf Hilfe haben, diesen realisieren, würde das System umgehend kollabieren. Aus der Perspektive des Wohlfahrtsstaates ist es daher ebenso rational wie funktional, das Faktum der hohen Nichtinanspruchnahmequote unverändert zu belassen. Die Nichtinanspruchnahme ergibt sich aber zugleich auch aus einer fundmentalen Fehladressierung der Armenhilfe: in der Dynamik des Vollzugs zeigt sich, daß oftmals die „falschen" Personen Hilfe erhalten oder: daß die „richtigen" Leute die falschen Hilfestellungen erhalten. Vorwiegend erhalten diejenigen Hilfe, die dem System am unangenehmsten sind, die die größte Interventionskapazität aufweisen.

2.4. Die normative Dimension: soziale Geltungsverluste des Wohlfahrtsrechts

In normativer bzw. regulativer Hinsicht drückt sich die Krise des WFS als Prozeß einer zunehmenden *Desintegration* der geltenden Rechtsgrundlagen aus. Einerseits kommt es zu einer Komplexitätssteigerung unterschiedlicher Typen von Rechtsdoktrinen und Steuerungslogiken (Damaska 1986). Andererseits ist eine instrumentelle Auflösung der Rationalität des Rechts durch die situative Bearbeitung von sozialen Inklusionsproblemen (Penski 1986) zu beobachten. Beides zusammengenommen läßt sich als selektive Entrechtlichung, als mehrschichtiger und -dimensionaler Geltungs- und Autonomieverlust des Wohlfahrtsrechts (Vobruba 1983; Friedman 1985) bei gleichzeitigem Anwachsen des Normenbestandes lesen. Wohlfahrtsrecht wird komplizierter und nimmt an Umfang zu, garantiert zugleich aber immer weniger. Dieser Prozeß der „Desintegration“ läßt sich auf mehreren Ebenen verfolgen:

- zum ersten ist eine Tendenz zur *legitimationsbeschaffenden Anlaßgesetzgebung* festzustellen. Regelungen werden punktuell, reaktiv und gemessen an legistischen Güterkriterien unsystematisch verabschiedet. Aber auch Fragen der sozialen Geltung des Wohlfahrtsrechts werden nicht gestellt (Bryson 1992). Gleichgerichtet bleiben Reichweite und Wirkungshorizonte des Rechts unbedacht. Seine distributiven und regulativen Zwecksetzungen bleiben im Prozeß der Gesetzgebung diffus (Preuss 1985).[98] In dieser Entwicklung treten zugleich Umrisse einer *riskanten Offenheit* in der Doktrin des Wohlfahrtsrechts hervor. Dieses ermöglicht viel, schließt wenig aus, verbürgt aber auch wenig und kann deshalb situativ restriktiv gehandhabt (Dimmel 1993b) werden;
- zum zweiten dominieren dezisionistische, einzelfallbezogene Vertragslösungen zwischen Wohlfahrtsträgern und Dritten den Bereich der Steuerung sozialer Dienste. Zwar folgen Vertragslösungen der konzeptionellen Überlegung, daß wiederkehrende Einzelfallhilfen zusammengefaßt und freien Trägern übertragen werden sollen, deren Leistungen mit Pauschalsubventionierungen, Tagsatz- oder Einzelleistungsabrechnungen[99] vergütet bzw. zugekauft werden können. Aufgrund der Vielgestaltigkeit der Akteurbeziehungen zwischen WFV und Wohlfahrtsträgern jedoch, die darüber hinaus noch unterschiedlichen vereins-, gewerbe-, arbeits-, sozial- und steuerrechtlichen Kalkülen unterworfen sind (Löschnigg/Scheipl 1990), haben sich überwiegend heterogene, an *Nischenlösungen* orientierte Vertragspraktiken durchgesetzt.[100] Deshalb wurden die Profile sozialer Dienst- und Beratungsleistungen bislang nur ungenügend standardisiert und/oder gesetzlich festgeschrieben.[101] Dieses Defizit erschwert nicht nur die Vergleichbarkeit sozialer Dienste (Strunk 1995). Verdeckte, diffuse oder gar nicht vorhandene Standards, nicht-transparente Vergleichsziffern und Schlüsselverhältnisse zur Personalausstattung intensivieren zudem

auch den staatlichen Kontrolleingriff in die Dienstleistungserbringung in einer sachlich nicht zu rechtfertigenden Weise (Treutner 1993). Faktisch steigern sie das Risiko der Übersteuerung[102] in unvertretbarem Maß.

Ein weiteres Unsicherheitsmoment liegt in der Vertragspraxis der WFV. Zwar gewinnt die WFV Handlungsspielraum, wenn sie Steuerungsrisiken der öffentlichen Hand an die existentiell von vertraglichen Bindungen abhängigen freien Wohlfahrtsträger (Seibel 1987; Reichard 1988) auslagert. Zugleich aber können diese Verträge dann in einem *Spannungsverhältnis* zum *Legalitätsgebot* der Verwaltung (Wimmer/ Arnold 1990) stehen, wenn erst innerhalb der Vertragsverhandlung Aufträge und Zielbestimmungen wohlfahrtsstaatlichen Handelns ausverhandelt werden. Damit nicht genug erschweren derartige Vorgehensweisen auch die interne Strategiebildung, das Management privater Wohlfahrtsträger (Backhaus-Maul 1991; Brauns 1994) in entscheidendem Maße.

Schließlich wird die Steuerungs- und Kontrolleistung des Wohlfahrtsrechts dort beeinträchtigt, wo Interessen und Akteure nicht hinreichend trennscharf und gewichtet in den Gesetzgebungsprozeß eingebunden[103] werden. Risiken rechtlicher *Fehlsteuerung* treten dort auf, wo sich Interessenkonstellationen herausgebildet haben, in denen potente Wohlfahrtsverbände vor allem ihre eigenen ökonomischen Interessen wahren und überwiegend ideologische Zielsetzungen verfolgen.[104] Deutlich sichtbar wird dies anhand der unvergleich- und unkontrollierbaren Organisation der Betreuungseinrichtungen (Oettl 1988; Schmid 1992; Kreidl 1995);[105]

❑ zum dritten sehen sich die KlientInnen einer Reihe von strukturellen *Rechtszugangsverweigerungen* gegenüber. Diese gründen sich einesteils auf die organisatorische Zerlegung real einheitlicher Gefährdungslagen, andererseits auf die rechtliche Fragmentierung ganzheitlicher Sachverhalte (Pitschas 1980). Beide Formen, nämlich die organisatorische Spezialisierung einerseits und die rechtlich-programmatische Fragmentierung andererseits tragen bei zu einer umfassenden Verunsicherung des Antragstellers. Klienten müssen ihre alltäglichlebensweltlich zusammenhängende Bedarfslage oftmals bei mehreren Ämtern, Behörden und Sachbearbeitern vortragen.[106] Sie müssen unterschiedliche normativ befestigte Vorgangsweisen eigenständig miteinander verknüpfen und abgleichen. Sie treffen auf Sachbearbeiter, die weitestgehend auf einzelne, grob normdefinierte Vollziehungsbereiche spezialisiert sind. Sie sehen sich mit einer Verwaltungskultur konfrontiert, in der die einzelnen Subsysteme von den Konsequenzen ihres Tuns für andere Rechtsfunktionen und Hilfensysteme keine Wahrnehmung haben (Jacoby 1984; Stewart/Ranson 1995). Sie müssen sich mit einem Verwaltungsstab herumschlagen, der ihrer Problemlage gegenüber unter Berufung auf seine sachliche Unzuständigkeit unverständig reagiert (Dimmel 1990).[107]

Die Realisierung subjektiver Rechte im Verwaltungsverfahren wird damit in einen tatsächlich *informalen* und damit sozial riskanten *Interessenabgleich* zwischen beteiligten Akteuren eingeklinkt (Bussfeld 1990). Ob Leistungen gewährt werden, hängt im Ergebnis von der Verhandlungsleistung der Klientel, genauer: der verbalen und sozialen Kompetenz anläßlich der Aushandlung der Leistung sowie von der Interventionsleistung Dritter ab. Die Leistungsgewährung spiegelt folglich vor allem die Kapazitäten der AntragstellerInnen zum individuellen Bewältigungshandeln mit den vergegenständlichten Hürden der Bürokratie. Die taktische Herausforderung der Klientel liegt darin, mit der Verwaltungsprämisse einer möglichst pragmatischen und konfliktfernen Erledigung, die den normativen Begründungsaufwand möglichst niedrig halten soll, zielorientiert umzugehen. Sie muß dabei freilich zur Kenntnis nehmen, daß die Grenzen zwischen Ignoranz und Devianz im informalen Verwaltungshandeln gegebenenfalls verfließen (Schulze-Fielitz 1992).

Durchaus folgerichtig erscheint der Klientel die Fragmentierung und operative Selbstschließung des Wohlfahrtsrechts und der es vollziehenden Organisationen natürlich nicht als technisches Rechts- und Organisationsproblem, sondern als unnötige Komplizierung, Abweisung und Hilfeverweigerung. Sie erlebt das Sozialrecht als undurchdringliches Dickicht von unrealisierbaren Möglichkeiten und unkalkulierbaren Risiken;[108]

- zum vierten wird die Performanz, der *Geltungszusammenhang* des Wohlfahrtsrechts zunehmend an *außerrechtliche*, budgetäre Eckdaten rückgebunden. Nicht nur Gesetze werden im Hinblick auf ihr Kosteneinsparungspotential beschlossen.[109] Auch die Vollziehung verwandelt sich mehr oder weniger verdeckt in einen Reflex des laufenden Budgetvollzugs. Unter diesen Rahmenbedingungen können Überlegungen zur strukturellen, *rechtsprogrammatisch gestützten Vernetzung* der jeweiligen, noch dazu separiert budgetierten Vollzugsbereiche (Plant 1992) nicht systematisch angestellt werden. Gleichartige Leistungen werden in Folge aus unterschiedlichen Titeln mit unterschiedlichen Mitwirkungs- und Sanktionskalkülen erbracht. Dies erschwert die Wahrnehmung von normativen Steuerungsdefiziten[110] auf den „internen Bildschirmen" der WFV.

Dieses vielschichtige Erscheinungsbild der normativen Desintegration des WFS (Dynamik anlaßbezogener Verrechtlichung, heterogene Vollziehung, Bindung des Geltungszusammenhangs von Recht an die budgetäre Stabilität der öffentlichen Hand) hat negative Auswirkungen sowohl für den hoheitlichen Vollzugsteil als auch auf die Außenbeziehungen der WFV. Mitunter finden sich innerhalb eines Bundeslandes ebensoviele Vollzugskulturen wie Bezirksverwaltungsbehörden gezählt werden. Und blickt man in ein einzelnes Amt, so lassen sich oftmals ebensoviele Vollzugspraxen zählen wie Sachbearbeiterplanstellen eingerichtet sind. Eine dialogische Entwicklung von rechtlich - gestützten Steuerungs- und Interventionsformen, interne Controlling- und externe Kontraktmanagementstandards zwischen öffentlichen und privaten Wohlfahrtsträgern (Flösser 1994) können sich unter diesen Bedingungen nicht entwickeln. Die Konsequenzen dieser Desintegration des Wohlfahrtsrechts lassen sich anhand der Folgen der mangelnden Responsivität von Rechts genauer nachzeichnen.

2.4.1. Mangelnde Responsivität des Wohlfahrtsrechts

Die Desintegration des Wohlfahrtsrechts läßt sich als (bereichsbezogen unterschiedlich) fehlende bzw. rückläufige Responsivität der wohlfahrtsstaatlichen Hilfesysteme beschreiben. *„Responsivität"* (Saltzstein 1992) bedeutet hier, die Interessen des Publikums, des Staates und intermediärer Organisationen im Recht selbst abzubilden und abzugleichen.[111] Unterschiedliche Bedürfnisse, Bedarfe, Ressourcen und soziotechnische Vorgaben sollen aufeinander abgestimmt werden. Sinkt die Responsivität, sinkt auch die Vermittlungskompetenz des Wohlfahrtsrechts. Dieses trägt dann zur Entfaltung in sich geschlossener, gegenläufige Interessen abgleichender Steuerungs- und Interventionsformen ebensowenig bei wie zu einer nachvollziehbaren „Gewaltenteilung von öffentlicher und privater Fürsorge" (Pankoke 1995,54; Gotthold 1983). Es reflektiert die Ingebrauchnahme externer Steuerungsmedien wie Professionalität, Macht oder Geld nur unzureichend. Es versagt als Übersetzungsmechanismus zwischen dem rechtsfernen *„funktionalen Dilettantismus"* (Seibel 1992) freier Wohlfahrtsträger und den *hochformalisierten Ablaufvorgaben* der WFV. Begriffe wie Professionalität, Solidarität oder Subsidiarität können im Rahmen der rechtsstaatlichen Formenbindung dann nicht einvernehmlich ausbuchstabiert (Voigt 1983) werden.

Fehlt es an Responsivität, so schlägt sich dies auch nieder in *leerlaufender* oder fehladressierter *Verrechtlichung*, entweder einem zu *niedrigen Verrechtlichungsgrad* oder einer zu hohen Verrechtlichungsdichte, in jedem Falle aber in einer *geringen Transparenz* des wohlfahrtlichen Leistungsbündels. In dem Maß, in dem die wachsende Kluft zwischen Rechtsetzung und korrespondierender Realität die Wahrnehmung einschränkt, werden Risiken unzusammenhängend erfaßt und/oder unsystematisch codiert, werden Regulierungen punktuell und widersprüchlich, inhomogen und unnötig kompliziert (Karpen 1989, 41ff.).[112]

Mangelt es an Responsivität, so zieht dies im Rechtsvollzug eine Reihe von Steuerungs- und Professionalisierungsproblemen nach sich.

Einerseits wird ein Großteil der Leistungen unter Anwendung von Recht ausverhandelt, dessen Andockpunkte zur sozialen Realität gleichsam verstopft sind. Andererseits entwickeln sich regional-lokale Vollzugskulturen nicht nach den kontextuellen Bedarfslagen, sondern werden geprägt von den persönlichen Präferenzen von Bürgermeistern, Bezirkshauptleuten und Referenten. Handlungskonstellationen und einzelne Akteure erhalten im Hinblick auf die Struktur des Rechtsvollzugs eine gewichtigere Rolle als die räumlich und sozial ungleich verteilte Häufung sozialer Reproduktionsrisiken. Beides zusammengenommen führt zu einer vergleichsweise niedrigen Konflikt- und Rechtsmittelneigung. An die Stelle rechtsstaatlicher Kontrolle tritt eine *elaborierte Interventionskultur.*[113] Recht bekommt, wer hartnäckig, (im Sinne des Wortes) unverschämt und sämtliche informellen Ressourcen nutzend auch unter Mobilisierung der rechtsberatenden Funktion eines freien Wohlfahrtsträgers den/die SachbearbeiterIn unter Druck setzt, um eine Leistung zu realisieren. Gegengleich erhöht das System WFV seine Reizschwelle und überläßt es der Klientel, ihrerseits das Drohpotential der Intervention zu steigern. Dieser Regelkreis induziert eine *Flucht aus dem Sozialrecht*. Steigt das Interventionsniveau auf die beschriebene Weise, wird zugleich auch die Reizschwelle erhöht, Rechtsansprüche zu thematisieren und zu mobilisieren.

Bis hierher läßt sich das Responsivitätsproblem als unzusammenhängende Risikoerfassung, unsystematische Codierung sowie heterogene Rechtsvollziehung beschreiben. Darüber hinaus aber trägt die mangelnde Responsivität auch bei zu einer Reihe von Kollisionen, Widersprüchen und *Blockierungen* im *Geltungszusammenhang* des Sozialrechts. Diese Widersprüche durchziehen den gesamten Korpus des Wohlfahrtsrechts und verleihen ihm ambivalenten, fallweise paradoxen Charakter:

- vor allem liegen die grundlegenden programmatischen Vorgaben der *Wirtschaftlichkeit* und Aufwandsminimierung (Harms 1994) im Rechtsvollzug einerseits und diejenige der *Kontextsensitivität*, Prävention und Professionalität der Implementation von Recht andererseits zueinander quer. Zum einen nämlich richtet sich die Forderung nach

Kontextsensitivität und Risikoprävention darauf, daß die Problemkumulationen, die regulär mit sozialen Risikolagen einhergehen, ganzheitlich, vorbeugend und trotzdem rechtlich-systematisch erfaßt (Preuß 1994) werden. Zum anderen aber zwingen die Vorgaben der Wirtschaftlichkeit und Aufwandsminimierung dazu, die Kosten jeder Intervention möglichst niedrig zu halten;

- zueinander widersprüchlich verhalten sich auch die Zielsetzungen der *Individualität*, der Einzelfalladäquanz und Familiengerechtigkeit oder des Kindeswohls einerseits und die politische Vorgabe der Vergleichbarkeit und *Standardisierung* andererseits (Schmid 1986);

- ein in sich widersprüchlicher Interpretationsgesichtspunkt liegt im Grundsatz der *Subsidiarität*. Demnach tritt der WFS erst dann in Vorlage, wenn alle anderen Hilfsmöglichkeiten (gesetzlich, vertraglich, statutarisch) ausgeschöpft wurden. Diese Beschränkung aber verträgt sich nicht mit dem Gebot der *Soforthilfe* bzw. der frühestmöglich zu gewährenden Unterstützungsleistung;

- ein doktrinärer Reibungspunkt des Wohlfahrtsrechts liegt darin, daß sich die *Präventionsvorgabe* mit der Logik der Antragsbindung sowie der Verpflichtung zur *Mitwirkung* und Selbsthilfe nur teilweise abgleichen läßt.[114] Hier kollidieren Kooperations- und Kontrollimperative;

- bei der Vorgabe nachgehender Hilfe liegt die Zielsetzung des WFS zwar in der nachhaltigen Wiederherstellung individueller Selbsthilfe- und *Selbstorganisationsfähigkeit* in den jeweiligen lebensweltlichen sozialen Netzwerken. Konkret aber steht, wenn im Einzelfall mehr an „Sozialgeld" investiert und länger interveniert werden muß, als zur unmittelbar-kurzfristigen Behebung der Notlage, Erziehungskrise oder Hilfsbedürftigkeit unbedingt erforderlich ist, dies wiederum in Widerspruch zur Vorgabe, den laufenden *Kostenaufwand* zu minimieren.

Diese Blockierungen im Geltungszusammenhang des Sozialrechts (heterogene Verarbeitungsmuster, fehlende Systematik, gebrochene Wirklichkeitswahrnehmung) erschweren die *rechtliche Typisierung* der Hilfen, zumal ja der Probleminput des WFS selbst stets komplizierter wird.[115] Damit wird zum ersten der strukturelle Zwang zur legislativen Steuerung durch *Generalklauseln* größer, die Möglichkeit der finalisierten Regulierung und Kontrolle gegengleich kleiner (Teubner 1985).[116] Zum zweiten kommt es durch den Einsatz von generalklauselartig gefaßten Zielbestimmungen in Sozialgesetzen zu einer strukturellen Unterdeterminierung von Hilfen. Insofern nämlich, als der *situativen Aushandlungskonstellation* im Verfahren zwischen Klientel und Behörde sowie den Kontexten der Implementation von Recht faktisch größeres Gewicht zukommt als den Imperativen und Doktrinen im Recht selbst (Willke 1985; Seibel 1986). Zum dritten gewinnen, da unterschiedliche Zugangs- (z.B. Staatsbürgerschaft, Aufenthalt) und Leistungsvoraussetzungen (z.B. Mitwirkung im Rahmen der Erfassung und Bearbeitung der Problemlage), Selbsthilfe- und Selbstorganisationspostulate (z.B. Familienbegriff im Sozialhilfe- und Jugendwohlfahrtsrecht, ABGB und ASVG) abgestimmt werden müssen, dynamische Verweisungen innerhalb aber auch zwischen den einzelnen Rechtsmaterien zunehmend Bedeutung.

Die Entwicklung von *Generalklauseln*, un(ter)bestimmten Rechts- und *Ermessensbegriffen* und gesetzestechnischen *dynamischen Verweisungen* zeigt, daß die rechtlichen Anspruchsgrundlagen der wohlfahrtsstaatlichen Leistungserstellung längst nicht mehr dominant konditional (also: „wenn > dann"-förmig programmiert) auf der Basis feststehender Leistungen formuliert werden können. Hierfür spielen einfach zu viele unbestimmte Rechtsbegriffe in angrenzenden Hilfesystemen, soziotechnische Variablen, *Abwägungstatbestände* und *prognostische* Elemente zusammen. Insofern erscheint es durchaus rational, wenn Ansprüche im WFS unter Hinweis auf die Heterogenität der Problemlagen und die Widersprüchlichkeit von Vorgaben in der Performanz des Wohlfahrtsrechts nun nicht mehr nur final (über zu erreichende materiell definierte Ziele), sondern zunehmend auch *prozedural* (über die Definition der Akteure sowie des Verhandlungsmodus, der zur Leistung führen soll) programmiert (Wiethölter 1986) werden. Ob es aber mithilfe der veränderten Programmstruktur des Rechts gelingt, innerhalb *vorgegebener Verhandlungsrahmen* (dabei kann es sich ebenso um eine Kooperationsvereinbarung zwischen Bezirksverwaltungsbehörde und intermediärer Organisation, um eine verwaltungsinterne Budgeterstellung in Abstimmung mit anderen Abteilungen oder um einen Abgleich des Klientenbestandes zwischen dem Amt einer Landesregierung und freien Wohlfahrtsträgern handeln) auf eine im Einzelfall substantielle Problemlösung zu zielen, hängt nicht nur vom budgetären Rahmen und der Aushandlungssituation, sondern auch von den strategischen Planungs- und Zielvorgaben (Welge/Al-Laham 1993) der WFV, ihren ressortpolitischen Vorgaben uam. ab.

In dieser Auffächerung des Rechtsprogramms in *materiell-konditionale*, *finale* und *prozedurale* Bestandteile spiegelt sich eine zunehmende Heterogenität und Kontingenz (scil. normative Mehrdeutigkeit, begriffliche Diffusität, weites Interpretationsfeld) der Risikoerfassung. Die damit verbundene *normative Kontingenz*[117] (Luhmann 1993,214 ff.) der wohlfahrtsstaatlichen *Inklusionsvorgabe* erweist sich allerdings als riskant, wenn ihr Verhältnis zur *Durchsetzbarkeit* von Rechtsansprüchen brüchig wird. Dies ist z.B. dann der Fall, wenn das Wohlfahrtsrecht nur unzureichend auf die präventive, krisenverarbeitende und nachgehende Erfassung sich ständig wandelnder sozialer Risken programmiert[118] wird oder wenn wohlfahrtsstaatliche Leistungen unabhängig vom jeweiligen Kontext subsidiär, nachrangig und geringstmöglich aufwandsintensiv erbracht werden. Die Konsequenzen liegen auf der Hand. Zum ersten droht dort, wo final-durchsetzbare Rechtsansprüche in bloße Sachzielsetzungen übersetzt wurden, ein *Funktionsverlust* des Rechts (Lenk 1983), seine Auflösung zugunsten einer situativen Flexibilität des Behördenhandelns. Zum zweiten droht mit einer Überdehnung der interpretativen Deutungsmöglichkeit sozialer Randständigkeitslagen eine *Verzerrung* der *Wahrnehmung* der komplexen Wirklichkeit von sozialer Randständigkeit (Hegenbarth 1983). Zum dritten steht ein kontingentes Normenprogramm den irrationalen wie irreversiblen „cut-back-management“-Strategien[119], welche manche politische Eliten einsetzen, um im Legitimationsnotstand die „populistische Handbremse“ zu ziehen, weitgehend *indifferent* gegenüber. Im Ergebnis bietet die offene Struktur eines auf Kontingenz programmierten Wohlfahrtsrechts nachgerade Andockpunkte für einen inkrementalistischen Abbau wohlfahrtsstaatlicher Strukturen (Becher 1986).

In bestimmter Hinsicht erscheinen die schwache Responsivität, die Kontingenz des Rechtsprogramms aber auch die geringe Vermittlungsleistung des Wohlfahrtsrechts im Hinblick auf partikulare Interessen jedoch durchaus funktional. Gerade die Gesetzgeber haben angesichts leerer Kassen und anderer Verteilungsprioritäten wenig Interesse, die *subjektive Legitimationsbasis* des auf wohlfahrtsstaatliche Leistungen Angewiesenen zu erweitern. Recht soll deshalb möglichst wenig dergestalt verbürgen, daß individuelle Klags- und Rechtsdurchsetzungspositionen (Rechtsansprüche) gestärkt werden. Zugleich hat auch die Verwaltung im Bestreben nach verwaltungsökonomischer Vereinfachung kein Interesse, bei knapper werdenden Ressourcen (Budget, Personal, Infrastrukturen) Verfahren bzw. Leistungsgewährungen durch rechtliche Kontrollen zu komplizieren. Prioritäre Zielsetzung vieler WFV ist deshalb eine möglichst unbürokratische, *nicht-formalisierte Leistungsgewährung*. Angestrebt wird vor allem die Flüssigkeit der Vollziehung, die Abwesenheit negativer Presse und die ressourcensparende Verschlankung der Struktur (Lenk 1983). Fachliche, an der Qualität des Handelns orientierte Kontrollansprüche werden dabei als störend empfunden. Beide Vektoren treffen auf einen Klienten, der seinerseits nicht nur sein materielles und Verfahrensrecht nicht kennt, sondern aus Scham, Angst und Irritation angesichts der institutionell-bürokratischen Eigenheiten möglichst schnell aus dem Amt gelangen möchte, der möglichst ohne langes Nachfragen eine Leistung zugesprochen erhalten oder gleich auf die Leistung verzichten will.

Zusammengefaßt liegt das Rechtsanwendungsproblem der WFV in der Vollziehung von Gesetzen und Programmen in dreierlei: zum ersten soll sie ein kontextsensitives und sozialpädagogisch-präventives Steuerungs- und Interventionsprogramm[120] im Gewande der unflexiblen *Ordnungsverwaltung*[121] vollziehen (Kardorff 1979; Offer 1991). Dabei aber müssen zwei eigentlich gegenläufige, einander unverträgliche Strukturprinzipien, nämlich Hilfe zur Selbstorganisation und soziale Kontrolle,[122] verknüpft werden. Zum zweiten nehmen die normativen

Eingriffsgrundlagen des WFS nur auf einzelne Aspekte einer umfassenden Lebenswirklichkeit Bezug (Narr 1996), wie auch seine jeweiligen Regelungsbereiche über keine wechselseitigen Anschlüsse[123] verfügen. Die Lebenswelt wird mithilfe rechtlicher Figuren zerlegt und nur teilweise, ausschnittartig wahrgenommen. Realiter bilden die unterschiedlichen Leistungs- und Gestaltungs-programme des WFS eben kein *netzwerkartiges* Verweisungssystem (Görlitz 1983), sondern offerieren für ein und dieselbe Leistung bzw. ein und dasselbe Risiko mehrere Zugangsmöglichkeiten. Schließlich (zum dritten) kennt das Wohlfahrtsrecht kein eigenes Verfahren und operiert mit *unbestimmten Rechts-* und *Ermessenbegriffen.* Es trennt ganzheitliche Lebenszusammenhänge rechtstechnisch auf und überläßt es der Aushandlung zwischen Behörde und Klient, dessen Lebenslage dergestalt zu reformulieren, daß sie unter die zur Verfügung stehende Norm subsumiert werden kann.

Exkurs 3.: Fehlprogrammierungen, Fehlnutzungen und Fehladressierungen

Vor obig dargestelltem Hintergrund hat sich eine Organisationsmaxime durchgesetzt, dernach sich die Administration entsprechend den jeweiligen Gesetzesmaterien nach sachlichen Zuständigkeiten (z.B. Jugendamt, Seniorenamt, Sozialamt) und regional nach örtlichen Zuständigkeiten (Bezirksverwaltungsbehörden) organisiert. Diese Aufbauorganisation entspricht zwar formalen Zuständigkeitsprinzipien, korrespondiert jedoch in der alltäglichen Implementations- und Vollzugspraxis nicht den realen, komplexen Randständigkeitslagen ihrer Klientel. Des weiteren sind derart organisierte WFV durch das zu vollziehende Gesetz bzw. das zu implementierende Programm nicht unmittelbar dazu verhalten, die *Konsequenzen* der eigenen rechtlich zu verarbeitenden Entscheidung mit andereren Rechtsmaterien und Verwaltungseinheiten systematisch abzustimmen. In weiterer Folge werden Klienten und Probleme exportiert, eigene Kosten externalisiert, also zu Lasten Dritter reduziert, werden Armutskarrieren im System A formell beendet, um im System B nahtlos fortgesetzt zu werden.

Die Rückwirkungen dieser Aufbauorganisation sind also nicht nur für die Klientel, sondern auch für die Steuerungsleistung des Rechts negativ. Zwar lassen sich Kernbereiche von Wohlfahrtsagenden wie die Materien der Sozial- und Behindertenhilfe, der Jugendwohlfahrt und des Pflegegeldes klar voneinander abgrenzen. Doch die Vollzugsorganisation des Rechts verhindert oftmals die Bemessung der Effektivität von Recht, verhindert die Indikatorenbildung zur Messung der Zielerreichung und adäquaten Nutzung. Letztlich können *Vollzugsdefizite*, meßbar am Grad der Rechtsverwirklichung, des Zugangs zum Recht und seiner lebenslagebezogenen Thematisierung (Pitschas 1983) nicht ausgemacht werden. Der Zusammenhang zwischen Recht und Rechtsvollzug wird tautologisch: Recht ist, was Gegenstand eines ohnehin empirisch unzulänglich erfaßten Vollzugs ist. In besonderer Weise werden die Konsequenzen dieser Kontingenz von Recht (Gesetze, Programme) und wohlfahrtsbehördlichem Handeln sichtbar in der Schwerpunktverlagerung im Hilfenspektrum weg von den Pflicht- hin zu den Kannleistungen, weg von finalen, durchsetzbaren Rechtsansprüchen hin zu optionalen Hilfemöglichkeiten je nach Budgetlage. Hier kann die Bedeutung von Recht überhaupt erst aus der unmittelbaren Vollzugspraxis erschlossen werden.[124] Jegliche Hilfe ist dann „situative Einzelfallhilfe“, bloß einmal Pflicht- und ein ander mal Kannleistung.

Das Ergebnis dieser doppelten Kontingenz von Recht und wohlfahrtsbehördlichem Handeln ist zum ersten, daß öffentlich-rechtliche und privatrechtliche Normen einander in ihrer Wirkung (Kaufmann 1994,36) durchdringen. Die Nahtstellen zwischen hoheitlicher Vollzug und Privatwirtschaftsverwaltung ermöglichen nahtlose Übergänge. Zum zweiten kommt es zu einer unsystematischen Verknüpfung von Geld- Sach- und Dienstleistungen. Die Auftragsvergabe für Betriebsführungen, soziale Dienste, Koordinations- und Beratungsleistungen folgt keinen klaren Kriterien. Sie werden pragmatisch verwaltungsintern in Auftrag gegeben, von intermediären Organisationen zugeliefert oder auf Vertragsbasis von freien Wohlfahrtsträgern als Dienstleistung zugekauft. Dabei gehen die unterschiedlichen Rechtsebenen Vertrag, politische und administrative Weisung und Gesetzesvollzug nahtlos ineinander über (Günther 1990/Ritter 1990).[125]

Ergebnis jener doppelten Kontingenz von Recht und Behördenhandeln ist zum dritten, daß es in der Gemengelage von imperativen Mitteln der Hoheitsverwaltung, Vertragslösungen der Privatwirtschaftsverwaltung und faktisch erbrachten materiellen Vorleistungen der öffentlichen Hand zur Realisierung individueller Rechte zu einer Reihe von rechtlichen *Fehlprogrammierungen, Fehlnutzungen* und *Fehladressierungen* kommt. Konstitutiv für das Zustandekommen von Fehlprogrammierungen, Fehlnutzungen und Fehladressierungen sind eine Reihe von eingeübten Inkompetenzen (Argryris 1993), sind politisch mangelhaft aufbereitete, unzureichend ausverhandelte und nicht öffentlich diskutierte Rechtsetzungsvorhaben (Hugger 1983), ist die im öffentlichen Diskurs zunehmend heterogene[126] Aufgabenstellung des WFS[127] sowie die strukturelle Defensive (Jessop 1994) wohlfahrtspolitischer Issues.

Je mehrschichtiger jedenfalls die Struktur, die Interessenadressierung und Zusammensetzung der Klientel, desto größer auch das Risiko, widersprüchliche und/oder unzusammenhängende Regelungen fehlerhaft zu verabschieden und jeweilige Normvorgaben unangemessen zu verarbeiten:[128]

- Fehlprogrammierungen treten vorwiegend dort auf, wo rechtlichverbürgte Leistungen in Form von Rechtsansprüchen eingeräumt werden, ohne zugleich auf die Thematisierungs- und Mobilisierungsbedingungen dieser Ansprüche Bezug zu nehmen. Darein fügt sich, daß gesetzlich-programmatische Entscheidungen zumeist auf einem Abstraktionsniveau getroffen werden, welches eine unmittelbare Rechtsanwendung unmöglich macht. Gesetzgeberische Entscheidungen stehen dann oftmals im Widerspruch zu bereits bestehendem Recht, bleiben inhaltlich unzureichend bestimmt und überlassen es der Verwaltung in Form von Verordnungsermächtigungen, mit diesen Unwägbarkeiten fertigzuwerden (Grimm 1991);

- Fehlnutzungen lassen sich dort ausmachen, wo Leistungen von den „falschen" Klientelen konsumiert werden. Dann nehmen nicht diejenigen Populationen, welche die Leistungen am dringendsten benötigen, selbige in Anspruch, sondern diejenigen, welche über den größten Informationsstand, über die größte verbale und soziale Kompetenz im Umgang mit dem Sachbearbeiter (Pippig 1988; Blankenburg 1995) verfügen;

- bei Fehladressierungen schließlich handelt es sich um Leistungen, Maßnahmen und Mitwirkungsvorgaben, die in einer Form an KlientInnen adressiert werden, in der diese mit der Leistung/Intervention in der vorgenommenen Ausprägung zwischen materiellen, Sach- und sozialen Dienstleistungen gar nicht umgehen können. Folge dieser Fehladressierungen ist, daß sich Notlagen verstetigen oder zuspitzen.

2.5. Die institutionelle Dimension: Selbstblockierungen der Verwaltung

In einer institutionellen Perspektive liegen die Funktionsdefizite des WFS auch in seiner *Organisationsform* begründet. Insbesondere die administrative Aufbau- und Ablauforganisation der Länder, Städte und Bezirksverwaltungsbehörden spiegelt, daß die WFV mit den enorm gestiegenen soziotechnischen Anforderungen nicht Schritt gehalten (Oppen 1990,25ff.) hat. Ursächlich dafür ist vor allem, daß die WFV, anstatt durch eigenständige Expertise, sozialtechnologische Kompetenz, Professionalisierung und Qualifikation angeleitet zu werden, von den Kameralisten, also *Buchhaltern* geprägt wird. Im Extremfall teilt die Finanzabteilung als Querschnittsamt mit, ob die Einrichtung eines Obdachlosenasyls zulässig/machbar/wünschbar ist oder nicht (Dimmel 1993a). Auf diese Weise entsteht ein Administrationshandeln, welches Sozialpolitik modifiziert, verfälscht oder sogar sukzessive ersetzt (Baier/March/Soetren 1995). Dabei gewinnt ein Verwaltungstypus Konturen, der politische Fragen systematisch in Kassensturzfragen übersetzt. Controlling wird mit Budgetvollzugskontrolle verwechselt, die sozialarbeiterisch-sozialpädagogische Qualität von Maßnahmen an der formalen Richtigkeit ausgewiesener Voranschlagsstellen (Clarke 1996; Parton 1996) bemessen.

Dies ist kein Lapsus. Vielmehr werden hier inhaltliche Diskurse in der Entscheidungskultur monokratisch-hierarchischer Systeme systematisch mit internen Machtfragen verquickt. Insbesondere die Diffusität der Verteilungswirkungen des Wohlfahrtsaufwandes wird durch die administrative Leitung zur Ausweitung ihres Handlungs- und Gestaltungsspielraums gegenüber den nachgeordneten Dienststellen genutzt. Darin zeigt sich, daß Budgetfragen letztlich Machtfragen im Gehäuse der Verwaltung[129] verkörpern.

Ein weiteres Kennzeichen für diese *Macht-Diskurs-Verknüpfung* ist ein permanentes Wechseln von Sach- und Personalebene, von ausgespielter Amtsautorität und diskursiver Einbindung (Sofksy/Paris 1991).[130] Diese Ambivalenz bringt eine administrationsinterne *Realitäts-, Wahrnehmungs-* und *Diskursspaltung* hervor. Überall dort, wo der Diskurs über die bestehenden organisatorischen Grenzen der Institution hinausweist, wird er beschnitten. Verkannt wird dabei, daß die Verwaltung durch diese Wahrnehmungsverkürzungen Armutsrisiken erzeugt statt diese zu begrenzen. Ignoriert wird, daß die Verwaltung als Ergebnis ihrer organisationellen Selbstblockierungen und -bindungen die Armen anstelle der Armut bekämpft. Vernachlässigt wird, daß in diesen Ambivalenzen für die handelnden Verwaltungsakteure riskante, in spezifischer Weise anomische Strukturen entstehen.

Im Ergebnis bilden sich Konturen einer *institutionellen Bewußtseinsspaltung* heraus. Dabei positioniert sich die Verwaltung nach außen – ihren Publikum gegenüber – als innovatives, dienstleistungs- und kundenorientiertes Unternehmen mit motivierten MitarbeiterInnen. Im Innenverhältnis aber werden zugleich die paternalistischen Strukturen der Subordination, Zentralisierung und Kontrolle unter Zuhilfenahme eines differenzierten Instrumentariums struktureller Gewalt durchgesetzt bzw. aufrechterhalten. Für eine monokratisch organisierte Institution ist das nicht weiter erstaunlich. Aus einer sozialtechnologischen Perspektive gesehen aber gibt jene Verwaltungspraxis der De- bzw. Entthematisierung interner Veränderungschancen auf Ebene der Armutsbekämpfung konzeptionell verengte Lösungsfenster strategischer Interventionen vor. Armenhilfe ist dann das, was übrigbleibt, wenn die internen Macht-, Hierarchie- und Formalisierungsbedürfnisse befriedigt sind.[131]

Dazu kommt, daß Verwaltungen unter der Bedingung steigender Ungewißheit dazu neigen, das gerade noch Funktionierende oder das, worüber sich niemand beschwert, unangetastet zu lassen (Mittelstraß 1995). Sie richten sich in Konstellationen *taktischer Blockierung* ein. Damit kultivieren sie einen niedrigschwelligen Konsens über den Verzicht auf riskante Modernisierungen. Verstärkt durch das verfestigte Nichtwissen (Nichtwollen) der Politik und die beschränkten Entscheidungsalternativen werden Handlungsspielräume vor allem in *reaktiven „cut-back"*-Strategien[132] gesehen. Eingelassen in die institutionalisierten *Diskursverweigerungen* des politisch-administrativen Systems und angetrieben von der beschriebenen „Diskurs-Macht-Verknüpfung" entscheiden die Verwaltungsspitzen, ob z.B. ein innovatives Maßnahmenpapier dem ressortzuständigen Politiker zugeleitet werden darf oder nicht (Wittkämper 1982). Verwaltungsseitig werden auf diesem Wege in erster Linie diejenigen Maßnahmen qua Amtsvorschlag/Amtsbericht offeriert, welche die internen Machtstrukturen stützen bzw. konservieren.[133] Politik und Verwaltung etablieren dabei auf der Basis verkürzter Wirklichkeitswahrnehmungen ein symbiotisches Verhältnis *wechselseitiger Funktionalität:* die Politik sucht nach möglichst kurzfristig wirksamen, vor allem Legitimation verschaffenden Lösungen. Die Verwaltung offeriert im Gegenzug diejenigen Lösungen, die das eigene Ressourcenfeld nicht beschneiden (Lawton/Rose 1994,73ff.). Weil die Verwaltung aber ein hierarchischer Apparat ist, werden in erster Linie die Interessen der Verwaltungsspitze darüber realisiert. Beide Seiten profitieren insofern von der aus taktischen wie strategischen Gründen beschränkten Reichweite wohlfahrtspolitischer Maßnahmenkataloge, als sie Machtstrukturen erhalten.

Praktisch bedeutet das, daß zwar eine Debatte über die Privatisierung und das „contracting-out" wohlfahrtsstaatlicher Leistungen unterhalten wird. Faktisch jedoch bleiben die dafür erforderlichen Planungs- und *Entscheidungsressourcen widersprüchlich* thematisiert und ungleich verteilt (Witte 1994). *Reform*vorschläge sind dann, wenn sie gleichsam von oben (politischen Eliten und Verwaltungsspitzen) kommen, „*Arkanwissen*“, in das Einblick nur widerwillig gewährt wird. Wenn sie hingegen von unten (Fachstellen), also „bottom-up“, thematisiert werden, werden sie entweder als unerheblich behandelt oder spiegeln in der Legitimationsrhetorik der Entscheider nichts mehr als den Eigenlegitimationsbedarf der jeweiligen Verwaltungseinheit.[134]

Innerhalb der Verwaltung wird also eine *diskursive Schieflage* zwischen Macht/Hierarchie/Budgetkompetenz einerseits und sozialpädagogisch-sozialtechnologischer Kompetenz andererseits sichtbar. Dort, wo die Kameralistik sozialtechnologische Fragen buchhalterisch auflöst, auf Sachfragen mit personalpolitischen Antworten reagiert, wo sie die Diffusität der Verteilungswirkungen zielgerichtet aufrechterhält und aus ihrer Sicht riskante Modernisierungen systematisch verweigert, bilden sich unweigerlich *pathologische Kommunikationsstrukturen* heraus, die zugleich das Risiko der internen Verweigerung von Gefolgschaft steigern.

Im Spannungsverhältnis zwischen diesen beiden Elementen, nämlich der tiefgreifenden Realitäts-, Wahrnehmungs- und Diskursspaltung zum einen und der stummen Verweigerung, der bürokratischen Apathie und fehlenden intrinsischen Motivation zur aktiven Problemlösung zum anderen wird zugleich sichtbar, daß sich die administrativen Selbstblockierungen aus einem *pathologischen* und einem *strategischen* Element zusammensetzen.[135] Beide Elemente sind sowohl in der Arbeitsweise der Organisation als System als auch mental in den handelnden Personen verankert.[136]

Die Konsequenz jener Realitäts-, Wahrnehmungs- und Diskursspaltungen in der Verwaltung liegt in einer Reihe von weitreichenden wohlfahrtsstaatlichen Selbstblockierungen und Fehlleistungen. Diese *Selbstblockierungen* tragen mit dazu bei, daß ein dem Gestaltwandel der sozialen Inklusionsproblematik entsprechender organisatorischer Umbau der monokratisch-hierarchisch organisierten WFV trotz steigender Turbulenzen nicht stattfindet. Sie lassen sich gleichsam als blinde Flecken auf den internen Bildschirmen der Problemwahrnehmung darstellen. Sie können als strukturell angelegte Ent- und Dethematisierungen, als Verkennung der Folgen eigenen Handelns oder als Modernisierungsblockaden beschrieben werden. Selbst dort, wo Verwaltungs- und Aufgabenreformen (Aufgabenkritiken) unter den Leitsternen von „lean management" (Schütz 1994) und „lean administration" eine Modernisierung der WFV programmatisch einfordern, löscht deren Infrastruktur sogleich wieder die möglichen Effizienzgewinne[137] aus. Näher betrachtet laufen Verwaltungsmodernisierungen an gesplitteten Dienst- und Fachaufsichten, an dem Macht- und Interventionsdünkel politischer Eliten oder aber auch an „wohlorganisierten Unzuständigkeiten" und Unverantwortlichkeiten auf (Bauer 1993; Naschold 1994; Wolters/Hartkemeyer 1994).

Selbstblockierungen bzw. Wahrnehmungsstörungen der WFV gehen folglich nicht nur auf Finanzierungs-, Programmierungs- und Typisierungsprobleme zurück. Sie haben ihre Ursache auch in der Organisationsform (Flösser 1994,98ff.) der WFV, ihrer Selbstorganisations- und Wandlungs(un)fähigkeit (Puch 1994) sowie deren „Impact" auf die Implementations- und Rechtswirklichkeit (Dahme/Grunow/Hegner 1980). Eine ganze Reihe verfestigter *Organisationspathologien*[138] ist ursächlich für Selbstblockierungen wie die Eigenproduktion von KlientInnen („welfarization"), die systematische Nichterkennung der gewandelten Armutsrisiken, die mangelhafte Wahrung der rechtlichen Statuspositionen des Wohlfahrtsbürgers, die Ausblendung der Nichtinanspruchnahme wohlfahrtsstaatlicher Leistungen oder die unklaren Verhältnisse zwischen Verwaltung und freien Wohlfahrtsträgern.

2.5.1. Welfarization: über das „Machen" von Klienten

Ein Grund für das rapide Anwachsen der Ausgabenvolumina sozialer Wohlfahrt liegt in der strukturellen Neigung des WFS zur *„welfarization"* (Leisering/Voges 1992): dem WFS gelingt es immer unzureichender, KlientInnen präventiv zu vermeiden, soziale Problemlagen möglichst rasch, effektiv und nachhaltig zu beheben und die Klientel sowohl ökonomisch-rational als auch sozialtechnologisch-professionell zu betreuen. Ganz im Gegenteil: der WFS schafft[139] fallweise seine eigene Klientel (Buhr 1995,28 ff.). Faktum ist, daß die Qualität des Output sinkt – bei zugleich steigenden Kosten. Es wird eben nicht Hilfe zur nachhaltigen Selbsthilfe und Verselbständigung geleistet, sondern langfristige Abhängigkeit von Hilfeleistungen erzeugt. Triebfedern dieser „welfarization-strategies" liegen in den Selbstbehauptungs- und *Selbstlegitimationstrategien* jeweiliger Interessengruppen und Professionisten, in der Pathologie der Bürokratie sowie in der mangelnden Flexibilität des Instrumenteneinsatzes durch die WFV. Regelrechte *Abhängigkeitsfallen* entstehen vor allem dort, wo das Verhältnis von Rechtsansprüchen („entitlements") und Anreizen („incentives") ungleichgewichtig wird (Gilbert 1995,63 ff.). Andere entstehen dort, wo man soziale Probleme eskalieren läßt, Hilfe nicht zur Selbsthilfe und zum Selbstmanagement leistet, sondern die Klientel in ihrer Hilfsbedürftigkeit domestiziert.

Einmal in der Logik der „welfarization" gefangen, gerät die WFV immer deutlicher in die Position der *„Krisenfeuerwehr"*. Leistungen der WFV werden dann in Form einer reaktiven Krisenintervention (Walker 1993,145 ff.) ohne präventiven oder nachsorgenden Aspekt erbracht. Dabei werden nicht nur Wohlfahrtsklienten, sondern auch das Umfeld sozialer Probleme gleichsam sekundär mit(re)produziert[140] (Ferge/ Miller 1987). Im Ergebnis sind nicht mehr nur soziale Reproduktionsrisiken für den Arbeitsanfall der WFV ursächlich, sondern auch die WFV selbst, weil diese nicht (mehr) rechtzeitig bzw. präventiv auf soziale Probleme im lebensweltlichen, lokalen Kontext mit professionell-soziotechnischen (Plant 1991) Hilfestellungen antwortet.

2.5.2. Die behördliche Entthematisierung von Armut

Die Entscheider in WFV haben weithin nicht begriffen, daß sich das Bild der Armut im letzten Jahrzehnt in dreierlei Hinsicht grundlegend gewandelt[141] hat: zum ersten ist Armut kein bloßes Randschichtenphänomen mehr, sondern rückt in das *Mittelschicht*segment (Ehrenreich 1992; Hauser/Hübinger 1993; Pfaff 1995). Zum zweiten zählt passagere, also vorübergehende Armut zur Lebenserfahrung einer wachsenden Bevölkerungsgruppe (Buhr/Ludwig 1994). Und zum dritten bilden sich neue Armutsrisiken heraus, die einerseits mit der Veränderung des Arbeitsmarktes, andererseits mit grundlegenden demographischen und familialen Veränderungen einhergehen (Alcock 1993; Voges 1996). Daß sich diese Marginalisierungs- und Verarmungsprozesse weitgehend unbeobachtet und ungesteuert entwickeln, findet seine spezielle Ursache im übrigen darin, daß eine institutionalisierte Armutsberichterstattung nicht stattfindet (Buhr/Ludwig/Leibfried 1990).[142]

Entgegen der starken Selbstverantwortungsrhetorik der neoliberalen Ideologen ist der alltagslogistische Spielraum für viele potentielle Kunden der WFV enger geworden. Sozialer Abstieg wird eine massenhafte, gleichwohl differenzierte Erfahrung (Doehlemann 1996). Aus der Perspektive des WFS mit seinen unverständlich-arbeitsteiligen Systemen, unzusammenhängenden Rechtsmaterien und streng voneinander abgegrenzten Ämtern und Hilfseinrichtungen wird das nicht entsprechend wahrgenommen. Gleich einer „black box" laufen erst in der Klientel, in der konkreten Familie die Fäden der verweigerten Zugänge, versagten Sicherungsleistungen und Risiken zusammen: die Frau schafft nach dem zweiten Kind den Schritt in den Regelarbeitsmarkt nicht mehr, die Wohnbauförderung wird gekürzt, es ist auf absehbare Zeit kein öffentlicher Kindergartenplatz frei, die Großmutter kann altersbedingt nicht mehr einspringen, einer von mehreren Krediten wird fällig gestellt, der Mann schafft den erwarteten Sprung auf der Karriereleiter nicht und das größere Kind beginnt, aufgrund von Lernstörungen in der Schule auffällig zu werden. Ungeachtet des Umstands, daß sich hinter diesen alltäglich-normalisierten Lebensverhältnissen[143] ein grundlegender gesellschaftlicher Wandel, der von Soziologen feinsinnig mit Begriffen wie „Heterogenisierung, Pluralisierung und Individualisierung" (Müller 1992; Mayer/Müller 1994) oder als „Überlagerung von Klassen und Schichten durch Milieus und Lebenslagen" (Hradil 1987) beschrieben wird, verbirgt, operiert die WFV nach wie vor mit *vereinfachten Armutsbildern*, die von marginalisierten Unterklassen und soziopathischen Subjekten bevölkert sind.

Exkurs 4.: Über die Messung von Armut

Armut läßt sich grundsätzlich auf zweierlei Art messen. Einmal als Form materieller Armut, wo Teilhabe in Geld bemessen wird. Diese Bemessung wiederum kann entweder absolut, an einem Mindesteinkommensniveau, z.B. dem Ausgleichszulagenrichtsatz oder einem Sozialhilferichtsatz erfolgen oder relativ, gemessen an einem Prozentsatz des Durchschnittseinkommens vorgenommen werden. Orientiert man sich an einer relativen Bemessung, z.B. dem durchschnittlichen gewichteten Haushaltsnettoeinkommen, so ergibt sich eine Armutsgefährdung von 940.000 Personen. Orientiert man sich hingegen an der Haushaltsausgabenstruktur, steigt die Armutsgefährdung auf 1,5 Mio Personen bzw. 19,9% der Bevölkerung. Dabei sind in erster Linie die Haushalte von Arbeitslosen, ArbeiterInnen und PensionistInnen betroffen. Zweifellos sind Formen materieller Armut datenbezogen am ehesten zu rekonstruieren, zu bemessen und auch politisch zu operationalisieren.

Man kann Armut aber auch als Fehlen eines sozio-kulturellen Minimums verstehen. Dann meint Armut einen Mangel an Mitteln zur Sicherung des Lebensbedarfs gemessen am typischen sozialen und kulturellen Standard der Gesellschaft. Was Standard der Gesellschaft ist läßt sich aus drei Blickwinkeln betrachten, nämlich a) aus einer an der Verteilung von Ressourcen orientierten Perspektive, die neben der Messung vor allem materieller Armut auch Faktoren wie die Kosten von sozialen Dienstleistungen, öffentlichen Infrastrukturen und dem Wohnungsmarkt mit einbezieht, b) aus einer lebenslagenorientierten Perspektive, worin Faktoren wie Einkommen, Wohnqualität, körperliche Belastungen und Zeitressourcen überwiegend im Hinblick auf die materiellen Konsequenzen der Unterversorgung zusammengefaßt werden sowie c) aus der Perspektive der Verteilung von Einkommen, Transfers und der Nutzungsmöglichkeit von Vermögen. Lebenslagenorientierte und ressourcenorientierte Perspektiven operieren also mit einem weiteren Teilhabebegriff, der nicht nur Geld, sondern auch soziale Kontakte, Zeitressourcen, Krankheit und Beeinträchtigungen einschließt.

Überwiegend wird die Armutsfrage im WFS auf das Haben/Nichthaben von Geld im Verhältnis zur Arbeits- oder Wohnungsmarktteilnahme reduziert. Damit werden einfache Verteilungsverhältnisse zum Ausgangspunkt sozial- und wohlfahrtspolitischer Maßnahmen gemacht. Daß der lebensweltliche Zusammenhang der Armut unter diesen Voraussetzungen kaum oder gar nicht abgebildet werden kann, scheint zugleich auch ein entscheidendes Problem der Performanz von WFV zu sein. Denn die reduktionistische Orientierung an der Geldverteilung verstellt den Blick auf die soziokulturellen Dynamiken der Armut. Präventive Strategien lassen sich in einer derart dominant-geldbezogenen Perspektive nur unzureichend entwickeln.

Die geschilderten Entscheidungsbedingungen der WFV legen es andererseits wiederum nahe, daß es aus der Administrationsperspektive gesehen durchaus funktional ist, Armut überwiegend an der Verfügbarkeit von Geldressourcen zu messen. Die Performanz der Armutsbekämpfung kann solcherart nämlich reduziert werden auf den Ablauf „Antragstellung - einkommensbezogener Rechtsanspruch - Budgetvollzug". Auf diese Weise braucht man nicht von verschämter Armut oder der Nichtinanspruchnahme von Sozialhilfe zu sprechen. Nicht zu übersehen ist aber, daß dieses funktionale Desinteresse der WFV an Armutsbegriff und Armutsausmaß, Armutsforschung und Sozialberichterstattung zweischneidig ist. Zwar ist es einerseits für die Selbstdarstellung aber auch die Budgetperformanz der WFV taktisch probat, nicht zu wissen, was sich an realem Armutspotential hinter der aufgegriffenen Armutspopulation verbirgt. Andererseits aber birgt die mangelnde Transparenz ein enormes Delegitimationsrisiko, wenn z.B. umgekehrt behauptet wird, die Tätigkeit der WFV laufe auf eine „Überversorgung" ihrer Klientel hinaus.

Schließlich hat die Praxis dieser vereinfachenden Erfassung von Armutslebenslagen aber noch weit grundsätzlichere Folgen. Denn der WFS *blockiert sich* dort regelrecht *selbst*, wo er nicht hinreichend wahrgenommen und verarbeitet hat, daß seine Klientel längst nicht mehr nur aus subkulturellen Randgruppen besteht, sondern daß zunehmend auch im Arbeitsleben integrierte Mittelschichtangehörige als hilfsbedürftige Klienten in Erscheinung treten. Er verkennt, daß damit nicht nur gänzlich neue Anforderungen an die Vernetzung, strategischen Leistungen und Professionalisierung der Sozialarbeit entstehen, sondern auch neue Verfahrens- und Konfliktlogiken. Er hat übersehen, daß Umrisse einer „post-fordistischen" Neuzusammensetzung der Armutspopulation entstehen, die gänzlich veränderte Thematisierungs- und Mobilisierungsformen von Recht und Öffentlichkeit in das Verwaltungsgeschehen einbringen.

Damit haben sich nicht nur die innerorganisationellen Anforderungen an die Vollziehung des Sozialrecht verändert, auch der Gegenstand sozialer Intervention hat sich gewandelt. Das soziotechnische Instrumentarium aber hat sich kaum darauf eingestellt, daß das Gesicht der Armut längst nicht mehr der fatalistischen Logik der Verelendung entspricht. In der Formensprache der Hilfen wird nicht entsprechend berücksichtigt, daß sich Armut zunehmend als verzeitlicht, vorübergehend und phasenspezifisch zeigt. Es findet keinen institutionellen Ausdruck, daß der Einstieg in soziale Randständigkeit längst nicht mehr nur durch Einkommensarmut, sondern auch durch Zeitmangel, Wohnungsprobleme oder Schuldentürme eröffnet wird. Es wird ignoriert, daß Armut zunehmend als Problem der Kumulation von Risken erscheint. Unbekannt ist, welche Verknüpfungen jeweiliger Benachteiligungslagen in den eskalierenden Prozeß der Ausgrenzung führen. Man hat eine „schwache Ahnung" davon, wer unter welchen Voraussetzungen das Stigma in Kauf nimmt, als Klient des zweiten sozialen Netzes erfaßt zu werden, ob man dies aufgrund eines steigenden individuellen Problemdrucks, in dem noch „Licht am Ende des Tunnels" sichtbar ist, unternimmt oder aufgrund anderer Motivlagen. Man kann vermuten, daß sich ein soziales Stockwerk darunter dann bereits diejenigen finden, die ohne Sanierungsperspektive verschuldet, jahrelang schwarzarbeitend arbeitslos sind und hohen Morbiditätsrisken unterliegen. Wie sich diese „dangerous classes" und deren Reproduktionslagen aber zusammensetzen, ist unbekannt. Im grundsätzlichen ist man sich dessen wohl bewußt, daß, je früher soziale Problemlagen erkannt und bearbeitet werden, desto größer auch die Chancen sind, einer allfälligen Eskalation von Risken vorzubeugen.

Zudem zeigen neuere empirische Untersuchungen, daß das Eskalationsrisiko individueller Armutsrisken in einer post-fordistischen Gesellschaft quasi als Pendant zur flexiblen Akkumulation des postfordistischen Kapitalverhältnisses gerade in ihrer flexiblen Kumulation liegt. Armut wird komplizierter. KlientInnen sind nicht nur arbeitslos oder von Wohnungsverlust bedroht, sondern sie sind minderqualifiziert, alleinerziehend, arbeitslos, verschuldet und von Delogierung bedroht. Analysen zeigen, daß ihre soziale Problemlage zumeist quer zu mehreren normativen Ansatzpunkten und behördlichen Zuständigkeiten liegt. Hilfe zur Selbsthilfe zu organisieren bedeutet dann zumeist, komplexe, überwiegend informelle Interaktions- und Kooperationsbeziehungen zwischen dem sozialen Nahraum der Klientel, zwischen Verwaltungen, freien Wohlfahrtsträgern oder intermediären Organisationen zu nutzen. Die entsprechenden soziologischen Beobachtungen weisen auf die Steigerung der Individualisierungsprozesse und die Zunahme der Heterogenität gesellschaftlicher Lebensverhältnisse. Nicht nur das Marginalisierungsrisiko wird größer (gemessen an Parametern wie Arbeitslosigkeit, Ungleichverteilung von Einkommen und Vermögen oder verwertbarer Arbeitskraftqualifikation), auch die Anzahl der Marginalisierungsquellen nimmt zu. Zugleich sinkt die Regelungskraft kollektivierender Sicherungsformen. Die Organisation sozialer Sicherheit wird entstandardisiert. Zwischen Rechtsetzung und individuell zu bestimmenden Bedarfen bzw. Bedürfnissen entsteht ein enormes Spannungsfeld.

2.5.3. Ungeklärte Verhältnisse: Wohlfahrtsverwaltungen und freie Wohlfahrtsträger

Der Großteil wohlfahrtsstaatlicher Leistungen wird, einmal abgesehen von der „Verwaltungskonstellation“ (Antragsteller-Behörde) zwischen a) Land, Gemeinde bzw. Stadt als Träger und Financier der Wohlfahrt und b) einem die soziale Dienst-, Beratungs- und Betreuungsleistung erbringenden freien Wohlfahrtsträger zuerst ausverhandelt und dann erbracht. Die *Sollbruchstellen* in diesem Aushandlungsverhältnis liegen nicht nur in der konfliktgeladenen Aufsichts- bzw. Kontrolleistung der öffentlichen Hand, der unzulänglichen Bedarfsplanung der WFV, der inhomogenen Standardisierung von Leistungen bzw. Produkten sowie in der unklaren Definition von Planungs-, Steuerungs- und Managementelementen. Sie liegen auch in den nicht entsprechend bearbeiteten Verselbständigungstendenzen sowie in der mangelhaften Professionalisierung der Angestellten der freien Träger.

Wenn die öffentliche Hand ihren sozialen Gestaltungsauftrag nur unzureichend wahrnimmt, versuchen freie Träger gegengleich Themen bzw. sozialpolitische Issues ihren eigenen Interessen entsprechend zu plazieren. Sie entwickeln „Schrebergärten", kümmern sich um ausreichend Klientel und darum, daß die eigene Organisation stets wächst. Werden die Agenden der Bedarfsplanung, Maßnahmenentwicklung, Professionalisierung der Akteure sowie des Controllings der Leistungserbringung seitens der WFV nicht mit entsprechender Akuratesse wahrgenommen, entwickeln sich im Bereich der Leistungserbringung heterogene, kaum beplanbare und nur umständlich steuerbare Strukturen. Derartige Strukturen sind zumeist aufwands- und kostenintensiv. Weil aber die Beziehung zwischen Wohlfahrtsträger/Financier und Dienstleistungserbringern eine im wesentlichen privatrechtlich ausgestaltete ist, können Sanktionen wegen Vertragsverletzungen bzw. nicht eingehaltener Vereinbarungen niemals hoheitlich implementiert werden.

Dazu kommt, daß die gegenseitige Wahrnehmung vielfach beeinträchtigt ist. Zum einen behandeln viele WFV die freien Träger als leidliche Themenspender, unbotmäßige Antragsteller und lästige Gegenspieler. Gegengleich speist sich das Verwaltungsbild freier Träger oftmals aus kafkaesken Phantasien und einer abgründigen Unwissenheit hinsichtlich der Entscheidungsbedingungen innerhalb der Verwaltung als einem komplexen System. Verträge und Subventionen, mit denen Dienstleistungen in Auftrag gegeben werden, spiegeln diese Projektionen und Konfliktkonstellationen oftmals wider. Eine professionelle Leistungserbringung und deren betriebswirtschaftlich korrekte Abwicklung wird damit nicht gerade erleichtert.

Diese wechselseitigen Wahrnehmungsstörungen resultieren freilich auch aus dem unterschiedlich gelagerten Zugang zu sozialen Steuerungsaufgaben. Während WFV eher den *Kontrollaspekt* in den Vordergrund rücken, verstehen sich freie Wohlfahrtsträger stärker als *anwaltliche Vertretung* des Klienten (Brandt 1996,165ff.). So bleibt die Beziehung des Klienten zum Amt, auch zur Amtssozialarbeit (Ortmann 1994,189ff.), deutlich hierarchisch-formal bestimmt, während jene zum Dienstleistungserbringer weitgehend informalisiert wird. Faktisch wird das Gros der Beratungs-, Betreuungs-, Versorgungsangebote vom Klienten in Anspruch genommen, ohne ein nachvollziehbar formalisiertes Verfahren zu durchlaufen. Zudem ist die Arbeit der freien Wohlfahrtsträger und Dienstleistungserbringer überwiegend durch sozialpädagogische und sozialarbeiterische Befunde strukturiert. *Betreuungsvereinbarungen* und pragmatische Zielsetzungen spielen eine weit größere Rolle als die formal-korrekte Erfassung und rechtliche *Subsumtion* eines Problems. Vor diesem Hintergrund erklären sich die teilweise gegensätzlichen Aufgabenverständnisse und Qualitätsvorstellungen im Verhältnis zwischen WFV und freien Wohlfahrtsträgern.

Dabei stehen insbesondere die WFV unter Zugzwang, da die *Effektivitäts-* und *Effizienzanforderungen*[144] an die Bereiche Planung, Umsetzung (Implementation) und Vollziehung in der WFV rapide gesteigert wurden. Im besonderen sehen sie sich zunehmend mit der Aufgabe konfrontiert, gerade auch sozialpädagogische Interventionserfordernisse zu begründen[145] und ihren *Output*, also Auswirkungen bzw. Handlungsfolgen, darzustellen und zu bemessen. Zugleich sehen sich WFV auch mit neuen Herausforderungen konfrontiert, öffentliche Diskursräume (Hugger 1983) in einer möglichst rationalen Auseinandersetzung zu schaffen, in denen über die Sinnhaftigkeit, Treffsicherheit und den Nutzen wohlfahrtsstaatlicher Inklusion räsoniert werden kann.[146] Zunehmend werden in diesem Zusammenhang *prognostische*, sozialpädagogisch und sozialarbeiterisch professionalisierte und sachbezogene Differenzierungen zwischen den jeweiligen Leistungsformen erforderlich. Auch die Differenzierung, ob und welche Leistungen sinnvollerweise im Rahmen eines Rechtsanspruchs oder im Rahmen einer Kannleistung erbracht werden sollen und können, gewinnt in der WFV an Gewicht. Für die Behörde/Administration geht es hier um die gelungene Auslagerung bzw. Privatisierung von Dienstleistungen. Es geht um die trennscharfe Bestimmung der Rolle der öffentlichen Verwaltung (Aufsicht, Kontrolle, Steuerung) und die Wahl adäquater Rechtsformen. Gerade die Organisation effektivitätssteigernder Maßnahmen erweist sich dabei als Schlüsselstelle der Strukturentwicklung im WFS. In Frage stehen Maßnahmen der nachgehenden Kontrolle, des begleitenden *Controllings*, der Regulation der Leistungserbringung durch *Standardisierungen* und Formalisierungen. Maßnahmen des Controllings und der Standardisierung von Leistungen wiederum erhöhen die Anforderungen an die Personalqualifikation, an die *Professionalisierung* der Ablauforganisation sowie an die Effektivierung der Aufbauorganisation. Damit stehen Arbeitsweise, Mentalität, Wirklichkeitswahrnehmung und - verarbeitung der WFV auf dem Prüfstand.

3. Wohlfahrtsverwaltungen unter dem Druck administrativer Pathologien

Die WFV ist Teil der allgemeinen Verwaltung. Deshalb werden auch die Denkeinsätze sozial- bzw. wohlfahrtspolitischen Entscheidens und Verwaltens in entscheidendem Maße von den Organisations- und Selektionskriterien der leitenden Figuration der Verwaltung, nämlich der Trennung zwischen der Ordnungs- bzw. Eingriffsverwaltung einerseits und der Leistungsverwaltung andererseits beeinflußt. In dieser Perspektive stellt sich der öffentliche Sektor bzw. Staat als verflochtenes Gefüge von Institutionen zur Entscheidungsproduktion und -implementation dar, nämlich als „special set of institutions that take interests of various kinds into account in decision-making, administration and management. Its public institutions affect the way interests are decided upon as well as policy outcomes that are highly relevant for a variety of interests.“ (Lane 1995,12) Dies betrifft insbesondere ihre Kapazität, soziotechnisch-rationale Entscheidungen zu treffen. Dabei läßt sich die Verwaltung idealtypisch als effiziente, kontinuierliche und regelgeleitete Erledigung öffentlicher Aufgaben beschreiben. Tatsächlich freilich ist die Verwaltungspraxis auch ineffizient, diskontuierlich und dezisionistisch.

3.1. Idealtypus und Realität

Das Webersche Modell des Idealtypus der Verwaltung basiert(e) auf mehreren Grundannahmen, nämlich

- der Rechtsstaatlichkeitsbindung (18 B-VG) der Entscheidungsorganisation (legale Herrschaft),
- der Professionalität, Unparteilichkeit, Formenbindung und Aktenförmigkeit, welche wiederum ein großes Rationalitäts- und Effizienzpotential (Lane 1995,49) eröffnet,
- unpersönlichen Autoritätsstrukturen,
- auf Sachqualifikation und Dienstdauer basierenden regelhaften Karrieremustern,

- einer geschäftsordnungstechnischen Arbeitsteilung in Form von funktional-distinkten Verwaltungssphären mit getrennten Kompetenzen und Zuständigkeiten,

- der Etablierung von Hierarchien mit klaren Über- und Unterordnungen,

- der Durchsetzbarkeit von Entscheidungen in Form Weisungs- und Disziplinierungsketten,

- der Differenzierung zwischen Dienst- und Fachaufsicht, zwischen Kontrolle und Controlling,

- des planhaften, nachvollziehbaren und verantwortlichen Umgangs mit Verwaltungsressourcen in Form von Budgets und Personalplänen,

- der Etablierung von nichtintrinsischen Motiven, wodurch öffentlich Bedienstete ihre Berufung („vocation") vor allem in der von konkreten Angelegenheiten abstrahierten Pflichterfüllung sehen und

- der öffentlich-transparenten Regelung des Entgelts.

Verschiedentlich werden auch die legitimitätsverschaffende *Responsivität* der Verwaltung gegenüber dem Gesamt „öffentlicher Interessen", das Wechselspiel von „accountability" und „responsibility" - also *Zurechenbarkeit* und *Verantwortlichkeit* sowie die Gewährleistung von Effektivität und Effizienz im öffentlichen Sektor diesen Kriterien zugezählt.

Real ist demgegenüber jegliches Verwaltungshandeln aufgrund seiner hochgradigen äußeren Abhängigkeit von Systemen wie Politik, Presse, ökonomischen Ressourcen aber auch den Alltagsattitüden der Klienten, Nutzer, Konsumenten und Staatsbürger äußerst *instabil*, mehrschichtig und *reversibel*. Verwaltungen sind nicht monolithisch, sondern komplex strukturiert, verfügen über eine Reihe unterschiedlicher Organisations- und eine Bandbreite spezifischer Koordinationsformen. Sie unterliegen einer Reihe von operativen Störungen, Fehlwahrnehmungen und Fehlfunktionen:

❑ zum ersten ist die funktionale Unterscheidung zwischen Politik und Verwaltung empirisch nicht haltbar. Zumeist verfließen beide Bereiche, zusätzlich dekliniert durch die *Verflechtungen* zwischen Politik,

Verwaltung und Interessenorganisationen.[147] Die Verwaltung steuert indirekt, in einigen Fällen auch direkt die Agenden der Politik (Jordan 1990). Gegengleich formuliert die Politik nicht nur Gesetze und Programme, sondern setzt diese auch unmittelbar verwaltend um. Zudem sind Mittel und Ziele im Politik-Administration-Verhältnis wechselseitig bedingt. Was an administrativen Strukturen, Ressourcen und Bewegungspotential vorhanden ist, wird Gegenstand politischer Zielsetzung und Entscheidung. Umgekehrt gliedert sich die Verwaltung entsprechend politischer Vorgaben. In dieser Verschränkung wird ein spezifisches *„Prinzipal-Agent-Problem"* sichtbar. Versteht man nämlich Öffentlichkeit und Politiker als Auftraggeber und die Verwaltung (Bürokraten, Experten, Professionisten) als Agenten, welche die Aufträge erledigen, stellen sich auf seiten der Verwaltung drei Probleme, nämlich: a) Übersetzung, b) Responsivität und c) Eigeninteressen:

- das Übersetzungsproblem fordert ein intrinsisches Verständnis politischer Entscheidungen auf Seiten der Verwaltung. Wenn politische Entscheidungen nicht nachvollziehbar und in sich schlüssig sind, entstehen Umsetzungsstörungen;

- das Responsivitätsproblem verweist darauf, daß Verwaltungsprogramme erst im Status der Implementation oder gar erst im Akt der (bescheidförmigen) Vollziehung appliziert werden müssen. Sie müssen folglich im Einzelfall adaptiert werden. Die Verwaltung muß daher offen sein für die Spezifika des Einzelfalles, zugleich aber auch selbständig der Zwecksetzung eines Programmes folgen können;

- das Eigeninteressenproblem schließlich resultiert daraus, daß die Wahrnehmung und Verarbeitung durch Agenten von persönlichen Eigeninteressen, Gruppeninteressen und institutionellem Versagen durchsetzt ist. Auf Seite der Auftraggeber stellt die spezifische *Diffusität* des *„öffentlichen Interesses"* eine Quelle von Fehlsteuerungen dar. Ist doch „das Öffentliche" realiter eine Mischung aus lobbyierten Gruppeninteresse, subjektiven Einzelinteressen und kollektivem Interesse (Wahrung des Allgemeininteresses, „bonum commune").[148] Im Ergebnis verkörpert das öffentliche Interesse immer eine Mixtur opponierender Interessen (Thompson 1990) und objektiver Reproduktionserfordernisse;[149]

❑ zum zweiten ist rationales Entscheiden in öffentlichen Verwaltungen (zweifellos: nicht nur dort) nur bedingt möglich. Nicht nur fehlen klare Zielerreichungskriterien vergleichbar dem Profitmotiv der Privatwirtschaft. Auch zwischen den unterschiedlichen Zielsetzungen und Zielerreichungsbedingungen kann keine letztendlich sachlich-begründbare, sondern nur eine politische Entscheidung getroffen werden. Möglich scheinen demgegenüber nur Formen der *„bounded rationality"* (Wildavsky 1984), also Entscheidungen, die innerhalb eines begrenzten Rahmens von Kontextwissen und Interessen getroffen werden:[150]

- Forderungen nach einem „reliable knowledge about administrative technologies" (Rose 1984) sind nicht einlösbar. Jede verbindliche Katalogisierung von Maßnahmen, Instrumenten und Standards, die für jegliches Verwaltungshandeln generell anzuwenden sind, scheitert, weil die Agenden der Verwaltung zu weit gefächert sind, als daß praktisch generalisierbare Verfahrensformen wirksam werden könnten, zumal sich das Verhältnis zwischen Ordnungs-, Gestaltungs- und Leistungsverwaltung entsprechend der Veränderung von Aufgabenstellungen ja laufend ändert;

- *Entscheidungskriterien* sind *instabil*, hängen von Personen, strategischen Entscheidungskonstellationen und Kommunikationskulturen ab und variieren von Situation zu Situation. Dies verweist auf einen entscheidenden Punkt: „People matter more than formal structure" (Agryris 1960);

- Entscheidungen werden über *„irrational events"* (Hogwood/Peters 1985) kommuniziert: Lösungen suchen nach Problemen, selbsternannte Teilnehmer suchen nach möglichen Teilnahmemöglichkeiten, Ergebnisse werden in irgendeine legitimierende Relation zu Organisationszielen gestellt, Apparate bewegen sich mit ungeheurem Aufwand, weil sie vorhanden sind. Diese destruktive Tendenz zur organisatorischen Irrationalität in öffentlichen Verwaltungen begünstigt *„garbage-can-processes"* (March/Olsen 1976), also Entscheidungen, die von vorneherein Ressourcen verschleißen, ohne irgendein Ziel zu erreichen: „the garbage can identifies how bureaucrazies fail when they do not know what they want or how to go about doing things" (Lane 1995,59);

❑ zum dritten erweisen sich Formen der Mechanisierung, Automatisierung und Routinisierung im Ergebnis oftmals kontraproduktiv gemessen an der Zielerreichung. Häufig werden *„mechanische"* Ansätze (Blickpunkt: Technologie) unnötigerweise gegenüber *„holistischen"* Ansätzen (Blickpunkt: soziale Beziehungen) bevorzugt. Neue Technologien (Stichwort: Büroautomation) werden fetischartig unhinterfragt eingeführt, während die Potentiale zur Steigerung der Effektivität in zwischenmenschlichen Kommunikationen ignoriert werden;

❑ zum vierten bergen Formen der unflexiblen „top-down"-Implementation von Entscheidungen und Programmen ein enormes Konflikt- und Selbstblockierungspotential. Dies vor allem deshalb, weil die Entscheider an der Verwaltungsspitze i.d.R. nicht über das Kontextwissen der Experten/Sachbearbeiter an der Basis verfügen und dieses Wissen auch nicht nachfragen. Strategien der Zentralisierung aber tragen zur *Rigidität* und Unflexibilität („ossification syndrome") des Vollzugshandelns bei. Zudem führen starre Hierarchien zu Implementationsdefiziten (Crozier 1964). Sie verleiten die handelnden Individuen dazu, nicht-responsiv, nach mechanisch-routinisierten Vorgaben zu entscheiden und verursachen damit interne Störungen:

- ein der Verwaltung inhärenter Widerspruch ist derjenige zwischen dem administrativen (Leitungs-)Personal (*Bürokraten*) und den Professionisten bzw. *Experten*, aber auch derjenige zwischen Generalisten und Spezialisten. Während die Professionisten ihre Position auf Wissen und Expertise stützen, setzt sich das administrative Personal unter Berufung auf seine hierarchisch - zugewiesene Autoritätsposition durch. Weil alle Verwaltung ohne Expertise und Spezialisierung aber nicht entscheiden kann, stehen Expertenwissen und die administrative Macht der Bürokraten zueinander in einem unauflöslichen Spannungsverhältnis;[151]

- unter den Bedingungen einer intensiven „surveillance", einer feinporigen Kontrolle und Überwachung, gewinnt die *informelle*, nicht hinterfrag- und in ihren Konsequenzen auf den Organisationsoutput nicht evaluierbare Struktur einer Organisation nicht zu überschätzende Bedeutung. Implizite Normen, Gruppenzugehörigkeiten (Seilschaften), individuelle (verdeckte) Motivations- und Identifikationsmuster gewinnen größeren Einfluß als sachliche Inputs (Pfeffer 1982; Morgan 1986);[152]

- wenn den Entscheidern das *Systemvertrauen* fehlt, daß die „basic operating units" (Ämter, Fachbereiche) die Zielsetzungen situativ angepaßt reinterpretieren und in ein innovatives Verhältnis zu Zielen und Mitteln der Verwaltung bringen, operieren öffentliche Institutionen unselbständig und zögerlich (Williams/Ellmore 1976). Faktisch jedoch erfordern die meisten Entscheidungskonstellationen situativ - flexible und schnelle Reaktionen;

- wenn „top-down" verkannt wird, daß man die öffentliche Verwaltung nicht bloß formal-verfahrenstechnisch steuern kann („constrained by rules of procedure"), sondern auch substantielle Kriterien der Zielerreichung und Effektivität als Meßlatten der Bewertung und Steuerung erforderlich wären, stellen die nachgeordneten Einheiten ihre Zielcodierung in kontraproduktiver Weise auf die Erreichung formaler Ziele um;

❑ zum fünften maximieren öffentlich Bedienstete, und dazu gehören zweifellos SozialarbeiterInnen ebenso wie andere Experten, ihre *Eigeninteressen* wie Einkommen, Prestige und Macht (Downs 1967; Tullock 1970; Mueller 1989). Eine klare Trennung zwischen privat und öffentlich ist dann oft nicht erkennbar (Stevens 1993). Beamte erfüllen ihre Pflichten tendenziell „out of selfishness, reducing the public goals of a bureau to the status of a means in relation to more basic personal objectives such as pecuniary reward, personal power und prestige as well as security of employment" (Lane 1995,6);

❑ zum sechsten ist der Informationsfluß in Verwaltungen nicht rational organisiert (Petrovic/Rausch 1992). Im Grunde genommen sollen Informationen ja das Verhalten innerhalb der Administration und die Interaktion zwischen den Bereichen „öffentlich" und „privat" steuern. Näher betrachtet jedoch hängt das Agieren jeglicher Organisation von der Zugänglichkeit, Genauigkeit und Verwertbarkeit von Informationen ab. Das Gelingen von Programmen ist folglich abhängig von der Transparenz von Entscheidungen und Basisinformationen. Im einzelnen steuern Informationen Produktions-, Transaktions- und soziale Kosten bei der Produktion von Verwaltungsentscheidungen. Wenn nun Informationen (Wissen) dazu eingesetzt wird, die Substanz und Konturen der Macht- und Herrschaftsorganisation in Verwaltungen zu reproduzieren, kommt es zu einer *asymmetrischen Informationsverteilung*. Diese aber fördert nicht nur opportunistisches Verhalten, sondern provoziert auch Fehlentscheidungen. Umgekehrt können in einer zentralisierten Organisation Informationsasymmetrien entstehen, wenn spezialisiertes Wissen und Expertise in nachgeordneten Einheiten angesammelt wird und das Leitungspersonal von entscheidenden Informationsflüssen abgeschnitten wird. Trägt man dem Erfordernis unterschiedlicher Informationsstrategien (je nach „distributiven, regulativen und redistributiven Verwaltungsprogrammen"; Lowi 1979) nicht Rechnung, kommt es zu Selbstblockierungen der Verwaltung. Der Implementationsaufwand steigt, weil Wissen entweder informell, extern und in zusätzlichen Arbeitsgängen beschafft werden muß, oder weil der falsche Informationsinput zuerst kleingearbeitet werden muß, um diejenigen Informationen zu filtern, die man für eine Entscheidung bzw. einen Vollziehungsakt tatsächlich benötigt;

❑ zum siebten schließlich entwickeln Verwaltungsorganisationen mit zunehmender Größe, Formalisierung und Routine eine steigende *Abneigung* gegenüber Systemveränderungen und sozialem Wandel. Die Bewältigung interner Konflikte überschattet zunehmend das Problem der Effizienzsteigerung bzw. -stabilisierung. Ein großer Teil der Ressourcen wird genutzt, um den Status quo in internen Verteilungskämpfen zu erhalten. Die Kapazität, sich für Innovationen zu öffnen, sinkt (Merritt/Merritt 1985).

3.2. Pathologien der Bürokratie

Diese Störungen im Verwaltungsablauf verfestigen sich fallweise zu *bürokratischen Pathologien*, zu interessegetriebenen *Deformationen* des ursprünglichen Verwaltungszwecks. Zu diesen Pathologien zählen vor allem: das Primat der Selbsterhaltung, die Abschottung nach außen, das Paradigma der Ressourcenmaximierung und Einflußmaximierung, die reflexhafte Steigerung der Formalisierung von Abläufen, die selbstläufige Erhöhung der Arbeitsteiligkeit, die Entthematisierung von Konflikten, die Bekämpfung organisationellen Wandels, die Dominanz taktischer Koalitionen sowie eine Entdifferenzierung (Vermischung) der funktionalen Hierarchieebenen:

❑ zum ersten wird in pathologischen Konstellationen das *Selbsterhaltungsinteresse* der jeweils übergeordneten Verwaltungsorganisation im hierarchischen Modus zum treibenden und dominanten Motiv des Verwaltungshandelns: „as a result of organizational inertia the interests of the bureau itself tend to replace the promotion of external goals. The bureau itself becomes the end of its operations“ (Lane 1995,53);

❑ zum zweiten kommt es in pathologischen Konstellationen zu einer organisatorisch-formalen *Abschottung* nach außen. Dabei wird in erster Linie das Prinzip hierarchiegestützter Hegemonie sichergestellt. Insofern gehen solche Konstellationen entweder von der Verwaltungsspitze aus oder werden von ihr aus bloß taktischen Gründen geduldet;

❑ zum dritten wird in pathologischen Konstellationen der jeweilige *Eigennutzen* der Bürokratie zum prioritären Bewertungskriterium. Einesteils wird dabei die Anzahl der in der Dienst- und Fachaufsicht stehenden Bediensteten, andernteils das verfügbare Budgetvolumen maximiert;

❑ zum vierten orientiert sich die Bürokratie in pathologischen Verwaltungskonstellationen daran, den eigenen *Einfluß* auf Gesetzgebung/Politik (Landtag bzw. Gemeinderat) zu dem Zweck zu *maximieren*, deren Entscheidung zunehmend von eigenen Inputs und Vorfragenklärungen abhängig zu machen, wodurch längerfristig-strategische Entscheidungen der Politik erschwert werden;

❑ zum fünften wird in pathologischen Verwaltungskonstellationen mithilfe *verdichteter Formalisierungen* (Berichte, Kontrollen, Interventionen) der interne Arbeitsanfall gesteigert, ohne zugleich verbindliche Zielsetzungen zu formulieren oder den Output der Organisation zu steigern. Hierbei sind die nachgeordneten Ebenen überwiegend mit der Verfassung von Statusberichten an die übergeordneten Dienststellen bis hin zu einer Magistrats-/Landesamtsdirektion befaßt;

❑ zum sechsten werden in pathologischen Verwaltungskonstellationen neue Aufgabenfelder prinzipiell mit der Einrichtung neuer Verwaltungseinheiten „gelöst" und nicht gesamthaft eingegliedert, weil „increasing bureau size may only generate managerial difficulties for the bureaucrat" (Hogwood/Peters 1985,39). Im Interesse ihrer eigenen Überschaubarkeit drängen die vorhandenen Teilorganisationen auf eine Proliferation, eine *quantitative Ausweitung* der Verwaltungsstrukturen, eine Erhöhung der Anzahl der Abteilungen und Ämter. Organisationsteile mit klar definierten Vorgaben neigen zugleich zum kategorialen Rückzug auf die bereits gestellten Aufgaben und sind zur Kooperation nicht bereit;

❑ zum siebten korrespondiert dies auch dem Interesse, Verwaltungsorganisationen um konkrete Personen herum aufzubauen, politischen Besetzungsverpflichtungen nachzukommen oder problematische Personen „wegzuloben";

❑ zum achten verstehen sich Bürokraten in pathologischen Konstellationen als Proponenten der *Minimierung institutionellen Wandels*. Organisationeller Wandel wird entweder ignoriert oder bekämpft. Zielsetzung ist es, Wandlungsrhetorik mit weitestreichender Wandlungsresistenz zu verbinden: „organizations code any new information or problems in terms of their existing procedures and problem definitions" (Hogwood/Peters 1985,40). Dies soll dazu beitragen, größtmögliche Stabilität, Erwartbarkeit und interne Verhaltensprognostizierbarkeit herzustellen;

- zum neunten koalieren in pathologischen Konstellationen Verwaltungseinheiten miteinander, die zwar keine in der Sache ähnlichen, zusammengehörigen oder gleichen Zielsetzungen verfolgen, sich aber im *taktischen* Interesse treffen;
- zum zehnten schließlich werden in pathologischen Konstellationen formal-funktionale Arbeitsteilungen ignoriert. Es werden *neue Hierarchieebenen* eingezogen, um Delegationsprobleme zu lösen.[153]

Die oben beschriebenen Verwaltungspathologien gewinnen störenden Einfluß auf die „*Governance*"[154] des Wohlfahrtsstaates und seinen Diskurs[155]. Sie steigern die *Fehleranfälligkeit* sowie die interorganisationale Komplexität des Handelns bis in ein unverträgliches Maß. Die logische Folge derartiger Pathologien ist, daß *Opportunismus*, *taktisches Manövrieren* und Strategien zur Verfolgung partikularer Interessen das Organisationshandeln bestimmen. In besonderer Weise betreffen diese Pathologien das Verhältnis von Markt und Bürokratie. Denn sie verunmöglichen die notwendige Abgrenzung zwischen marktorientiertem Profitmanagement einerseits und bürokratischer Verwaltung andererseits.[156] Sie behindern jede rationale Antwort auf die Frage, was die öffentliche Verwaltung und was die freien Träger tun sollen, können, dürfen oder müssen. Und sie erschweren schließlich alle Bemühungen, eine eigenständige Formen- und Interventionssprache des Verwaltungsmanagements zu entwickeln, um das Demarkationsproblem zwischen dem Öffentlichen und dem Privaten in einer handhabbaren Weise zu lösen. Sie behindern die Entwicklung eines vernünftigen Verhältnisses zwischen den Elementen Austausch und Autorität, Wettbewerb und Hierarchie, „laissez-faire" und Planung, Markt und bürokratische Kommandoökonomie.

3.3. Fehlleistungen der Wohlfahrt

Die skizzzierten Störungen und administrativen Pathologien (Selbsterhaltung, Abschottung nach außen, Ressourcenmaximierung, Einflußmaximierung, Formalisierung, Erhöhung der Arbeitsteiligkeit, Personalisierung, Bekämpfung organisationellen Wandels, taktische

Koalitionen, Entdifferenzierung der Hierarchieebenen) drücken sich in spezifischen Fehlleistungen und Fehlfunktionen der WFV aus. Diese nehmen aufgrund der besonderen Implementationsstruktur wohlfahrtsstaatlicher Aufgaben eine eigenständige, uneinheitlich übersetzte Ausprägung an:

❑ zum ersten finden die Handlungs - und Reaktionsmuster der Ordnungs- und Wirtschaftsverwaltung in vielen Fällen nur *konfliktorisch*, folglich modifiziert und nur bruchstückhaft Eingang in die WFV. Dabei erscheinen die Arbeitsmotivationen der Bediensteten einer WFV, in der das Leistungselement dominiert, im Grunde genommen nur unwesentlich *intrinsischer* als diejenigen der Ordnungsverwaltung, deren Schwerpunkt auf den Elementen Gestaltung und Überwachung liegt;

❑ zum zweiten ist das Verhältnis zwischen Verwaltung und Publikum, Behörde und Staatsbürgern, Anbietern und Nachfragern, Service und Kunden, Soziotechnikern und Klienten in der WFV äußerst abhängig von intermediären Organisationen und bleibt durch öffentliche Diskurse beeinflußbar. Ihre Außen- und *Diskursbeziehungen* sind heikel, mehrschichtig und *instabil.*[157] Zugleich sind auch die Handlungskonsequenzen wohlfahrtsstaatlicher Intervention weitreichender als diejenigen anderer Verwaltungsteile. Wenn die Müllabfuhr oder die Gewässeraufsicht nicht funktioniert, entstehen möglicherweise sanitäre Probleme oder ökologische Folgeschäden. Wenn jedoch die Jugendwohlfahrt nicht funktioniert, entstehen nicht nur andere Risiken (z.B. Kindesmißbrauch), sondern auch eine andere Öffentlichkeit und Legitimationsproblematik. Ungeleerte Mülltonnen rufen, anders als dies bei mißbrauchten Kindern der Fall ist, nicht Staatsanwaltschaften, Kinderschutzzentren und Kinderanwälte auf den Plan. Zudem ist auch die Emotionalisierung von Fehlsteuerungen der Administration im Fall der Jugendwohlfahrt gänzlich anders gelagert. Daraus ergeben sich gesteigerte Anforderungen an die *Responsivität*, die Außenorientierung und Präventionsgeneigtheit der Organisation.

Intern werden die beschriebenen Störungen und Pathologien der Ordnungsverwaltung als *Hegemonie fremder Strukturprinzipien* wahrgenommen. Diese Projektion einer „Invasion äußerer Gegner" befestigt zwar kurzfristig den inneren Zusammenhalt, stärkt paradoxerweise aber mittelfristig das mehrschichtige *Subordinationsverhältnis* zwischen WFV und Zentralbürokratie. Folgerichtig erscheinen inneradministrative Kürzungsstrategien in weiterer Folge als krude Machtpraxis „top-down" und nicht als eigentlich politische Akte, die in der Verwaltung ihr Eigenleben entwickeln. Widerstand freilich ist unwahrscheinlich, weil die WFV heterogen, nach Professionen, Berufsgruppen und formalen Qualifikationen differenziert ist, die jeweils um Macht, Einfluß und Wirklichkeitsdeutungen konkurrieren.

Exkurs 5: Zur Transformation und Individualisierung sozialpolitischer Konflikte

Hinter den widersprüchlichen Zwängen und Fehlstellungen administrativer Pathologien wirken in der WFV aber nicht nur innerorganisatorische Triebfedern, sondern auch ein seine Legitimationsgrundfesten berührender Strukturwandel der Konzeption des keynesianischen Sozial- und WFS. In diesem *Restrukturierungsdiskurs* wird die Grenze zwischen den Sphären „öffentlich" und „privat" neu verhandelt. Es geht dabei um neue Formen staatlicher *Überwachung*, *Regulierung* und *Assistenz* im WFS. Vormalig stabile Ziele wie Vollbeschäftigung und soziale Sicherheit werden aufgegeben zugunsten abstrakter Zielsetzungen wie *Flexibilität* oder *Effizienz*. Dabei werden nicht nur die „norms, habits, laws, regulations and representations of reality" (Harvey 1989,121ff.), die für die wohlfahrtlichen Institutionen und Arrangements bislang bestimmend waren, neu verhandelt und recodiert. Es findet auch eine Verlagerung politischer Sphären statt: während die Ökonomie zunehmend als marktgetrieben, selbstregulierend und in ihren Konsequenzen unvermeidlich dargestellt wird, wird öffentliche Hilfe zum Gegenstand andauernder Spar- und Reduktionspolitiken. Während der transnationale Kapitalverkehr dereguliert wird, wird der öffentliche Sektor als nicht-konform stigmatisiert. Die Idee des Sozial- und WFS verliert ihre Bindungskraft. Die Bedürftigen werden als quasioppositionelle Interessengruppierung dargestellt, deren Bedürfnisse mit denjenigen der Gemeinschaft der Steuerzahler kollidieren (Brodie 1996,393). Die Marginalisierten mit ihren pathologisierten speziellen Bedürfnissen erscheinen dabei als Bedrohung des Gemeinwesens. Dahinter hat sich ein Ideologem durchgesetzt, das auf nichts anderem als der unbewiesenen Behauptung beruht, daß öffentliche Aufgaben besser, schneller und effektiver in Form von Märkten realisiert werden können. Die Familie wird in diesem Ideologem als (noch funktionierende) Zelle der Gesellschaft in die soziale Verantwortung genommen. Der Konsens wächst, „that families should look after their own and state policies should make sure that they do“ (Abbott/Wallace 1992,2). Kranke Menschen werden umdefiniert und reduziert auf Konsumenten sozialmedizinischer Dienstleistungen, Krankheitsbilder verwandeln sich in schuldauslösende Selbstbeschädigungen. Soziale Schwäche erscheint als naturalistisches Moment beschleunigter Modernisierung. Arbeitslose werden in den Arbeitsmarkt zurückgezwungen, auch wenn die dort erhältlichen Jobs nicht bedarfsdeckend, dereguliert, unsicher oder teilzeit-organisiert sind (Yeatman 1990,130).

Auf diese Weise werden die Transformationskosten gesellschaftlicher Modernisierung individualisiert. Die Betroffenheit von Hilfsbedürftigkeit und Armut wird zur bloß persönlichen Herausforderung. Ihre gesellschaftspolitische Dimension jedoch wird damit zum Verschwinden gebracht. Zugleich sinkt nun aber auch die tatsächliche Wahrscheinlichkeit der individuellen Lösbarkeit von Wohlfahrtsproblemen. Denn die affirmativen Ideologien der neoliberalen politischen Eliten haben mit den ungleich verteilten lebensweltlichen Bewältigungschancen kaum etwas zu tun. In dieser paradoxen „no-win-situation“ kommt der WFV die eigentlich unlösbare Aufgabe zu, die politische Fiktion der individuellen Bewältigbarkeit von Reproduktionsrisiken aufrechtzuerhalten. Dabei sind die abstrakten Vorgaben der neoliberalen Programmatik, wozu eine nachhaltige Subsudiarität im Sinne familiären Zusammenhalts, eine stärkeren Eigenvorsorge im Hinblick auf soziale Risiken und die Betonung individuellen Wohlfahrtsverzichtes zählen, auf politischer Ebene schnell beschlossen. In einer konkreten sozialen Situation „face-to-face“ aber tatsächliche Versagungen auszusprechen, also soziale Teilhabe zu beschränken, und mit der unausweichlichen Reaktion darauf professionell umzugehen ist eine ganz andere Sache. Da nämlich hat man es mit lebenden, also weinenden, bittenden und tobenden Menschen zu tun.

Im Ergebnis ist die WFV mit ihrer Transformationsaufgabe, die darin besteht, das Paradigma der Individualisierung gegen jede Erkennbarkeit von zunehmend kollektivierten, schichtspezifischen Risiken zu exekutieren, überfordert. Vorangetrieben durch die sukzessive Aushöhlung des wohlfahrtsstaatlichen Inklusionsparadigmas nehmen in der WFV daher Apathie und die Bereitschaft zu autoritären Lösungen zu. Es wird intern wie extern schwieriger, Wohlfahrt soziotechnisch seriös zu implementieren.[158] So besteht denn die Teilnahme am kulturellen Leben in einem Schwarzweißfernsehapparat, die Aufarbeitung einer familiären Gewaltverstrickung in unregelmäßigen Gesprächen mit einer überlasteten Sprengelsozialarbeiterin und die Integration von Behinderten (wenn überhaupt) in der Finanzierung des Abgangs geschützter Werkstätten. Zugleich wächst sich die Kluft zwischen Norm und Wirklichkeit dort zu einem dringlichen Gestaltungsnotstand aus, wo das Ausbleiben präventiver Strukturen z.B. im Bereich der Delogierungsprävention äußerst kostenintensiv wird. Eine spezifische Konstellation „kognitiver Dissonanz“ entsteht: man weiß zwar, daß Hilfeleistungen benötigt würden, kann diese aber weder konzipieren noch umsetzen.

3.3.1. Mangelhafte Evaluation

Die Wohlfahrtsadministrationen haben bislang kein hinreichend institutionalisiertes Selbstverständnis entwickelt, den eigenen Leistungsoutput *öffentlichkeitswirksam* zu evaluieren. Dies spiegelt sich in einer dramatischen Lücke nicht vorhandener Sozialdaten[159], Vergleichszahlen und Sozialplanungsressourcen, aber auch im nachhaltigen Unwillen, die eigene Performanz von Dritten untersuchen zu lassen. Die mangelhafte Evaluation begünstigt wiederum die kurzfristigen Zielsetzungen der Politik, zumal auch dort eine verbindliche Diskurskultur, welche sich mit längerfristigen Szenarien der Wohlfahrtsentwicklung befaßt, nicht etabliert ist. So steht denn die WFV einem Bündel von Verantwortlichkeitspostulaten von Politikern, Medien, Steuerzahlern, Kontroll- und Aufsichtsorganen, Landes- und Bundesrechnungshof, Wählern, Pressure Groups, freien Wohlfahrtsträgern und Moralagenturen (Kirche, Caritas) mehr oder weniger konzeptlos gegenüber.

Die *Dramatik des Nichtwissens* läßt sich erahnen, wenn man ausbuchstabiert, daß moderne Soziotechnik eigentlich ein strategisches Mix von Hilfe und Disziplinierung, Unterstützung und Repression, Hilfe zur Selbsthilfe und soziale Kontrolle erfordert. Soziotechnische Intervention setzt die Fähigkeit voraus, auf jeweilige Situationen abgestimmt flexibel reagieren zu können. Zumal die Erbringung effektiver, rascher und treffsicherer Wohlfahrtsleistungen ja oftmals auf *Prognosen* über Individuen basiert. Dabei wiederum muß die weitere Entwicklung sozialer Beziehungsnetze und gesellschaftlicher Reproduktionsformen mitbedacht werden. In organisatorischer Hinsicht erfordert dies spezialisierte, hoch-arbeitsteilige Hilfesysteme, die mit komplexen, ambivalenten „Zwang-Compliance"-Verhältnissen effizient umgehen können. In subjektiver Hinsicht erfordert es die Fähigkeit zum raschen, sozialwissenschaftlich begründeten *Perspektiven-* und *Strategiewechsel*. Folglich werden Sozialdaten benötigt, auch um den weiten Ermessens- und Gestaltungsspielraum, der dem Wohlfahrtsrecht innewohnt, effizient zu nutzen (Böhm/Mühlbach/Otto 1989).

Die bedeutsamste organisationskulturelle Konsequenz dieses Nichtwissens liegt darin, daß sich Vertreter der WFV mitunter in Feindesland ausgesetzt fühlen. Es gelingt ihnen kaum zu vermitteln, daß die WFV ein äußerst spezifisches, langfristiges und systemisches Kosten-Nutzen-Verhältnis verfolgt. Sie können selten plausibel machen, daß der Nutzen wohlfahrtsstaatlicher Intervention oftmals in anderen Systemen, an anderen Orten und in nicht exakt überschaubaren Zeiträumen lukriert wird.[160]

3.3.2. Fehlende Standards

Unbeirrt durch kritische Vorhalte sahen sich die meisten WFV bislang nicht veranlaßt, für vergleichbare Standards ihrer Leistungen zu sorgen. Diese ausgebliebene Standardisierung ist nun nicht nur für den einzelnen Klienten bedeutsam, sondern auch und insbesondere für leistungserbringende Vertragspartner, z.B. die freien Wohlfahrtsträger. Derartige *Standardisierungsverzichte* erscheinen freilich insofern als rational und *strategisch nützlich*, als es dabei entweder um die Umsetzung von „teile-und-herrsche“-Strategien gegenüber freien Wohlfahrtsträgern geht, deren „countervailing-power“ ja in den Maße steigt, in dem auch die Spielbedingungen (Subventionen, Tagsätze, Schlüsselquoten, Abrechnungsmodi) klar verregelt sind oder als es dabei um Strategien geht, gegenüber der Klientel möglichst wenig klare Präzedenzfälle zu schaffen. Ein weiterer Grund für jene Standardisierungsverzichte liegt in der Performanz unbestimmter Rechts- und Ermessenbegriffe. Hier kann das Ausbleiben von Standards damit begründet werden, daß die überwiegende Anzahl der Fälle jeweils „im Einzelfall nicht-präjudiziell zu bearbeiten ist und Standardisierungen möglicherweise zu unnötigen Komplizierungen führen würden. Dies ist im übrigen auch ein wiederkehrendes Argument, um darzulegen, warum seitens der Aufsichtsbehörden keine empirisch argumentierbaren und operativ vereinheitlichenden Regelungen erlassen werden.

Eine politische Ursache für jene Standardisierungsverzichte liegt schließlich in der sozialpolitischen Diskursorganisation, in der Zielsetzungen vage, vorbehaltlich und nicht-final formuliert werden. Standardisierungsverzichte verhalten sich stimmig zu einer Gesetzgebungskultur, in welcher die vom Gesetzgeber verabschiedeten juristischen Instrumente diffus und widersprüchlich[161] formuliert bleiben, in der Normen zumeist nur unter Bezugnahme auf Generalklauseln oder Duchführungsverordnungen zu mobilisieren sind.

Im Ergebnis richtet sich dieser Standardisierungsverzicht, der Verzicht auf statistische Transparenz und die Evidenz von Entscheidungsgrundlagen aber gegen die WFV selbst. Dort nämlich, wo mangels vergleichbarer *Leistungs-* und *Produktstandards* behauptet werden kann, daß der Wohlfahrtsaufwand „au fonds perdu hinausfinanziert" wird. Eigenartigerweise bleibt seitens der Entscheider in den WFV oftmals unverstanden, daß Standards nicht nur Legitimation gegenüber Klienten, Kunden und leistungserbringenden Dritten verschaffen, sondern auch gegenüber Staatsbürgern, Presse und Politik. Ebenso unbegriffen bleibt, daß unter der Voraussetzung, daß Besteuerung und nicht Entgelt für Leistung die Grundlage der Wohlfahrtsökonomie ist, auf die *Nachvollziehbarkeit* der Leistungsabwicklung, die *Vergleichbarkeit* von Leistungen und die *Gleichbehandlung* von Antragstellern und Vertragspartnern nicht verzichtet werden kann. Tut sie das trotzdem, so manövriert sich die WFV in eine defensive, argumentationsschwache Position. Standardisierungen wären damit auch ein kräftiges Argument in einer Debatte, in welcher der strukturelle Zwang, unrentable, unter den gegebenen Moralverhältnissen jedoch unbedingt anzubietende Güter und Dienstleistungen (z.B. Pflegeheime) durch die öffentliche Hand anzubieten, immer weniger gesellschaftstheoretisch reflektiert wird.

3.3.3. Schwachstellen der Aufbauorganisation

Das Gros bisheriger Versuche, adäquate aufbauorganisatorische Strukturen (dazu zählen organisatorische Arbeitsteilungen und funktionelle Zuständigkeiten, aber auch die Differenzierung zwischen Linie und Stab, Räumlichkeiten, Personal- und Sachmittel) in WFV zu entwickeln, blieb unergiebig. Nach wie vor gliedert sich die Aufbauorganisation der WFV (in aller Regel) nach hierarchischen Linien, *unvernetzt* und *teamfeindlich*. Sie exekutiert vorwiegend interne Verwaltungsaufgabenpläne, die in aller Regel den zu vollziehenden Gesetzen, also primär einer *rechtsdoktrinären Logik* folgen. Gliederungen in zusammenhängende soziale Problembereiche (z.B.Wohnen) oder nach Lebensphasen (Kinder/Jugendliche; Erwachsene mit/ohne Familie; Senioren) hingegen konnten sich in der WFV nicht durchsetzen. Im Ergebnis werden nach wie vor wohlfahrtsstaatliche Aufgaben von mehreren Ämtern/Dienststellen zugleich mit unterschiedlichen Vorgaben, Zielsetzungen und Verfahrenslogiken erledigt. Nicht selten werden dabei auch gleich die Klienten „mit-erledigt". Darein fügt sich, daß neue Aufgabenfelder und entsprechende Zuständigkeiten „top-down" beliebig angefügt werden, unabhängig davon, ob die nunmehr kombinierten Agenden auch funktional zusammenpassen.

Die Gründe für diese Selbstverstrickungen sind vielschichtig, zumal auch der operative Handlungsspielraum für das Reformprojekt einer an der Sachlage sozialer Hilfsbedürfnisse orientierten Reorganisation der WFV eng begrenzt ist – einmal durch die gegebenen (auch politischen) Machtverteilungen, aber auch durch Statuten und Geschäftsordnungen:[162]

❑ zum ersten liegen die Interessen der handelnden Bürokraten und Experten[163] auch innerhalb der WFV zueinander quer. Deshalb sind Fragen der Aufbauorganisation in aller Regel konfliktbesetzt. Während es den Experten prioritär um soziotechnische Fragen (Kommunikationen der Professionisten in Fachkonferenzen, Hilfepläne und koordinierte Zuständigkeiten etc.) geht, sind Bürokraten um Macht- und *Kompetenzverteilungen*, die Ausübung der Dienst- und Fachaufsicht über möglichst viel Personal oder die Verteilung von Räumen besorgt. Im konkreten Fall geht es eben nicht um die Frage danach, ob z.B. ein Jugendamtsleiter über ein der amtsinternen Ablauforganisation und Aufgabenverteilung entsprechend großes Arbeitszimmer verfügt, sondern darum, ob das Zimmer nachweislich kleiner ist als dasjenige des ihm funktional Vorgesetzten;

❑ zum zweiten sind aufbauorganisatorische Fragen unentwirrbar mit bestimmten pathologischen Konstellationen verknüpft. Eine Folge davon ist, daß Organisationen wie Funktionen auch um Personen mit ihren *Symbolisierungs*- und *Machtbedürfnissen* herum installiert werden. Dabei geht es eben nicht nur um die strategisch vorteilhafte Verteilung von Verantwortlichkeit und Zurechenbarkeit, von Folgen- und Ressourcenverantwortung (Puch 1994,109ff.). Es geht auch um die Berücksichtigung der wechselseitigen soziokulturellen Unterscheidungsbedürfnisse der Bediensteten. Gleichgerichtet werden Organisationsfragen auch entlang des Kalküls der Entlohnung (Einstufung, Vorrückung) oder der *Gratifikation* der Zugehörigkeit zu Seilschaften, der Karriere (Führungsfunktionen) entschieden. Die aufbauorganisatorische Erscheinungsform von Sozialadministrationen entspricht deshalb nicht selten der Aggregation von (lobbyierten) Interessengruppen[164] in Ämtern und Abteilungen;

❑ zum dritten kommt es in denjenigen WFV, in denen die Agenda von Sozialarbeitern und Sozialpädagogen nicht klar festgelegt ist, häufig zu organisatorischen Konfliktkonstellationen[165] zwischen Sozialpädagogen und Sozialarbeitern einerseits und Sachbearbeitern andererseits (Ortmann 1994,179f.; Brandt 1996,183ff.). Dies betrifft zumeist die Reichweite der eigenen Kompetenz, die Zulässigkeit von Standards der eigenen Tätigkeit und deren Verknüpfung mit Raumbedarfen und, was insbesondere die Sozialarbeit betrifft, ihr Verhältnis zu Recht und Geld;

❑ zum vierten drücken sich in Organisationslösungen (Aufbau- und Ablauforganisation, im besonderen Personal, Raum, Dislozierung der Amtsräume, Formalisierung, Erreichbarkeit etc.) verfestigte Macht- und Kommunikationsstrukturen aus. Sie spiegeln, wie jeweilige Gruppierungen innerhalb der Verwaltung ihre eigenen Kulturen, *Normen* und *Werte*[166] ganz im Sinne eines hegemonialen Konfliktes *durchsetzen* wollen oder können. Diese Gruppierungen konfligieren zumeist schon im Vorfeld von Organisationsentscheidungen um das Procedere der Formalisierung von Entscheidungen, kämpfen um die Ausdifferenzierung von Hierarchien, die Bedeutung von Symbolen und die Zuteilung von Privilegien. In jene Konflikte sind also nicht nur funktionale Organisationsprobleme, z.B. die Entscheidung über die Dislozierung eines Mitarbeiters, hineingearbeitet, sondern auch ausgesprochen ideologische Elemente, Wertungen und Weltanschauungen. Ob ein Sozialamt über einen hohen, hellen Warteraum mit Kinderspielecke verfügt oder die Wartezone als übelriechender, bloß zwei Meter hoher, mit Neonröhren beleuchteter Bunker ausgestaltet ist, ist damit nicht bloß eine Frage der institutionalisierten Wertschätzung der Klientel, der befaßten Mitarbeiter und der Inklusionsagenda, sondern auch eine

Frage der „demonstrativen Codierung“ (scil.: Sozialhilfeantrag als Demütigung) und Symbolisierung (scil.: Antragsteller als sozialer Abfall), eine Frage der Artikulation von Macht. Ob Sozialarbeiter alleine oder zu zweit im Zimmer sitzen, hat nicht bloß Auswirkungen auf den Grad und die Intensität wechselseitiger Störung und Rücksichtnahme, sondern auch auf die Klientel, wenn zwei Beratungsgespräche parallel im selben Raum bar jeder Rücksichtnahme auf die Intimsphäre geführt werden müssen. Eine ganze Reihe von derartigen organisatorisch vermittelten Wertkonflikten beeinflußt Strukturen und Output der WFV.

3.3.4. Die Bürokratie und ihre Sozialpolitik

Zweifellos verdankt sich die Rationalität wohlfahrtspolitischer Entscheidungen einerseits der Kontinuität und Offenheit von Diskursen, andererseits dem Gewicht einer ebenso empirisch-fachlichen wie rechtlich-informierten Argumentation. Die Rolle der WFV dabei ist zumindest zwiespältig. Sie soll einerseits die wohlfahrtspolitischen Ressorts mit den nötigen Entscheidungsgrund- und unterlagen versorgen und soll andererseits aber auch den nicht immer tatsächlich oder sinnvoll implementierbaren politischen Willen exekutieren. Und kann dann in eine „no-win“-Situation geraten, wenn sie von der Sozialpolitik beauftragt wird, rechtliche oder empirische Gründe für eine im Grunde bereits politisch beschlossene Sache zu „basteln“. Erweist sich die sozialpolitische Entscheidung im Nachhinein als widersinnig, läuft sie Gefahr, daß die administrative Konzeptarbeit als ursächlich für den Fehlschlag denunziert wird; erweist sie sich als geglückt, kann sie davon ausgehen, daß die Sache öffentlich als Nachweis politischen Weitblicks „verkauft“ wird. In der Gegenbewegung schlägt die WFV den politischen Eliten vor, Entscheidungen dergestalt zu treffen, daß sie zugleich den Entscheidungsspielraum der WFV maximieren und trotzdem Zurechnungselemente politischer Verantwortlichkeit beinhalten. Im Ergebnis bilden derart zustandegekommene sozialpolitische Entscheidungen nicht bloß einen objektivierbaren Daten- und Argumentationsfundus der WFV ab, sondern spiegeln auf gebrochene Weise Grundzüge des *inneradministrativen Machtgefüges*. Ob dann eine Magistratsdirektion einen Amtsbericht über die Aufstockung und fachliche Spezialisierung von Sozialarbeitern genehmigt und damit die Zuleitung zum politischen Ressort genehmigt, ist nicht mehr nur eine Frage der formalen Richtigkeit eines Amtsberichts, sondern auch eine Frage der *ideologischen Konkordanz* innerhalb der Administration. Die Verwaltungsspitze fungiert damit als ideologischer *Filter*, der den Diskurs zwischen Politik und WFV auch inhaltlich selektiert. Kurz: sie macht Politik.

Faktum ist zudem, daß sich die Verwaltung ihre eigenen fachlich-ideologischen Entwürfe praktisch nicht einfach politisch absegnen lassen kann. Sie muß zugleich bei all ihren Handlungen auch den Interessen- und Entscheidungshorizont der Politik mit einkalkulieren. Damit ist ein struktureller Zwang zur *Vorwegnahme* politischer *Entscheidungskalküle* eingebaut. Diese institutionalisierte Selbstbindung kann aber auch zu inhaltlichen Paradoxierungen führen. Denn praktisch ist die Verwaltung ja auch gefordert, Umsetzungsvorschläge zu politischen Richtungsentscheidungen zu unterbreiten, die sie inhaltlich *nicht* mitträgt. Die Konzeptfunktion der Administration kann dann zur Folge haben, daß in Amtsvorschläge mitunter junktimierende oder *selbstaufhebende* Klauseln eingebaut werden, welche die Reichweite von Programmen empfindlich verkürzen: idealtypisch wird die Sache dann dem Grunde nach zwar beschlossen, kann aber unter Hinweis auf weitere als erforderlich bezeichnete Beschlußfassungen hinsichtlich personeller, räumlicher, rechtlicher Rahmenbedingungen sowie der Klärung von Vorfragen, für die wiederum andere Verwaltungsteile in anderen Gebietskörperschaften zuständig sind, nicht unmittelbar realisiert werden.

Jene faktische Teilung des sozialpolitischen „Pouvoirs" zwischen Politik und Administration erscheint ebenso rational wie funktional. Angesichts 10.000er Bescheide und hunderter Mio öS Ausgabenvolumen pro Jahr in den betroffenen Verwaltungen können die entsprechenden Entscheidungen faktisch nicht monokratisch verantwortet werden. Deshalb müssen Verantwortlichkeit und *Zurechenbarkeit substantiell geteilt* werden, auch um eine managerielle Zurechenbarkeit auszudefinieren, die sich als formale Zuständigkeit für die verwaltungsinterne, eigenen Gesetzmäßigkeiten folgende Umsetzung des politischen Willens beschreiben läßt. Auf diesem Wege wird der Administration ein politisch-relevanter Handlungsspielraum eingeräumt, zumal „it is unrealistic to pretend that policies are simply passed over to administrators who unproblematically put them into practice in strict accordance with the wishes of the politician" (Lawton/Rose 1994,22).[167]

So bleibt ein Spannungsfeld geöffnet: einerseits läßt sich die Verwaltung nicht umstandslos als Instrument der Politik rekonstruieren; umgekehrt wird die Politik nicht kausal durch den Verwaltungsinput gesteuert. Zweifellos aber setzt die Administration *Sachzwänge*, *Vorgaben* und Fakten für politische Entscheidungen. Sie teilt mit, ob empirische Unterlagen für eine Entscheidung verfügbar sind oder nicht, „übersetzt" Sachzwänge in politische Kalküle und gibt Entscheidungsrahmen vor. Gegebenenfalls können die Zielsetzungen politischer Eliten aus der relativ geschützten Position von Führungsfunktionen auch obstruiert werden. Leitende Verwaltungsbeamte greifen dabei auf konfligierende oder widersprüchliche, bereits politisch-sanktionierte Zielsetzungen zurück. Sie gehen gleichsam spielerisch mit den Selbstblockaden des politischen Systems um und redelegieren die selbsterzeugten Paradoxien und Entscheidungsdissonanzen und in das politische System hinein.

3.3.5. Über das Kostenbewußtsein der Verwaltung

Intern hat die Verwaltung auf den steigenden Legitimationsdruck der Öffentlichkeit und politischen Eliten sowie im Hinblick auf den wachsenden Bedeckungsbedarf im Budget verschiedentlich mit *kostenorientierten Selbstblockierungen* und -hemmungen reagiert. Personalabbau und Ausgabenreduktion lauten die Schlagworte der Konsolidierung.[168] Diese Konsolidierungsbemühungen der Verwaltung schlagen sich nicht nur in allgemeinen Sparmethoden wie in Kürzungen von Sachmitteln, Personal, Qualifikationsmaßnahmen, Hilfeleistungen,

Subventionen und Tagsätzen, in der restriktiven Handhabung bislang geltender Vollzugspraxen, im Ausschluß von Risiken und Teilpopulationen wie Ausländern aus dem Hilfensystem nieder. Sie beinhalten an ideologisch imprägnierter Stelle auch den Versuch, alle soziale Intervention ökonomisch „in Wert zu setzen". Die WFV soll dann nachweisen, daß sie mehr Geld hereinbringt als die Katastrophen ihrer Klientel kosten. Selbstredend kann sie das nur in Ansätzen, weil man sozialtechnologische Interventionen nicht ökonomisieren kann. Was sollte auch eine verhinderte Kindesmißhandlung tatsächlich wert sein, so lange man innerhalb eines zivilisierten Diskurses über den Zweck aller Sozialpolitik bleibt ? Trotzdem hat diese Strategie der Ökonomisierung insbesondere im Hinblick auf sozialarbeiterische und sozialpädagogische Interventionen Platz gegriffen. Fatalerweise trägt nun diese Ökonomisierung der Sozialarbeit zu ihrer sukzessiven *Delegitimation* bei. Weil sie ihren Wert nicht in die Sprache der Ökonomie bzw. des Budgets übersetzen kann, verliert sie an Plausibilität und Legitimität.[169]

Tatsächlich steigern diese Strategien der „In-Wert-Setzung" die Bereitschaft, Planstellen (beim nächsten Budgetengpaß oder im Rahmen einer nunmehr periodisch anstehenden Aufgabenreform) zu streichen. Betroffene Ämter sehen sich zunehmend damit konfrontiert, mit einem zum Verhältnis der Antragstellungen verhältnismäßig rücklaufigen Personal, weniger Struktur- und Budgetmitteln immer mehr Mängellagen zu verwalten. Allein, das Kostenproblem löst man mit derlei Einsparungsstrategien nicht, zumal eine Reihe von bedeutsamen, im Folgenden dargestellten Kostenfaktoren die Kostenintensität des Verwaltungshandelns unnötig steigern:

❑ so rational letztlich das Bemühen um eine Steuerung und die Effektivierung der Performanz der Wohlfahrt auch ist, so irrational ist es, über Steuerung und Effizienz zu sprechen und zugleich die Dynamik der *Aufbau-* und *Ablauforganisation* als enorm *kostenintensiven* Vollzugsfaktoren zu ignorieren. Ablaufstudien zeigen ein mitunter befremdliches Kostenbewußtsein der Bürokratie. Einerseits werden Aufwendungen für Literatur (Sozialpädagogik, juristische Kommentare) oder Fortbildung gestrichen. Zugleich bleibt das aufgeblähte Formularwesen, bleiben die kafkaeske Verstiegenheit von Dienstwegen sowie vertrackte Zuständigkeitsteilungen mit Doppel- und Dreifachbearbeitungen unverändert. Am Beispiel einer zu bestellenden Broschüre dargestellt: dann, wenn für die Bestellung einer Broschüre Amts- und Abteilungsleitung, interne Budgetvollzugskontrolle, die Materialbeschaffungsstelle und die zentrale Bibliothek in mehreren Bestell-, Kontroll- und Abrechnungsvorgängen befaßt werden, kostet dieselbe Broschüre aufgrund der Struktur- und Personalkosten annähernd das 10-fache des Verkaufspreises, einmal ganz davon abgesehen, daß sie drei Wochen zu spät bei der anfordernden Dienststelle einlangt.

❑ in dieselbe Richtung weist der abwegige Reflex, Ämter und Einrichtungen der WFV, wohl stimuliert durch die nichtendenwollende „Sozialschmarotzer"-Kampagne, schier unentwegt zu prüfen (durch Aufsichtsbehörden, den Bundesrechnungshof, Landesrechnungshöfe, Kontrollämter, private Organisationsentwickler), ohne die Empfehlungen und Vorgaben zumindest *einer* Prüfeinrichtung – z.B. im Hinblick auf die verbesserungswürdige Qualifikation der Mitarbeiter – umzusetzen. Würde man die Kosten der andauernden Prüfungen in die Entwicklung und Qualifikation des dienstverrichtenden Personals investieren, könnte man sich auch die Prüfungen gutteils sparen. So aber (re)produziert das System unentwegt seine eigene Fehlleistungsneigung;

❑ aufwandsintensiv ist der Umstand, daß bereits konzipierte bzw. vorhandene Arbeits- und Innovationspotentiale nur selten ausgeschöpft werden. Das findet seinen Grund darin, daß Forderungen nach der Nutzung von Beschleunigungspotentialen, klaren Zuständigkeiten und Vorgaben oftmals quer zu einer Mentalität liegen, die sich an der Maxime orientiert, nur unter Druck, auf Sachzwänge oder aus taktischen Überlegungen zu (re)agieren; in vielfältigen Abwandlungen wird über das organisationslähmende Motto: „So lange sich keiner beschwert, nur nichts anrühren" berichtet.

❑ beträchtliche Folgekosten zieht die *innere Kündigung*, die zwischenzeitig zum genuinen Charakterzug längerdienender (auch leitender) MitarbeiterInnen geworden ist, nach sich. Immobilismus und mangelnde Flexibilität, instrumentelle Motivationen und die Neigung zur selbstläufigen Formalisierung kosten weit mehr als der oftmals inkriminierte „erschlichene Sozialhilfebezug“ oder die zu Unrecht ausbezahlte Leistung. Wenn der Beamtenbezug als „Schmerzengeld“ wahrgenommen wird und man die Jahre zählt, die man „noch absitzen muß“, können organisationsreformierende Maßnahmen nicht greifen, solange nicht die innere Kündigung wieder zurückgenommen wurde;

❑ kostenintensiv – weil hier zumeist hochbezahlte Arbeitszeit ergebnislos abgesessen wird – ist die Strategie der Bürokratie, „top-down“ auf den steigenden externen wie internen Veränderungsdruck der WFV mit Verweigerung, endlosen Entscheidungsverzögerungen, Dethematisierung oder Disziplinierung zu reagieren. Diese Strategie der *„decisions-through-non-decisions“* verhindert paradoxerweise eben jenen Strukturwandel, welcher sowohl budgetorientierte als auch um die Verbesserung der Soziotechnik bemühte Effektivitätssteigerungen überhaupt erst ermöglichen würde. Noch dazu provozieren diese Kalküle der Entscheidung durch Nichtentscheiden Konflikte, die im „worst case“ wiederum repressiv aufgelöst werden müssen. Ein circulus-vitiosus des Motivations- und Akzeptanzverlustes entsteht. Über diese institutionalisierte Entscheidungsvermeidung beschränkt die Organisation ihren eigenen Horizont. Sie hemmt Innovationspotentiale und reduziert die interne Diskursbereitschaft;[170]

❑ teuer kommt ferner jene Reaktion der repressiven Nichtbearbeitung von Eingaben, der Ent- oder Dethematisierung von sozialen Notlagen, mit der einzelne Amtshandelnde sich ihren Handlungsspielraum auch unter intensivierten Controlling- und kruden „In-Wert-Setzungs“-Strategien offenhalten wollen. Hier schlagen sich die Defizite der zentralen Steuerungslogistik zuerst auf den Rücken der antragstellenden Klienten und dann auf demjenigen der Bediensteten nieder, wenn soziale Problemkonstellationen „entgleisen“. Formen der repressiven Nichtbearbeitung lösen die Probleme ja nicht, sie verschieben deren Wahrnehmung bestenfalls auf einen späteren Zeitpunkt, wobei die Problemlage zumeist bereits eskaliert ist;

❑ wenn zudem die WFV über keinerlei Fühler verfügt, mithilfe derer sie präventiv prüfen könnte, welche sozialen Kosten mit welchem Aufwand vermieden werden könnten, wenn sie im Anschluß daran über keine autonomen, adäquaten Handlungs- und Gestaltungsspielräume verfügt, in denen im Sinne von „trial-and-error“ neue Antworten auf neue Fragen erprobt werden, dann steigt das Risiko, daß Leistungen entweder institutionell *verweigert* oder in *ungeeigneten Zweck-Mittel-Strukturen* erbracht werden, daß Leistungsangebote *unzulässig dimensioniert* oder der Klientel gegenüber *verschwiegen* werden;

❑ unter bestimmten Voraussetzungen schließlich kann sich der Grad der *Arbeitsteiligkeit* der Leistungserbringung kostensteigernd auswirken. Dann nämlich, wenn ein Sachbearbeiter die vorgetragene Problemlage nicht hinreichend ganzheitlich erfaßt und nicht sämtliche vernetzten Auslagerungs-, Kostenvermeidungs- und Subsidiaritätsprüfungen vornimmt, sondern eine Problemlage zwischen mehreren Sachbearbeitern bzw. Dienststellen aufgeteilt ist. Diese Zergliederung von Problemlagen wird ja auch durch die rechtliche Organisationsform der Hilfe gefördert, die keine Vorstellung von verschiedenen zusammenhängenden sozialen Desorganisationsformen hat. Im Ergebnis werden dann Klientenvorbringen hocharbeitsteilig, funktional an Rechtsmaterien orientiert, defensiv zerlegt und unsystematisch zwischen den beteiligten Hilfesystemen aufgeteilt.

Die angeführten Aspekte machen anschaulich, daß nicht nur Ausmaß und Art von Leistungen und Bezügen ein Ansatzpunkt für soziotechnische Steuerung sein können, sondern auch die Art und Weise der Leistungserbringung selbst. Eine Reihe von „topics“ zeigt, daß die Performanz der WFV zu einem entscheidenden Kostenfaktor des WFS geworden ist.

Exkurs 6.: Soziale Kontrolle: Wohlfahrt als Polizeiverwaltung

Arbeitsweise und Organisationsform der WFV (aufbau- und ablauforganisatorische Gegebenheiten, Geschäftsordnungen, Formularien, Verantwortlichkeits- und Disziplinierungsrituale) bleiben substantiell dem Bereich der Polizeiverwaltung zugewandt. Verwaltung versteht sich dort aber überwiegend als Prozeß sozialer Kontrolle, Regulierung und sozialer Disziplinierung. Gemessen an den alltäglichen Arbeitsaufgaben der WFV ist das zweifellos kontraproduktiv.

Im Grunde genommen orientiert die polizeilich strukturierte Verwaltungsumwelt der WFV in erster Linie für stabile, unverbrüchliche Regeln, Hierarchien und Unterwerfungsrituale oder für die peinlich genaue Einhaltung von Geschäftsordnungsfinessen wie die räumlich-exakte Paginierung interner Schreiben. Nicht nur dem Sozialpädagogen einer Sozialverwaltung aber scheint dieser sozialdisziplinierende Zugang befremdlich. Auch die externen freien Wohlfahrtsträger haben Probleme, die Logiken des eigenen unternehmerischen Handelns in die Kontrollcodes der Verwaltung zu übersetzen. Dieses Spannungsverhältnis zwischen einer rigiden Formalisierung „top down" und einer sachadäquaten Flexibilisierung des Verwaltungshandelns „bottom up" ist eine unerschöpfliche Quelle des Konflikts sowohl zwischen Bediensteten und Vorgesetzten, zwischen Wohlfahrts- und anderen Ämtern, aber auch zwischen der WFV und externen freien Wohlfahrtsträgern. Fraglos sind gerade die für die Verwaltung typischen Disziplinierungs- und Kontrollstrategien jener Fähigkeit nicht fördern, die erforderlich ist, mit der in der Natur der Wohlfahrtssache liegenden Dialektik von Hilfe und Kontrolle, Compliance und Zwang, Gespräch und Anordnung, Arbeitsvereinbarung und Bescheid, Vertrauen und Überwachung zurecht zukommen, die gewissermaßen den methodischen Kern der (auch administrativen) Soziotechnik ausmacht.

3.3.6. Professionalisierungsdefizite

Jegliche Professionalisierung zielt auf die konsensfähige Beruf- und Begründbarkeit sozialen Handelns in Organisationen (Beck/Brater/Tramsen 1976). Sie stellt ab auf fachliche Standards, überprüfte Qualifikationen und rational argumentierte bzw. argumentierbare Vorgehensweisen (Beckman 1990; Selander 1990). Professionalisierte Entscheidungen gehen nicht auf Macht- und Hierarchiegefälle zurück, sondern operieren mit inhaltlich-sachlich ausgewiesenen Abwägungen. Bemühungen um eine Professionalisierung des Entscheidens setzen deshalb einerseits die Legitimität des Einsatzes von inhaltlichen Qualifikationen und andererseits den Konsens voraus, daß Entscheidungen ein spezifisches Procedere aufweisen, in dem der Expertise von Professionisten entscheidendes Gewicht zukommt (Torstendahl 1990). Auf Subjektebene steigert die Professionalisierung die Anforderungen an die Argumentations- und Entscheidungskapazität des handelnden Individuums.

Der Grund, warum man die WFV am Kriterium der Professionalität messen sollte, ist ein zweifacher:

- einerseits gewährleistet die diskursive Codierung, die mit Professionalisierungsprozessen einhergeht, die Steuerbarkeit von Organisationen. Man spricht eine problemadäquate Sprache und unterwirft sich einem vernunftbegründeten Modus der Erkenn- und Veränderbarkeit von Regelungsgegenständen. Dies steigert die Wahrscheinlichkeit der Problemlösung;
- andererseits ermöglicht der Konsens der Professionalisierung die Kontinuität, Nachvollziehbarkeit, Vergleichbarkeit und damit die Standardisierbarkeit von Prozeduren (Siegrist 1990). Dies ist ein in letzter Instanz rechtsstaatliches, demokratietheoretisches Legitimitätsargument: wohlfahrtsstaatliches Handeln wird begründ-, nachvollzieh- und kontrollierbar.

Das Postulat der Professionisierung und die Logik monokratischer Hierarchien stehen faktisch zueinander in einem unauflöslichen Spannungsverhältnis. Eine Reihe von Indizien weist darauf hin, daß in der öffentlichen Verwaltung spezifische Professionalisierungsdefizite ausgemacht werden können, die sich vom Personalmanagement über die Form von Entscheidungen bis hin zur Implementation von Entscheidungen spannen. Diese Professionalisierungsdefizite tragen bei zum kritisierten niedrigen Qualitätsniveau der Leistung, zu rechtlichen und sozialarbeiterisch/-pädagogischen Fehlbeurteilungen, sind ursächlich für Fehler im formalen Ablauf und sind schließlich auch bestimmend für die Einbettung der WFV in ihrer Verwaltungsumgebung. Diese Defizite sind schließlich auch mit-ursächlich dafür, daß der sozialpolitische Diskurs in Ländern und Gemeinden oftmals zum ubiquitären Stammtischthema verkommt, bei dem in einer Art „Olympiade der Ahnungslosen“ Fachfremde dem Jugendamt in z.B. gemeinderätlicher Ferndiagnose mitteilen, es sei im Fall X über das Ziel hinausgeschossen. Man stelle sich vor: ein gänzlich Unkundiger würde dem Leiter eines Maschinenamtes mitteilen, er sei bei der Verkabelung der Verkehrsampeln über das Ziel hinausgeschossen, oder einem Baudirektor mitteilen, er solle die Statik der städtischen Schwimmhallen besser dimensionieren. Dies wäre zumindest befremdlich. Im Wohlfahrtsbereich es hingegen üblich, daß Leute, die nicht einmal den Unterschied zwischen einem Bundessozialamt und einem Sozialamt realisieren oder (in der alten Rechtslage) den Unterschied zwischen Hilflosenzuschuß und Ausgleichszulage nicht angeben können, sich darüber echauffieren, daß eine alleinerziehende Mutter mit zwei Kindern eine Dreizimmerwohnung aus Mitteln der Sozialhilfe bezuschußt erhält;

❑ die zur Rede stehenden Professionalisierungsdefizite beginnen bei der Rekrutierung des Personals. Beobachtbar ist eine Reihe von institutionalisierten, oftmals unreflektiert-unbewußten Filtern, die das Risiko steigern, daß Personen nicht nach sachlicher Qualifikation und persönlicher Eignung für den Umgang mit Wohlfahrtsklientelen eingestellt werden. Diese Fehlleistungsneigung wird dadurch vertieft, daß die Wohlfahrtsverwaltung als Teilarbeitsmarkt mitunter Personen anzieht, die entweder in ihrem beruflichen Aspirationshorizont überwiegend Sicherheit suchen, sich dem Lohnarbeitsbedingungen in der Privatwirtschaft nicht aussetzen wollen oder die psychodynamisch bedingt Strukturierungen durch Fremdvorgaben benötigen bzw. wünschen. Weiters finden sich neben denjenigen, die intrinsisch-motiviert in eine WFV eingestiegen sind, auch Arbeitnehmer, die unbedingt in den öffentlichen Dienst wollten, dort aber einer WFV zur Dienstverrichtung zugewiesen wurden und aufgrund einer Verkettung von Zufällen für längere Zeit verweilen. Ferner finden sich Personen, die aufgrund ihres Helfen-Wollen-Motivs den Einstieg in die WFV gewagt haben, sich und ihre Arbeitsumwelt aber mit uneinlösbaren Gestaltungsvorstellungen überfordern. Dann wiederum finden sich Bedienstete, die in der Privatwirtschaft keine Anstellung gefunden hatten und für die die WFV eine Stufe des sozialen Abstiegs darstellt. Für einige stellt die Versetzung in die WFV eine Möglichkeit dar, von einem C- auf einen B-Posten zu gelangen und schließlich existiert tatsächlich eine Gruppe von Personen, die in WFV strafversetzt wurden.

In diesem vielgestaltigen Spannungsverhältnis zwischen Anforderungsprofil und einem Fächer von unterschiedlichen Arbeitsmotivationen lassen sich objektivierbare Kriterien der Personalentwicklung kaum trennscharf entwickeln, zumal bürokratische Organisationen dazu tendieren, Mitarbeiter derart zu selektieren, daß sie möglichst wenig Veränderungspotential in die eigene Organisation einbringen. Damit in Zusammenhang nimmt angesichts knapper Legitimitätsressourcen in Verwaltungen die innerorganisatorische Nachfrage nach Subordination und Folgebereitschaft zu: symptomatisch dafür steht die Erwartungshaltung gegenüber nachgeordneten Bediensteten, aufforderungsgemäß „Schuld" auf sich zu nehmen, damit sich funktional Vorgesetzte in der Hierarchie selbst als fehlerfrei darstellen können. Daß Karrieren in derartigen Strukturen vor allem diejenigen machen, die einerseits ein gewisses Maß an opportunistischer Konfliktferne durchhalten und sich andererseits mit einem hohen Maß an institutionalisierter Unlust an der eigenen Arbeit arrangieren können, liegt auf der Hand.

Bereits in der Selektion (Aufnahme, Karrieremuster) des Personals wird also erkennbar, daß nur unzureichend Bezug genommen wird auf objektive Qualifikationserfordernisse. Die Arbeit in einer Wohlfahrtsverwaltung erfordert soziotechnische Professionisten mit umfassenden rechts- und sozialwissenschaftlichen Kenntnissen, mit der Kapazität zur Selbstreflexion, zur Rollendistanz und zu folgenorientiertem Handeln. Bedienstete, die „helfen wollen", erweisen sich in der Praxis oftmals als kontraproduktiv. Entscheidungen, die auf hausverständigen, allgemein-menschlichen Erwägungen gründen, erweisen sich in aller Regel als unprofessionell und kostenintensiv. Im Einzelfall findet man dann Aktenläufe, die ein zwölfjähriges (sic !) Betreuungsverhältnis zwischen Sozialarbeiter und Klient dokumentieren;

❑ zum zweiten erklärt sich die geringe Tragfähigkeit diverser Bemühungen um eine Professionalisierung des Verwaltungshandelns aus einer bemerkenswerten Ambivalenz der Arbeitsmotivationen in WFV. Diese Motivationen nämlich sind eingespannt zwischen einem enormen individuellen Leidens- und Veränderungsdruck einerseits, welcher aus der organisatorischen Kluft zwischen Anforderungen und Leistungskapazitäten rührt, und einer resignierenden Grundhaltung andererseits, die im verbittert-perspektivelosen Hinweis auf die unumschränkte Gestaltungsmacht von „denen da oben“ sichtbar wird. Die Arbeitsmotivationen bleiben so eingeklemmt zwischen nach außen projizierten Feindbildern und immobilisierenden Gruppenphantasien nach innen. Sie mischen sich aus intrinsischen und instrumentellen Interessen am jeweiligen Job. So wie in ihnen verhärtete Frustrationen, erduldete Versagungen und richtungslose Widerstandserfahrungen zusammengeflossen sind, verknüpfen sie auf paradoxe Weise ein abstraktes Veränderungshoffen mit der Einsicht in die Unabänderlichkeit der Institution;

❑ Professionalisierungsbemühungen scheitern zum dritten an der Struktur einer in hergebrachten Mustern festgefahrenen Personalentwicklung. Diese ist durch eine Spaltung zwischen öffentlicher Modernisierungsrhetorik und einer regressiven Umsetzung geprägt. Öffentlich wird die Mitarbeiterfortbildung zu einem zentralen Aufgabenbereich erkoren. Real aber werden die spezialisierten Dienststellen kaum nach ihren Bedürfnissen und Erfordernissen gefragt. Ein auf die Bedürfnisse von WFV abgestimmtes Fortbildungsprojekt jedenfalls ist nur im Umrissen sichtbar. Praktisch sitzen dann Bedienstete, die Probleme im Umgang mit Drogenabhängigen haben, in derselben Fortbildungsveranstaltung wie Bedienstete der Parkraumbewirtschaftung, die sich mit Bürgern herumschlagen müssen, die ihre Verwaltungsstrafe nicht entrichten wollen. Auf diese Weise bleibt die Personalentwicklung, bleiben organisationelle Kriterien, qualitative Standards und Ablaufmuster der Aus- und Fortbildung oftmals an die vitalen Macht- und Einflußinteressen aber auch die Wahrnehmungsverkürzungen der Zentralen rückgebunden. Diese Beobachtungen stärken die These, daß es die Logik der Machterhaltung durch die Zentralverwaltung verbietet, der WFV eigenständige Strukturen im Rahmen der Aufbau- und Ablauforganisation, der Budgetierung, der Außenbeziehungen, der Mitarbeiterrekrutierung und -qualifikation uam. zu gewähren. Denn damit würde schlagartig sichtbar, daß die (wenngleich nicht überall) aufgeblähten Zentralen abgesehen von ihrer Koordinationsfunktion einen im Grunde genommen sowohl ökonomisch als auch funktional nicht zu rechtfertigenden Organisations-"overhead" darstellen.

Auf der Subjekt- und Handlungsebene führt jene verblüffende Gleichzeitigkeit zwischen permanenter Veränderungsrhetorik und unentwegtem Stabilisierungshandeln zu einer Reihe von Rollenkonflikten und ambivalenten Deutungsmustern. Das Personal muß damit fertigwerden, daß die Organisation ihre Mitarbeiter zugleich in Managementtrainings schickt und sie intern daran hindert, die gewonnenen Erkenntnisse umzusetzen. Praktisch wird in beinahe jedem Verwaltungsakademiekurs die Aufgabe produktiven Führens damit umschrieben, daß man nicht die Frage stellt „Wer ist am Fehler schuld?" sondern die Frage: „Wie können wir das hinkünftig besser machen?". Alltägliche Führungspraxis aber ist die rituelle Degradierung, die retrospektive Interpretation, das Aufspüren von Fehlern und deren offene oder verdeckte (z.B. durch Anlegung von Geheimdossiers) Abstrafung als undiszipliniertes und/oder abweichendes Verhalten;

❑ die Schwierigkeit, geeignete Ansatzpunkte für die Professionalisierung des Verwaltungshandelns von WFV auszumachen, geht nicht zuletzt auch auf die Wertschätzung und Einstufung der Bediensteten zurück. Dabei verträgt sich das vorherrschende Klima patriarchaler Observanz, Degradierung und Demotivation kaum mit der Idee der eigenständigen Entwicklung eines Professionalisierungsbewußtseins vor Ort. Faktisch stellt die Einstufung eigentlich die einzige institutionalisierte Form der auch in Geld meßbaren Wertschätzung des Arbeitens im Sozialverwaltungsbereich dar. Nun werden Bedienstete der WFV vergleichsweise schlecht bezahlt, oftmals auch schlechter als Bedienste ohne Parteienverkehr – wenngleich dies keine Frage der allgemeinen Einstufung, sondern eine Frage der gewährten Zulagen ist. Gängig ist dabei das (wohlweislich verdeckt, inoffiziell vorgetragene) Argument, daß Bedienstete von Ämtern, die Budgetabgänge verursachen, und das ist im Sozialbereich durchgehend der Fall, nicht auch noch dafür belohnt werden sollen, daß sie Geld ausgeben statt einnehmen. In die gleiche Richtung weist der Umgang mit den wohlfahrtsspezifischen Arbeitsbedingungen und den Bemühungen um eine Professionalisierung. Supervision, Coaching für Führungskräfte oder die regelmäßige Abhaltung von Orientierungsseminaren zählen dann nicht zum Selbstverständnis und zur Organisationskultur, sondern werden wenn überhaupt „gewährt".

Die beschriebenen „Containment-Strategien" des Verwaltungsestablishments gegenüber einer „bottom-up"-formulierten Professionalisierung zielen so vor allem auf die macht- und kontrollmotivierte Eindämmung von Verselbständigungstendenzen. Dabei bleibt unbegriffen, daß die WFV mit dem Impuls zur Professionalisierung positiv auf den externen Druck der Klientel, manchmal auch der freien Wohlfahrtsträger reagiert. Es bleibt unverstanden, daß gerade die freien Wohlfahrtträger, intermediären Organisationen, die sozialen Dienste, Beratungs- und Betreuungseinrichtungen die Elemente der Professionalisierung und Standardisierung als Mittel zur Bewältigung komplexer werdender Umwelten nutzen. Nicht wahrgenommen wird, daß die WFV zu diesen externen Organisationen in einem ambivalenten Konkurrenzverhältnis steht, daß Strategien der Professionalisierung auch Strategien der Wirklichkeitsdeutung sind.

Exkurs 7: Führungskräfte und Bürokraten

Die beschriebenen Professionalisierungsdefizite in Organisationen gehen nun aber nicht bloß auf Strukturen der Personalrekrutierung und Personalentwicklung zurück. Sie wurzeln auch in der organisationsinternen Entwicklung von Führungskräften, *Führungspersönlichkeiten* und *Führungskapazitäten*. Sie liegen damit auch in der Kultur der *Entscheidungsproduktion* begründet. Führen bedeutet ja Management, also „manu agere" bzw. „an-der-Hand-nehmen". Führen heißt Entscheiden, Anleiten und Durchsetzen. Führungskräfte sollen entscheidungs-, konflikt- und mediationsfähig sein, sollen selbständig und wo erforderlich team-integriert arbeiten können. Führen ist insofern auch eine Frage der Rekrutierung und Entwicklung von Persönlichkeiten. Zweifellos jedoch steht die Bürokratie dort, wo sie pathologischen Handlungsmustern folgt, zur Entwicklung einer modernen Kultur des Führens in einem fundamentalen Widerspruch. Ebensowenig aber vertragen sich moderne Führungsmethoden mit den sozialen Praktiken jenes monokratisch-hierarchischen, diskursunverträglichen Befehls- und Weisungszusammenhangs, der für die Bürokratie typisch ist.

Ein zentrales Argument für diese Annahme liegt in der beobachtbaren Spaltung zwischen Modernisierungskonzepten („management by objectives“, „total-quality-management“, „Karrieregespräche“, Zielvereinbarungen“ etc.) und *archaischen Realstrategien.*[171] Reden und Handeln fallen auseinander. „Top-down“ wird unentwegt mit Modernisierungssymbolen hantiert (Logo, strategische PR-Arbeit), wird mit Begriffen wie Controlling und einer Fülle von Bindestrich-passepartouts operiert. Dazu zählt vor allem das Wörtchen „corporate“ (- design, -identitiy, -mentality, - performance usf.). Hinter jede Tätigkeit hängt man irgendmöglich die aufqualifizierende Endung „-management“ an. Real aber bewegt man sich in autoritär-patriarchalen Handlungsmustern. Diesen autoritär-patriarchalen Handlungsmustern entspricht z.B., daß man auf Sachbearbeiterebene der WFV nicht grundsätzlich die Bestqualifizierten rekrutiert, die man zu Eliten mit hohem Professionalitätsanspruch und entsprechender Reputation weiterentwickeln möchte. Vielmehr finden sich hier oftmals Personen, die man eben „woanders nicht mehr untergebracht“ hat oder die dorthin strafversetzt wurden, die längst schon weg wollen und nicht weg dürfen, die diese Tätigkeit bereits mehrere Jahrzehnte ausüben und sich mit einem verbal-emotionalen Selbstschutzpanzer umgeben. Führung wird auf diese Weise eine Methode der fundamentalen Demotivation.

Vordergründig lassen sich für diese – angesichts des rhetorischen, finanziellen und organisatorischen Aufwands für die Führungskräfteentwicklung zumindest erstaunliche – Verkehrung von Absichtserklärungen und tatsächlichem Handeln mehrere miteinander verflochtene Ursachen ins Treffen führen:

- zum ersten erweisen sich die praktizierten Modernisierungsstrategien zur Entwicklung von Führungspersönlichkeiten und -technologien als Trockentraining, dem eine ganz andere Wirklichkeit folgt als in der Simulation des Managementseminars;

- zum zweiten weisen die ebenso traditionellen wie unhinterfragten Führungsstile (autoritär, fehlerorientiert, sanktionierend) eine enorme Veränderungsresistenz auf (Wolff 1992);

- zum dritten wachsen Führungskräfte nach wie vor in ihre Aufgabenfelder auf kodifiziertem Wege (Senioritätsprinzip, Proporzprinzip, gleitender Übergang von politischer zu administrativer Karriere) hinein, sodaß erworbenes Managementwissen oftmals nur zeitlich verzögert[172] (wenn überhaupt) angewendet werden kann;

- und zum vierten befinden sich Entscheider im Führungsbereich aufgrund des Senioritätsprinzips dann auf dem Höhepunkt ihrer beruflichen Karriere, wenn ihre Innovationsfähigkeit und - bereitschaft spürbar rückläufig wird. Die nachdrängende (jüngere) mittlere Führungsebene stößt dann an eine mitunter offen eingestandene Veränderungsunwilligkeit.

Neben diesen vier „Differenzmotoren“ liegt eine Ursache für das Auseinanderfallen von Modernisierungskonzept und Realstrategie aber auch in der Sozialisation der Akteure, ihrer Zurichtung und Persönlichkeitskonstitution. Das *Lavieren*, die *Entscheidungsunwilligkeit* und die kryptoideologische *Indifferenz* der Bürokraten gegenüber fachlichen Diskursen verweigern sich dabei jedem moralischen Urteil. Handelt es sich hier doch um eigentlich *funktionale*, organisationsintern hoch bewertete *Fähigkeiten*, die einerseits zum Ausgleich konfligierender Partialinteressen innerhalb der Organisation benötigt werden und andererseits zum Handlungsrepertoire gehören, mithilfe dessen man in einem politisch-administrativen System überlebt. In gewisser Weise jedoch verfestigen sich diese strategischen Fähigkeiten (unsauber gesprochen) zu *Persönlichkeitsmerkmalen*. Diese Fähigkeiten werden insbesondere dort zum Organisationsproblem, wo interne professionalisierte

Diskurse als Bedrohung, persönliche Verunsicherung und Affront auf persönliche Stile und Präferenzen verstanden werden. Sie verdichten sich dort zu einer Modernisierungsblockade, wo Sach- und Entscheidungsebene ineinander geschoben werden, weil organisatorischer Wandel subjektiv nicht ausgehalten wird. Und sie werden dort zu einem Vexierbild, wo Kritik an Sachentscheidungen verdeckt und unausgesprochen als Invektive gegen persönlich-charakterliche Eigenschaften wahrgenommen wird.

3.3.7. Betrifft: Leitbilder und Leidbilder

Drohen Verwaltungsorganisationen angesichts turbulenter Umwelten den Überblick zu verlieren, ertönt der Ruf nach Leitbildern. Leitbilder sollen dann nicht nur die Zwecksetzung und das Organisationsziel versinnbildlichen, sondern auch die Arbeitsmoral der täglichen Organisationspraxis stärken (Werder 1992). Nun hat man zwischenzeitig zwar allerorten Leitbilder verabschiedet – sie sind aber weder in der alltäglichen Verwaltungspraxis eingelassen noch können sie wirksam thematisiert werden. Daraus resultiert eine institutionelle *Wahrnehmungsspaltung*: einerseits wird die Subjektqualifikation als Teil des Leitbilds postuliert, andererseits werden Qualifizierungschancen als Gratifikationsstrategien genutzt. Einerseits figuriert sich die Verwaltung qua Leitbild als Serviceeinrichtung, andererseits bleiben die sozialen Handlungskompetenzen der Wohlfahrtsbediensteten unterentwickelt. Einerseits kultiviert man im Leitbild das Motto der Bürger- und Kundenorientierung, andererseits behandelt man die Antragsteller in den Ämtern für soziale Angelegenheiten in der täglichen „Arbeitsmühle" faktisch als notwendiges Übel. So entstanden Leitbilder, an deren Differenz zur Wirklichkeit gelitten wird.

Schon die Idee eines homogenen Verwaltungsleitbilds ist in sich nicht stimmig. Eine systematische Betrachtung zeigt ja, daß die Verwaltung faktisch ein *heterogener* Körper mit unterschiedlichen Zielsetzungen, Selbstverständnissen, Vorgaben und operativen Bedingungen ist. Tatsächlich ignoriert die Forderung nach einem einheitlichen Auftreten der Verwaltung (z.B. durch Logo, Design, Sprech- oder Schreibweise), daß zwischen den Agenden der jeweiligen Verwaltungssegmente, sei es die Forst-, Sozial- oder Vermögensverwaltung, substantielle Unterschiede bestehen. Derart „aufgesetzte“ Leitbilder machen trotzdem spezifischen Sinn insofern, als sie *überdecken*, daß die Verwaltung tatsächlich keine friktionsfreie Organisation, sondern von wechselseitigen Exterminationsphantasien, Seilschaftsbildungen und Ideologiebildungen durchsetzt ist.

3.3.8. „Burn-Out“

Zunehmend nimmt das Arbeiten in WFV die Gestalt der „*Fließbandarbeit*“ mit sozialem *Fallmaterial* ohne Reflexionsphasen und Spielräume zur konzeptionellen Nachbearbeitung an. Effizienzsteigerungen sehen längst nicht mehr nur in der Weltsicht der teuer eingekauften Organisationsberater so aus, daß die Fallzahl der einzelnen Mitarbeiter erhöht wird, daß Pausen und Stehzeiten reduziert werden, Durchlauf- und Bearbeitungszeiten verkürzt werden. Eigenen Bekundungen zufolge sehen sich ganze Dienststellen in den mit der Implementation von Wohlfahrtsaufgaben befaßten Ämtern im (Vorstadium zum) „burn-out“. *Langzeitkrankenstände*, *Mobbing* oder offene *Leistungsverweigerung* werden zum Dauerthema. Der letzte Sicherungshaken vor dem „burn-out“ ist dann die innere Kündigung.

Ungeachtet gestiegener „burn-out“-Risiken werden die enorme Unflexibilität im Mitarbeitereinsatz und ein autoritärer Umgang mit dem Personal weiter gepflegt. Wiederholt trifft man auf Abläufe, in denen der Leiter einer Personalverwaltung (oder vorgelagerten Organisationseinheit) vom Schreibtisch aus zum Zweck der Verbesserung der Personalausstattung die zur Dienstverrichtung neu-zugewiesenen MitarbeiterInnen wie in der Volksschule „zusammensetzt“, auf daß sie ein Büro teilen, ungeachtet dessen, ob dies in die Ablauforganisation des Amtes einfügt oder die „persönliche Chemie“ der Betroffenen stimmt. Alltag ist, daß Mitarbeiter (freilich nicht nur in WFV) ad-hoc und ungefragt zur Dienstleistung „zugewiesen“ und dann wieder „abgezogen“

werden. Faktisch also erfolgt der Arbeitseinsatz überwiegend nicht nach Fähigkeiten und Potentialen, sondern dem aus der Sicht des Betroffenen unverständlichen Kalkül von Zentralstellen. Zweifellos steigern derartige Vorgangsweisen den individuellen Bewältigungsdruck. Zumal nicht selten jemand auf einer Sachbearbeiterstelle mit intensivem Parteienverkehr zu verbleiben hat, auch wenn er für den Parteienverkehr mit überforderten Mindestrentnern, autoaggressiven Alkoholkranken oder zahlungsunwilligen Eltern längst nicht mehr geeignet ist – und auch vom Vorgesetzten so beschrieben wird.

Dem Ausbrennen förderlich ist auch, daß in einer Reihe von Verwaltungskörpern das Arbeiten im Sozialbereich als eine Art *Strafdienst* gesehen wird. Derartige Stigmatisierungen des Arbeitens im Wohlfahrtsbereich reduzieren nicht nur die Motivation und damit auch die Qualität der Arbeit. Sie produzieren selbst wiederum soziale Probleme, z.B. durch Verweigerungs- und Entthematisierungsstrategien, mit denen sich ein Sachbearbeiter in einer strukturell überfordernden Situation gleichsam über Wasser hält. Dem korrespondiert, daß Figuren kritischer Selbstreflexion wie Supervision und Coaching eher als bedrohlich oder abseitig wahrgenommen denn als Instrumente organisatorischer wie persönlicher Entwicklung verstanden werden. Bereits Legende ist jener Bürgermeister, der auf die Anregung im Stadtsenat, der Umgang mit aggressiven Sozialhilfeklienten erfordere Supervision bei den Sachbearbeitern des betreffenden Sozialamtes, antwortet, auch er habe Probleme, brauche im Gegensatz zu den „überempfindlichen" Magistratsbediensteten aber keinen Supervisor. Auf diese Weise wird das Ausgebranntsein in eine ausschließlich persönliche Problemlage umgedeutet, wird auf das Bedeutungsniveau einer persönlichen Überforderung reduziert. „Burn-out"-Syndrome und das Fakt der massenhaften inneren Kündigung werden so durch Praktiken der Ausblendung und Diskursverweigerung „bewältigt".

3.3.9. Managementrhetorik und Management-simulation

Auf den steigenden Legitimationsdruck antwortet die WFV in aller Regel mit widersprüchlichen Absichtserklärungen für die Optionen Steuerung und Management. Erklärte Zielsetzung dabei ist, die Ausgaben- und Vollzugsstrukturen so effizient und nachvollziehbar wie möglich zu organisieren. Ein derartiger „managerial discourse" einerseits und die realen Entscheidungspraktiken der Verwaltung andererseits aber konterkarieren einander wechselseitig (Gay 1996). Zwar wird im Außenverhältnis der „Klient" im Parteienverkehr als „Kunde" und Konsument einer flexibel zu erbringenden Dienstleistung apostrophiert. Das hoheitliche Verwaltungsverfahren jedoch, die unflexible Institutionalisierung der Hilfegewährung oder die räumlich-apparative Ausstattung laufen auf das Gegenteil hinaus. Im Innenverhältnis wird der „Subordinierte" in diversen „workshops" als mitdenkender Mitarbeiter herbeizitiert; praktisch aber wird eben dort kritisches Nachfragen diszipliniert. Unfreiwillige Komik erhält dieses „management by authoritarianism" dann, wenn sogar „schwarze Listen" derjenigen geführt werden, die im Rahmen von Aufgabenreformprozessen kritische Fragen stellen.

Allgemein wird gefordert, die eigene Organisation kritisch zu reflektieren. Subsysteme sollen in einem permanenten „Monitoring" gesteuert werden, Vernetzungen von Leistungen und Hilfesystemen sollen in regelmäßigen Abständen überwacht werden. Unversehens aber löst sich diese Vorgabe in den repressiven Logiken und Selbstverstrikkungen der Administration auf. Im Endeffekt sind es die einander überlagernden Strukturen der „marginalization, domination and subordination, degradation, ignoring, harassment, invisibilizing, silencing, punishment, discipline and violence" (Hearn/Parkin 1993,153), die das frisch importierte administrative Managementparadigma in einer Kette unbeabsichtigter Handlungsfolgen und Selbstblockierungen wiederum auf.

Derartige *Selbstblockierungen* erschweren zweifellos die Abstimmung der ebenso komplizierten wie ambivalenten Aufgabenstellungen und Rollenbündel. Praktisch gesehen umfassen die organisatorischen

Anforderungen an eine kommunale WFV anläßlich der „Inbetriebnahme“ eines sozialen Betreuungseinrichtung für Erwachsene mit kumulierten sozialen Problemlagen u.a. a) die Planung und Mitwirkung an der Konzeption der Produkte und Dienstleistungen, b) die budgetäre und organisatorische Performanz, c) die Konzeption der Tagsatzabrechnung zusammen mit dem Sozialhilfeträger, d) die Abwicklung des Subventionsanteils, der Abgänge und Eigenleistungen, e) die interne wie externe fachliche Abstimmung sozialarbeiterischer Rahmenvorgaben, f) das Controlling, g) die Budgetkontrolle und Revision sowie h) die Evaluation der gesamten Organisation durch Interne wie Externe.

Die für diesen Fächer von Aufgaben erforderlichen Maßnahmen sind auf der Handlungsebene abzustimmen a) mit den MitarbeiterInnen in den jeweiligen Fachbereichen, b) den abteilungs- oder geschäftsgruppeninternen Vorgesetzten, c) der jeweiligen, korrespondierenden Ämterhierarchie der Kommune und den darin eingeflochtenen partikularen Interessen, d) den Fraktionen in den jeweiligen politischen Ausschüssen und Gremien, e) den Ressortleitern und Clubs der politischen Parteien, f) den MitarbeiterInnen in sämtlichen mittelbar und unmittelbar betroffenen Ämtern auch in anderen Gebietskörperschaften, g) der Sozialhilfe-Oberbehörde und h) den betroffenen freien Wohlfahrtsträgern von der Geschäftsführerebene bis hin zum operativen Bereich der Beratung und Betreuung.

Im konkreten Einzelfall hat dann noch eine Abwägung zwischen beabsichtigten Maßnahmen und der Formensprache der Soziotechnik stattzufinden. Dabei sind strategische, utilitäre und taktische Fragestellungen zu verbinden: ist die beantragte Hilfe sinnvoll und zielführend ? Kommt am Ende mehr an Selbsthilfekapazitäten heraus als man in Geld oder Mann/Frau-Stunden investiert ? Kann man durch gezielte Schwerpunktbildung andere Hilfesysteme wie einen Pensionsversicherungsträger in die Verantwortung ziehen ? Kann man die Leistung gegenüber den Medien legitimieren ? Welche Ressourcen bindet man durch die gewährte Leistung ? Kann der Klient/Kunde sich auf einem freien Markt orientieren oder ist er an monopolisierte Anbieter gebunden ?

Es ist unschwer zu erkennen, daß die Menge von Anfragen, Vorgängen und Erledigungen, die in der Krise des WFS zunehmend konfliktgeladen wird, bei zugleich sinkendem Personalstand der WFV, in einer gegebenen Konstellation, die durch Pathologien und strukturell angelegten Fehlleistungen gekennzeichnet ist, im Sinne jenes „managerial discourse" kaum zweckmäßig und effektiv erledigt werden können. Zumal diese Kluft zwischen Managementanspruch und Verwaltungswirklichkeit ja noch zusätzlich erweitert wird durch einen spezifischen „*Junktimierungsoverkill*" (zu viele Akteure, wechselseitige Bedingungen, Interventionsmöglichkeiten, Entscheidungsebenen im Gehäuse einer rigiden Geschäftsordnung) einerseits und die überflüssige, weil praktisch gar nicht umsetzbare Fülle von zueinander querliegenden Konzepten[173] andererseits. So scheitert jeder ´managerial discourse` letztlich auch daran, daß „zu viele Köche beschäftigt" sind und man den letztlich Verantwortlichen vor Ort, den Fachabteilungen und Ämtern, eben nicht jenes Maß an Dezentralität und Kontextautonomie einräumen möchte, das diese in den Stand versetzen würde, sich problementsprechend zu organisieren.

Exkurs 8: Wohlfahrt als Geldverteilungsmaschine

Als in den 80er Jahren die Klienten- und Vorsprachezahlen merklich anstiegen, die Kosten und der tägliche Rechtfertigungsdruck zunahmen, förderte dies die Bereitschaft, die Aufbau- und Ablauforganisationen der WFV in einem betriebswirtschaftlichen Sinne zu rationalisieren. Anfang der 90er Jahre tauchten erste Vorstellungen vom Controlling der Sozialverwaltung und Kosten-Nutzen-Rechnungen im Sozialbereich auf. Diese Sichtweise setzte sich aufgrund einer spezifischen Verkürzung der Praxis sozialer Regulierung durch, nämlich der Verdrängung der Idee der sozialen Inklusion, also der sozialen Einschließung, Eingemeindung und Teilhabe, durch den Usus bloßer Geldgewährung. Vertieft wird diese Strategie durch eine Reihe von pragmatischen Vollzugsvereinfachungen. Statt sich mit komplexen sozialen Problemlagen sozialtechnologisch wie prognostisch unter Einbindung von Experten und externen Akteuren herumzuschlagen, spricht man weitgehend standardisierte Leistungen zu. Dadurch gelingt es auch, den Klientendurchsatz zu erhöhen. Im Ergebnis liegt zwar die „ratio legis“ der Rechtsmaterien des WFS in einem situativ zu bestimmenden Mittelmix aus Geld, Sachleistungen und sozialen Dienst- und Beratungsleistungen. Die Implementationspraxis aber hat daraus in der Tendenz eine Geldverteilungsmaschinerie gemacht, eingebettet in die jährliche Rechnungsabschlußlogik der Kameralistik.

Dem korrespondiert eine ideologische Kehrtwende hin zu einem fundamentalistischen Marktparadigma. Danach erhalten die hilfsbedürftigen Personen Geld oder Bezugsrechte zugesprochen, die sie wiederum als nachfragefähiges Einkommen am Markt einsetzen. Damit aber werden soziale Reproduktionskrisen durchaus fragwürdig in Verteilungsprobleme „übersetzt“. Denn diese Praxis ist nur so weit zielführend, als Personen aufgrund von Schieflagen in der Umverteilung zu AntragstellerInnen werden. In einer ganzen Reihe von sozialen Reproduktionsrisiken aber (z.B. im Fall chronifizierter Mietschulden) erweisen sich soziale Interventionen als mindestens ebenso relevant wie Geldflüsse bzw. auf Dauer gestellte Tranfers.

3.4. Fehlleistungen und Selbstblockierungen

Die kurze Auseinandersetzung mit unterschiedlichen Fehlleistungen von WFV hat gezeigt, daß das Funktionieren des WFS eben nur zu einem Teil über *Rechtsformen* und *Leistungsgrößen* bestimmt wird. Praktisch spielen hier auch das Profil der *Inanspruchnahme* von Leistungen, die kameralen Grenzen des *Sozialbudgets* oder die *Vertragspraxis der Verwaltung* eine bedeutsame Rolle. Und nicht zuletzt ist die Performanz des WFS abhängig von den *Denkweisen*, den *Mentalitäten*, den *Kommunikations-* und *Entscheidungsstrukturen* innerhalb der Verwaltung, wobei die Strukturen des Verwaltungshandelns der allgemeinen Verwaltung und der WFV vielgestaltige Widersprüche aufweisen. Die Mentalitäten und Entscheidungsstrukturen der Verwaltung und WFV wiederum sind durch eine Reihe von Paradoxien,

Überforderungen, Fehlleistungen, subjektive Qualifikationsmängel, unreflektierte Zwänge und Fehlsteuerungen aber auch eklatante Führungs- und Organisationsschwächen gekennzeichnet. Diese Eigenschaften sind zweifelsohne ungeeignet, der WFV denjenigen Rahmen zu geben, den sie benötigt, um den gegenwärtig stattfindenden fundamentalen Wandel im Verhältnis von Staat und Zivilgesellschaft entsprechend zu verarbeiten.

Dem Vernehmen und Bekunden nach ist es Zielsetzung einer Reihe von Reformbemühungen[174], den Entscheidungsträgern im WFS die lange Zeit nicht entsprechend verarbeitete Veränderung der Handlungsbedingungen innerhalb der öffentlichen WFV transparent zu machen. Verbesserte Entscheidungsstrukturen sollen geschaffen und zugleich Management- und Planungstechniken im WFS entwickelt werden, die sowohl kostengünstiger als auch effizienter sind.[175]

Die bisherigen Erfolge sind bescheiden. Zu ausgeprägt sind die organisationellen Verknöcherungen, das Beharren, die Ignoranz und interne Obstruktion, zumal die Pathologie der Verwaltungsorganisation ja gerade darauf fußt, daß sich die Organisation selbst nicht oder nur formal-verkürzt beobachtet bzw. diese Wahrnehmung zuläßt. Im Lichte der gegenwärtigen Strukturkrise des öffentlichen Dienstes scheinen Reformchancen zur rechtzeitigen Anpassung des WFS an die veränderten Handlungsbedingungen, Integrations- und Inklusionsaufgaben zudem immer geringer zu werden. Gegengleich steigern die absehbaren Entwicklungslinien hin zu einen Umbau des WFS in Richtung Mindestsicherung, Prävention und die Universalisierung individueller Ansprüche (Döring/ Hauser 1995; Schönig/L"Hoest 1996; Rödel 1996) die Anforderungen an die Bewältigungskapazitäten der WFV in einem bisher nicht gekannten Ausmaß.

Augenfällig verhindern die beschriebenen Wahrnehmungsverkürzungen nicht nur eine verwaltungsinterne rationale Auseinandersetzung über eine ebenso adäquate wie intelligente (z.B. matrixförmige) Organisationsform der WFV. Sie eröffnen zudem auch Diskursen über prozedurale, klientengeneigte und zugleich sozialtechnisch treffsichere Rechtsformen, über ausgelagerte Planungs- und Steuerungskapazitäten, die noch dazu zumeist „von unten“, also den Fachstellen mit ihrem professionalisierten Personal kommen, wenig oder keinen Raum.

Im Ergebnis verstellen sich WFV nicht nur den Blick auf eine „requisite variety“, eine angemessene Bandbreite ihres Handelns und verunmöglichen die Etablierung eines Zyklus aus Programmformulierung, Selbstbeobachtung und Korrektur. Sie beschränken in gewisser Weise auch den rechtspolitischen Reformhorizont der Politik. Dies betrifft nicht nur die auszuschöpfenden Modernisierungspotentiale lokaler Sozialpolitik wie das freiwillige soziale Engagement im Wohlfahrtsmix (Heinze/Bucksteg 1995), sondern auch neue Steuerungsmodelle für Wohlfahrtsverbände, Kooperationsstrategien zwischen öffentlichen und privaten Organisationen sowie Kombinationen von öffentlichen und privaten Ressourcen (Flösser/Schmidt 1996; Heinze/Strünck 1996).

4. Herausforderungen an das Management des Wohlfahrtsstaates

Will man Konsequenzen aus dem vorgetragenen Befund über die Pathologien der Bürokratie und die Fehlfunktionen der WFV ziehen, dann muß es in erster Linie darum gehen, Kriterien und Maßnahmen für eine öffentliche Verwaltungsorganisation zu entwickeln, die den spezifischen Problemstellungen und Handlungsbedingungen der wohlfahrtsstaatlichen Leistung und Gestaltung entsprechen. Andererseits sind Strukturen zu entwickeln, welche die diskutierten Pathologien und Fehlfunktionen systematisch vermeiden helfen. Diese beiden Reformziele lassen sich in ein breit gefächertes Bündel von Teilzielsetzungen aufgliedern: diese sind unter anderem darauf gerichtet, die Professionalität der Arbeitenden zu verbessern, die Fach- und sozialen Handlungskompetenzen zu steigern, Vernetzungen mit anderen Hilfesystemen zu organisieren, die Kosten der Leistungserbringung zu minimieren, Inklusionseffekte zu steigern, soziale Probleme nachhaltig zu lösen und nicht bloß zu verwalten. Angesichts dieser komplizierten Konstellation von einander teilweise störenden Teilzielen aber auch angesichts des zerbrechenden Konsenses über die Rechtfertigungsfähigkeit der Wohlfahrt als sozialer Institution wäre es abwegig, sich auf die Suche nach in sich geschlossenen Reformprogrammen oder „general-problem-solvern“ zu begeben. Es scheint vielmehr zweckmäßig, im Kontext einzelner Handlungsfelder angepaßte Problemlösungsstrategien zu entwickeln. In jedem Falle wird der Ressourceneinsatz (Geld, Recht, Personal) im WFS hinkünftig mehr denn je *geplant*, *reflexiv-gesteuert* und hinsichtlich seiner Auswirkungen *evaluiert* werden müssen.

Bevor wir uns dem eher technischen Instrumentarium der Planung und Steuerung zuwenden, sind einige Ausführungen zur Managementphilosophie einer Reform des WFS angezeigt. Entgegen der herkömmlichen Grundannahme einer bürokratisch strukturierten öffentlichen WFV, die sich entlang der Module a) limitiertes Budget, b) formal korrekte Antragstellung in einem polizeilich/hoheitlich strukturierten

Verfahren, c) Zerlegung des Problems und ausschnittweise Subsumtion unter die leistungsauslösende Norm, d) Kontrolle der Compliance, e) Realisierung der Leistung, f) Budgetvollzug und g) Kontrolle/Disziplinierung allfälligen Abweichungshandelns bewegt, kann eine den soziotechnischen Anforderungen und Wandlungsdynamiken gerecht werdende WFV nur als Dienstleistungsverwaltung bestehen. Diese erkennt im hilfsbedürftigen Antragsteller zuvorderst keinen kontrollbedürftigen Klienten, sondern einen Kunden, Nutzer oder Konsumenten. Sie orientiert sich primär nicht am Input (Budget, Personal), sondern an der zu erreichenden Zielsetzung, also am Output. Zu dieser Art „Dienstleistungsgesinnung“ (Schwarz 1996,34) gehört folglich auch, daß sich die WFV ihrer Klientel, Kundschaft und Umwelt gegenüber nicht passiv-defensiv verhält, sondern ihr Anliegen und ihre Aufgabe mit aktiv-offensiver „Promotion“ bewirbt. Sie informiert, erbringt ihre Dienstleistung vor Ort, lernt permanent und denkt gleichsam voraus. Eine Voraussetzung der angestrebten Effektivierung der Leistungserbringung ist folglich eine konsequente Dienstleistungs- und Marketing-Orientierung[176] (Kötterl/Kienbauer 1992). Im einzelnen impliziert diese Dienstleistungsgesinnung ein verändertes Erscheinungsbild der WFV, das durch die Elemente a) Transparenz, b) Ganzheitlichkeit, c) Legitimität und d) Niedrigschwelligkeit gekennzeichnet ist:

- ❑ zum ersten muß weitestgehende *organisatorische Transparenz* gewährleistet sein. Von außen gesehen muß klar erkenntlich sein, wo und bei wem Aufgaben, Kompetenzen und Verantwortlichkeiten angelagert sind, wer sie warum aufgrund welcher Rechtsgrundlage wahrnimmt. Dazu gehört, daß auch *Führungs-*, *Hierarchie-* und *Delegationsstrukturen* nachvollziehbar angelagert (Becker 1992) sind. Die Abwesenheit klarer Kompetenzverteilungen hat, wie bereits dargestellt, eine Kultur hervorgebracht, in der Entscheidungen nach fernmündlicher Intervention, Beschwer oder Wink eines Ressortpolitikers revidiert werden, in der soziotechnische Professionalität kaum etwas gilt. Transparenz bedeutet aber auch, daß die Arbeits- und Kommunikationsbeziehungen innerhalb der WFV durchschaubar einzurichten. Beziehungen zwischen den Organisationseinheiten müssen funktional und verbindlich (institutionalisiert) vereinbart werden können. Dies trägt bei zur Rationalität der Abläufe und schafft Andockpunkte zur Mitarbeitermotivation. Umgekehrt trägt es nicht zur Transparenz bei, wenn Sozialarbeiter einer Wohlfahrtsbehörde Leistungen in Aussicht stellen, welche der buchstabenzuständige Sachbearbeiter nur auf Basis schriftlicher Weisungen zuerkennt;

❑ zum zweiten müssen die zu erbringenden Leistungen selbst am Prinzip der *Ganzheitlichkeit* der Problemlösung bemessen werden. Zu den Kriterien der Ganzheitlichkeit zählen vor allem a) soziotechnische Professionalität, b) rechtliche Zulässigkeit, c) folgenorientierte normative Steuerungsfähigkeit, d) Effektivität und e) Effizienz:

- „soziotechnische Professionalität" stellt ab auf den Kanon sozialarbeiterischer und sozialpädagogischer Methoden und *Standards*. Sie fordert klar rubrizierte Problemdefinitionen (Einzelfall/Gruppenarbeit; Individualproblematik/Familienproblematik; Behinderung; Schulden; Krankheit; Sucht; Wohnungslosigkeit; Arbeitslosigkeit etc.) und *methodisch plausible* Lösungen, durchaus auch in standardisierter Form;

- „rechtliche Zulässigkeit" bezieht sich auf die juristisch sowohl hinsichtlich des Ermessens- und Interpretationsspielraums informierte als auch *formal-korrekte*, insbesondere bescheidförmige Abwicklung;

- „normative folgenorientierte Steuerungsfähigkeit" von Entscheidungsfolgen zielt darauf, behördliche Entscheidungen auf der Basis *realistischer prognostischer Annahmen* zu treffen. Und sie stellt darauf ab, daß Entscheidungen soziale Probleme nachhaltig lösen, nicht aber prolongieren, verschieben oder gar erst hervorrufen. Entscheidungen sind in dieser Sichtweise notwendigerweise auch an den Handlungsfolgen in anderen Systemen orientiert und verstehen sich insofern als *kognitiv-offen*. Kognitive Offenheit wiederum impliziert, daß die Organisation in hohem Maße sensibel ist für das „feedback" ihrer Umwelt;

- „Effektivität" bezieht sich im vorliegenden Zusammenhang auf das Verhältnis von Input und Output (z.B. Individualförderungen zu gelungener Arbeitsmarktintegration), also auf die *Wirksamkeit* und den Erfolg der WFV gemessen an ihren Zielsetzungen;

- „Effizienz“ wiederum bezieht sich auf das *Zusammenspiel* von Bedingungen, *Faktoren* und *Strategien* zur Effektivierung der Organisation, also im obigen Beispiel darauf, wie die Organisation ihre äußeren Anforderungen, ihre formale interne Organisationsstruktur und das Verhalten bzw. das soziale Handeln der Organisationsmitglieder aufeinander im Sinne der *Zielerreichung* abstimmen kann (Kieser/Kubicek 1992,57ff.).

All diese Elemente (soziotechnische Professionalität, rechtliche Zulässigkeit, folgenorientierte normative Steuerungsfähigkeit, Effektivität und Effizienz) müssen Messungen und Kontrollen durchgängig zugänglich sein. Deshalb ist die Leistungserbringung vor allem auf der Basis des Postulats der Ganzheitlichkeit dergestalt zu organisieren, daß Leistungen weitestmöglich *inhaltlich berufbar, formal korrigierbar* und *extern nachvollziehbar* erbracht werden;

❑ zum dritten muß gegenüber Politik und Bürgern transparent und legitim gemacht werden, daß Wohlfahrt kein Selbstzweck ist. Die öffentliche Legitimation ist gewissermaßen der Treibstoff, mit dem politisch-administrative Systeme in wohlfahrtsstaatlichen Demokratien ihre Existenz rechtfertigen (Heins 1990,12). Dabei geht es nicht nur um die *Legitimität*, die durch *Legalität*, also rechtliche Konformität, erzeugt wird, sondern auch um die Legitimität, die daraus entsteht, daß die „Steigerung der *Systemkomplexität* durch die Etablierung *neuer* Formen der Sozialintegration“ (Mirbach 1990,81) *bewältigt* wird. Legitimität entsteht also nicht nur durch Regelgebundenheit, sondern auch durch Kompetenz, Sinnversprechen und die Möglichkeit, sozial riskante oder bedrohliche Situationen zu vermeiden oder zu bewältigen. Sie entsteht aus der Bewältigung der Notwendigkeit, zwischen konfligierenden Ansprüchen und Attitüden zu vermitteln und zugleich die Integrität und die subjektive Wohlfahrt aller Betroffenen angemessen zu berücksichtigen (Peters 1993,92). Nur diese diskursorientierte Rechtfertigbarkeit der gesellschaftlichen Institution der Wohlfahrt hält überhaupt erst jenen Möglichkeitsspielraum offen (Habermas 1992,516ff.), der einerseits für Innovation und Zielorientierung, mithin die Bewältigung von sozialem

Wandel, und andererseits für Inklusion, also demokratiepolitische Anliegen, nutzbar ist.

Die WFV ist berufen, an der Ausdehnung des „common sense“ über die Zulässigkeit von Intervention und Hilfe mitzuwirken, da dies den politischen Eliten aufgrund der Komplexität der Agenda zunehmend schwerer fällt. Sie kann dies freilich nicht durch genuin politisches Handeln, sondern nur durch die nachhaltige Vermeidung von Leistungs- und Gestaltungsstrukturen bewerkstelligen, die den periodisch anschwellenden „Sozialschmarotzerkampagnen“ Anknüpfungspunkte bieten.[177] Diesem Legitimitätskriterium zu entsprechen setzt u.a. voraus, daß sich Ämter und Dienste nicht als Organisationen zur Befriedigung interner Bedürfnisse oder ausgewählter Mitarbeiter verstehen. Es setzt auch voraus, daß soziale Dienste keine sozialpädagogischen Schrebergärten darstellen, in denen der eigene Arbeitsplatz gehegt wird, und daß nicht nur Sozialarbeiter dokumentierte, nachvollzieh- und berufbare Leistungen erbringen.

In die Legitimitätsproblematik spielt hinein, daß die WFV institutionell verarbeiten muß, daß wohlfahrtliche Leistungen aufgrund ihrer *arbiträren Konstruktion* in spezifischer Weise vermittlungs- und rechtfertigungsbedürftig sind. Regulär wird ja im Einzelfall, prognostisch und aufgrund von im wesentlichen subjektiven Wahrnehmungen entschieden. Tendenziell ist damit jegliche Entscheidung unter Rückgriff auf eine moralische Ökonomie angreifbar. Noch dazu hat sich selbst dort, wo starke Formalien gelten, in der Wohlfahrtspraxis eine Fülle informeller Entscheidungslinien und Vollzugskulturen entwickelt. Damit ist zugleich auch die Frage der (Verteilungs)-Gerechtigkeit wohlfahrtsstaatlicher Leistungen, ihrer Anerkennung und Rechtfertigung (Forst 1994,362ff.; Nullmeier/Vobruba 1995) aufgeworfen. Wohlfahrt erweist sich dabei unausweichlich als ideologisch aufgeladenes Issue, innerhalb dessen nicht nur gesellschaftliche Entwicklungsprojektionen verhandelt, sondern auch soziale Konflikte zwischen Interessengruppen ausgetragen werden. Unter diesen Prämissen kann die Erbringung wohlfahrtsstaatlicher Inklusionsleistungen niemals gänzlich konsensfähig sein. Sie muß sich vielmehr zwischen den proponierten Interessen und angemeldeten Bedürfnissen einerseits und den erhobenen soziotechnischen Interventionsbedarfen andererseits positionieren. Und sie muß schließlich angemessen in Rechnung stellen, daß wohlfahrtliche Leistungen systemimmanent dadurch begrenzt sind, daß soziale Ungleichheit im WFS nur beschränkt, nicht aber kompensiert werden soll und kann;

❑ zum vierten muß im Lichte sowohl demokratietheoretischer Überlegungen (Goodin 1988) als auch soziotechnischer Erwägungen (Prävention, Mittel-Mix-Strategien) die politisch-öffentlich überwachte Zugänglichkeit und Nutzerfreundlichkeit der WFV gewährleistet sein. Dem Grundsatz der Niedrigschwelligkeit beim Zugang zu Leistungen, Informationen usf. kommt dabei Prioriät zu. Hilfesuchende dürfen nicht als Bittsteller repressiv gemaßregelt werden, müssen als Rechtssubjekte und antragstellende „Citoyens“ behandelt werden. Sollen Bedarfe und Bedürfnisse hilfsbedürftiger Personen befriedigt werden, so müssen diese Leistungsbezieher (die ja nach wie vor Wahlbürger, oftmals Steuerzahler, zumindest aber Träger subjektiver Rechte sind) als Konsumenten wahrgenommen und behandelt werden, für welche Dienst-, Sach- und Geldleistungen erbracht werden.

Die Etablierung obig beschriebener *Gütekriterien* (Transparenz, Ganzheitlichkeit, Legitimität und Niedrigschwelligkeit) setzt nicht bloß geringfügige Veränderungen am geltenden Verwaltungsablauf voraus. Sie bedingt vielmehr die Entwicklung einer eigenständigen Formen- und Interventionssprache der WFV. Um Transparenz, Ganzheitlichkeit, Legitimität und Niedrigschwelligkeit herzustellen, muß die gesamte Aufbau- und Ablauforganisationslogik entlang fachlicher Managementkriterien umgebaut werden. Erfolgversprechende Konzeptionen wie die a) organisierte Innovation, b) Vernetzung zwischen öffentlichen und privaten Hilfesystemen, c) präventive Orientierung, d) interdisziplinäre Kombination von sozialpädagogischer Prognostik und Recht, e) Engführung von Controlling (laufende Vollzugskontrolle) und Monitoring (laufende Reflexion der Organisationsentwicklung; Nilsson 1993), f) Institutionalisierung der Sozialplanung in Form einer wohlfahrtspolitischen Feinsteuerung sowie g) die Orientierung der Führungs- und Entscheidungstechniken an den Kriterien Information, Durchlässigkeit, Beteiligung oder Mitbestimmung müssen sich Bahn brechen, wenn die WFV mit den veränderten Ablauflogiken, Bedarfsanmeldungen, Rechtfertigungszwängen und budgetären Rahmenbedingungen fertigwerden soll.

Im besonderen bedeutet eine derartige Umgestaltung der WFV eine Reform der wohlfahrtspolitischen Performanz - also der Art und Weise, wie Leistungen erbracht werden. Es geht dabei explizit nicht um eine Veränderung der äußeren Erscheinungsform (neues Logo, Geschäftsordnung oder die öffentliche Selbstdarstellung). Vielmehr geht es um eine Veränderung der Praxis der WFV als Organisation, ihrer täglich in unzähligen Einzelhandlungen *gelebten Kultur*. Eine Reform der Performanz bedeutet zudem auch, programmbegleitend zu überprüfen und zu realisieren, welche Handlungen/Entscheidungen in einem Subsystem (z.B. Wohnen) jeweils Auswirkungen auf andere Subsysteme (z.B. Verkehr, Infrastruktur der Kinderversorgung, soziokulturelle Animation etc.) haben. Das Entscheidungsprocedere sowohl auf politischer wie auch auf administrativer Ebene hat somit zu verarbeiten, daß es im WFS keine isolierten Handlungen und damit auch in Wirklichkeit keine parzellierten Entscheidungen mehr gibt:

❑ die Politik muß realisieren, daß Wohlfahrt nur als *managementgetriebene Soziotechnik* über fachliche Grenzen, interne Standards und kurzfristige politische Aufgabenzuweisungen hinweg implementiert werden kann. Und sie muß vor allem zur Kenntnis nehmen, daß „es unsinnig ist, mit der Käsemessermethode p.a. 4% abzuschneiden, weil man das maximal vier Jahre machen kann, bis die Verwaltung hinsichtlich ihrer Innovationskraft ruiniert ist" (Wolters/ Hartkemeyer 1994,50);

❑ die Verwaltung wiederum muß realisieren, daß eine interne Reorganisation zugleich eine Neudefinition der *Innen-* und *Außenbeziehungen* erforderlich macht. Dabei ist nicht nur das Verhältnis zwischen Wohlfahrtsträgern und NPOs, sondern auch das Wohlfahrtsdreieck zwischen Staat, Leistungserbringern und Leistungsempfängern neu auszumessen.

4.1. Sozialmanagement in Wohlfahrtsverwaltungen

Wenn die WFV angesichts des beschleunigten Wandels ihrer Umwelt ein Steuerungsinstrumentarium entwickeln soll, welches den Kriterien der *Dienstleistungsgesinnung*, nämlich Transparenz, Ganzheitlichkeit, Legitimität und Niedrigschwelligkeit entspricht, stellt sich die Frage, wie, mithilfe welcher Managementwerkzeuge und Feingriffe sie diese Dienstleistungsgesinnung umsetzen, realisieren bzw. *implementieren* kann. Um diese Frage zu beantworten, muß man sowohl die innere Struktur der WFV (Komplexität, turbulente Umwelt, bewegliche Ziele) als auch den Unterschied von Verwaltungs- und Managementpraktiken systematisch entwickeln.

4.1.1. Wohlfahrtsverwaltungen als komplexe Organisationen

Ein sowohl problemangemessener als auch erfolgversprechender Denkeinsatz liegt darin, sich WFV als komplexe, systemisch-vernetzte Organisationen vorzustellen. Hierbei lassen sich Organisationen wie eine WFV als sozial (Handeln, Konflikte, Interessen), offen (Austauschprozesse, kognitiver Input, Anforderungen), zielorientiert (normative und innerorganisatorische Vorgaben) und dynamisch (turbulente systemische Umwelt) beschreiben. Ihr Erfolg hängt systemisch gesehen davon ab, ob und in welcher Weise sie interne Konflikte, kognitive Austauschprozesse, prioritätensetzende Zielorientierungen und Dynamiken, z.B. Formen passagerer Unordnung, zuläßt. Ihre Zielerreichung hängt folglich davon ab, wie effizient sie interne Ressourcen und externe Anforderungen einander kompatibel halten kann. Grundsätzlich gilt dabei, daß Ressourcen immer zu knapp sind und Anforderungen niemals gänzlich befriedigt werden können.

Absolute Zielerreichungen sind in WFV zumindest aus drei Gründen undenkbar: zum ersten versteht sich der WFS als Reparaturwerkstätte eines nicht-funktionierenden Arbeits- und Gütermarktes, weshalb der Probleminput des WFS tendenziell unerschöpflich ist, zum zweiten evoziert der in den Prozeß gesellschaftlicher Modernisierung eingelassene Wandel sozialer Institutionen wie jener der Familie unablässig veränderte Anpassungsstörungen und zum dritten existieren keine kategorial formulierten Gütekriterien sondern nur ein jeweils befristeter und beschränkter gesellschaftspolitischer „common sense“ über Qualität und Quantität des WFS.

Diese *Relativität* des WFS bringt es mit sich, daß *Performanzkrisen* verhältnismäßig schnell auf die *Aufbauorganisation* durchschlagen. Werden die Energien von WFV durch interne Turbulenzen zu sehr gebunden, kann den äußeren Anforderungen nicht mehr entsprochen werden. Folgt umgekehrt die Organisation unreflektiert den äußeren Anforderungen, verliert sie die Ressourcen zur Erhaltung der internen Balance. Burn-out, Demotivation, Fehladressierungen oder innere Kündigung sind dann die Folge.

Dieses Organisationsmodell zeigt deutlich, daß die Zielerreichung von Wohlfahrtsorganisationen nicht nur a) vom Mitteleinsatz (Budget, Gebäude, Computer etc.), b) von formalisierten Zielen (Normen), c) vom adäquaten Umgang mit den inneren dynamischen inneren Strukturen (Macht, Hierarchie, Information, Kommunikation) und Menschen (Führungskulturen, Akzeptanz) abhängt, sondern auch von der *„requisite variety“* der Steuerungsressourcen und der *Flexibilität*, diese knappen Ressourcen mit gewandelten Bedarfen in Einklang zu bringen („making ends meet“). Daß sich unter diesen Bedingungen die Qualität ihrer Leistungserbringung nur mehrdimensional messen läßt, liegt auf der Hand. Schließlich stehen WFV aufgrund der großen Bedeutung ideologischer Praktiken enormen Legitimationszwängen gegenüber. Sie werden an Maßstäben gemessen, die für sie rational teils nicht hinterfragbar sind.

4.1.2. Turbulente Umwelten

Die Qualität der Steuerung durch WFV wird einerseits daran bemessen, wie Mittel, Ziele, Strukturen und Menschen inneradministrativ verknüpft und aufeinander abgestimmt werden. Andererseits (und das ist möglicherweise bedeutsamer als die interne Steuerungsleistung) resultiert die Effektivität/Effizienz von WFV aus der kontextbezogenen Organisation der Außenbeziehungen, aus dem Gelingen der *Verknüpfungen* und *Rückkopplungen* zwischen *Innen-* und *Außensteuerung*.[178] Denn gerade von ihren Außenbeziehungen hängt ab, ob und wie es der WFV gelingt, mit der Turbulenz sozialer Konflikte, mit wechselnden Bedarfslagen und ideologisch aufgeladenen Handlungswidersprüchen fertigzuwerden. Während nämlich Konfliktkonstellationen intern autoritär stillgelegt werden können, müssen die gewandelten Anforderungen, Bedarfe und Risiken, die sich nur mithilfe von *„shifting patterns“* bewerten lassen, im Außenverhältnis unter den Augen einer polyzentrisch gelagerten kritischen Öffentlichkeit verhandelt werden. Praktisch bedeutet Polyzentrizität, daß unterschiedliche Interessen, Lobbies und Koalitionen auf Verwaltungsentscheidungen einwirken. Beispiel: Akteure und Interessenträger bei der Definition des Leistungsspektrums von Pflegeleistungen sind Betroffene und Angehörige, Selbsthilfegruppen, Krankenanstalten und Versicherungen, private NPOs, Gesundheitssprecher politische Parteien, Medien bzw. Journalisten, praktische Ärzte, private Pflegeheimbetreiber, Apotheker, Patientenanwälte, Therapeuten uam. Unbeschadet dieser polyzentrischen „Artenvielfalt“ sollen einheitliche Abwicklungsstandards, gleichartige Behandlungen und das Postulat der Einzelfallanalyse und -bewertung durchgehalten werden. Dabei muß die Organisation im kollektiven Bewußtsein präsent halten, daß Gleichförmig- und Gleichartigkeit nur tentativ erreichbar sind. Zu instabil sind alleine schon der Ressourcenfluß und die Ressourcenverteilung innerhalb der Organisation, bedingt durch wechselnde politische Anforderungen, selektive Informationen, nicht-bedarfsorientierte Budgetierungen und fluktuierendes Personal. Ins Kalkül muß auch der Umstand gezogen werden, daß sich die Risken und prognostischen Anforderungen an die Kalkulierbarkeit von Handlungsfolgen, gemessen an der Zielsetzung sozialer Inklusion, niemals vollständig ausbuchstabieren lassen. Dafür sind die Risiken, welche wohlfahrtsstaatliches Handeln erfordern, einfach zu komplex. Ergebnisse und Folgen des Organisationshandelns (Produkte, soziale

Dienstleistungen) in ihrer Umwelt sind folglich nur bedingt prognostizierbar. Die Folge: Ressourcen der Umweltbewältigung liegen zunehmend in *näherungsweisen Strategien*, Logiken von Versuch und Irrtum, Flexibilität, der Ermöglichung dezentraler Kontextautonomie und Phasen *transitorischer Mehrdeutigkeit*.

Ob und wie die WFV die Turbulenz ihrer Umwelt bewältigt, hängt nicht nur von ihrer Flexibilität und Lernfähigkeit ab, sondern auch davon, in welchem Maße sie homogen, systematisch, demokratisch-berufbar und fachlichen Standards entsprechend vorgeht. Um diesen Ansprüchen wiederum Genüge zu tun, müssen die internen Aufbau- und Ablaufstrukturen, Mittelverteilungen, persönlichen Abhängigkeitsbeziehungen und mehrschichtigen Zielsetzungen entwirrt werden. Dabei ist in Rechnung zu stellen, daß komplexe Organisationen im Grunde genommen nicht wie maschinengleiche Anstalten funktionieren. Sie arbeiten entsprechend der Natur ihrer Sache tendenziell unregelmäßig, sie reagieren unter Druck fehlerhaft und erbringen ihre Leistungen aufgrund gesteigerter Komplexität „cum grano salis" immer unter Ansehen der Person.

4.1.3. Bewegliche Ziele

Eine Folge der *Heterogenität* und *Polyzentrizität* der Umwelt von WFV liegt in der gesteigerten Veränderlichkeit, der *Variabilität* und Streubreite ihrer Zielsetzungen. WFV bewegen sich zunehmend in einem Spagat zwischen einschränkenden bzw. hemmenden organisationellen Bedingungen, knappen budgetären Ressourcen und grobkörnigen gesetzlichen Vorgaben auf der einen und den tiefgreifenden Bedürfnis- und Bedarfsveränderungen einer sich strukturell wandelnden Klientel und Umwelt auf der anderen Seite (Wirth 1991). Unter diesen Bedingungen können wohlfahrtstechnische Zielsetzungen nicht stabil gehalten werden. Sie müssen vielmehr *kontextabhängig* konkretisiert und *interpretiert* werden und unterliegen deshalb im Zeitverlauf gravierenden Richtungsveränderungen. Folgerichtig müssen Zielsetzungen mehrschichtig definiert werden. Zielerreichungen erfordern in weiterer

Folge komplexe, *polyzentrisch-gelagerte* und *tentative* Steuerungsstrategien[179] (Willke 1996,335ff.). Deren Ressourcen, Systeme und Instrumente wiederum müssen jeweils den Kriterien der Transparenz, Ganzheitlichkeit, Legitimität und Niedrigschwelligkeit weitestmöglich entsprechen.

Diese Vorgabe einer näherungsweisen Erreichung beweglicher Ziele sieht sich nun aber mit einer Reihe von *intervenierenden Variablen* und Rückkopplungen konfrontiert: vorgängige Lösungen werden in veränderten Kontexten zu neuen Problemstellungen, überlappende Rechtslagen schaffen rechtlich unauflösbare Entscheidungskonflikte, Ziele werden erreicht, nachdem sich die zugrundeliegende soziale Problemlage anderweitig aufgelöst hat. Diese intervenierenden Variablen verkürzen der Zeithorizont der Planung und zwingen zu eher inkrementalistischen, schrittweisen Vorgehensweisen.

Auch wenn das primäre Steuerungsziel darin liegt, Bedürfnisse und Bedarfe der Klientel zu befriedigen, sind Steuerungsleistungen der WFV notwendigerweise auch davon abhängig, welche Konsequenzen sie einerseits für die Attraktivität der Organisation für ihre eigenen Mitglieder haben und ob sie andererseits auch den jeweiligen politisch-rechtlichen Vorgaben entsprechen.[180] Wir haben es hier also mit *mehrseitigen Zielkonflikten* und *systemischen Rückkopplungen* zu tun (Dunsire 1991). So kann ein höchstmögliches Maß an Bürgernähe, Benutzerfreundlichkeit und ganzheitlicher Betrachtung und Fallbearbeitung unter bestimmten Umständen die Attraktivität der Organisation für ihre Mitglieder empfindlich reduzieren. In einem anderen Fall können ganzheitliche, interdisziplinär argumentierte Fallösungen vernünftig und geboten erscheinen, trotzdem aber rechtswidrig sein.

4.1.4. Verwaltungs- gegen Managementlogiken

Die Herausforderung an die WFV liegt folglich darin, Zielvorgaben und Instrumente *beweglich*, mehrschichtig und *reversibel* zu halten (Cutler/Waine 1994). Sie kann dies nur durch den Einsatz spezifischer Managementtechniken.[181] Diese müssen vor allem die komplexen und widersprüchlichen Vorgaben und Rückkopplungen einer Wohlfahrtszielen verpflichteten Organisation zueinander ins Verhältnis bringen können. Um jeweilige Teilziele möglichst effektiv, umfassend und nachhaltig zu erreichen, müssen Systeme und Instrumente des strategischen (Ziele) und operativen (Modus der Zielerreichung) Managements[182] verknüpft werden (Scholz 1987). Dabei sind jeweilige Zuständigkeiten (Arbeitsteilung), Kompetenzen (Professionalisierung) und Verantwortungen (Legitimitätsnutzen) situationsbezogen zusammenzuführen.

Insofern liegt der Unterschied zwischen der Logik des Sozialverwaltens und der Logik des Managements in WFV auf der Hand, nämlich darin, daß

❑ die Verwaltungslogik im Grunde genommen eine Subsumtionslogik darstellt, dernach der soziale Sachverhalt im wesentlichen unter die entsprechende Norm subsumiert wird, wogegen die Managementlogik in erster Linie darauf fußt, soziale Problemlagen zielorientiert aufzuarbeiten, wobei man die Ressource Recht auf die Verfahrenssituation abgestimmt nutzt;

❑ die Verwaltungslogik überwiegend inputorientiert ist, also in erster Linie die Ressourcen Budget und Recht in einem kameralistischen Nullsummenspiel (das Optimum wird erreicht, wenn alle veranschlagten Ressourcen verbraucht wurden) verknüpft, wogegen die Managementlogik eine deutlich outputorientierte ist, die zuvorderst danach trachtet, den prognostizierten Verbrauchernutzen planhaft zu steigern;

❑ die Verwaltungslogik eine passiv-institutionalisierte ist, wobei der Klient/Kunde/Nutzer im Modell nur als eingeschränkt selbständiger und zielorientierter Antragsteller in Erscheinung tritt, wogegen die Managementlogik vergleichsweise soziologisch orientiert die Elemente der proaktiven und präventiven Steuerung sozialer Probleme vor Ort betont und Verwaltung als soziotechnische Entwicklung von Systemen zur Erfüllung wohlfahrtsstaatlicher Agenden (Ulrich 1988) versteht.

Wir sehen also drei entscheidende Unterscheidungsmerkmale zwischen Verwaltung und Management im Wohlfahrtsbereich, nämlich die Art und Weise der Erfassung und Bearbeitung, die Bemessung und

Qualifikation von Erfolgen und die operationale Strategie im Kontakt zwischen Bürger und Staat.

4.1.5. Sozialmanagement oder bloß Management ?

So weit scheint die Abgrenzung zwischen einer (idealtypisch dargestellten) Verwaltungs- und Managementlogik im Grunde nachvollziehbar. Was aber rechtfertigt im Anschluß daran die begriffliche und operative Unterscheidung zwischen „Management" und „Sozialmanagement" (Flösser 1992) und im weiteren die Unterscheidung zwischen einem Sozialmanagement in privaten NPOs und in WFV als öffentlichen NPOs ?

Im Grunde genommen könnte man Management als Anleitung zur effektiven Zielerreichung in Organisationen beschreiben. Der Term Sozialmanagement stellt dabei den Werkzeugkasten „Management" in den Kontext von Organisationen, die mit sozialen Problemen umgehen, die nicht marktförmig und nicht mit Gewinnmotiven bearbeitet werden. Sozialmanagement also zielt auf die Einführung von *Managementkategorien* in sozialen Organisationen, deren Geschäft in der Bedeckung wechselnder *sozialer Interventionsbedarfe* liegt.

Sozialmanagement meint damit mehrerlei:

❑ zum ersten betrifft es Führungstechniken in Organisationen. Management bedeutet ja eigentlich „manu agere". Es ist eine Kombination aus Führen, Beeinflussen, Entscheiden, Alternativen ausschließen und Autorität haben. Das meint auch das Sinnbild, Management als „loco-motion", als „Vom -Fleck-Bringen" im Sinne des Bewegens einer Gruppe zu verstehen;

❑ zum zweiten ist das Geschäft von „Sozialorganisationen" nicht unmittelbar in das Wechselspiel von Angebot und Nachfrage, die Warenökonomie oder eine Wert-Preis-Logik eingebettet, sondern liegt vor allem in der Organisation der Bedeckung öffentlicher Bedarfe;

❑ zum dritten ist es durch die Abwesenheit des Profitmotivs und das hohe Niveau intrinsischer Motivationen beteiligter Akteure gekennzeichnet und erfordert spezifische Fähigkeiten der Motivationssteuerung;

❑ zum vierten erfordert es auf Seiten der Entscheider besondere Kenntnisse/Fähigkeiten bzw. Befähigungen im Umgang mit wohlfahrtsstaatlichen Konfliktstrukturen, die dadurch gekennzeichnet sind, daß soziale NPOs zwar nicht das Ziel der Gewinn-, jedoch dasjenige der Klienten- und Einflußmaximierung haben;

❑ zum fünften müssen hier komplexe Handlungsvoraussetzungen berücksichtigt werden. Dazu zählen nicht nur Politik, Öffentlichkeit und staatliche Budgets, KlientInnen und Beteiligte. Dazu zählt auch die Entwicklung konkurrierender Leistungs- und Unterstützungssysteme, der soziale Wandel zwischen Arbeitsmarkt, Familie und Individualisierung, der Wandel des kulturellen Umgangs mit Devianz uam.;

❑ zum sechsten erfordert es die Arbeit ständiger Neuorientierung in einer Umwelt, die unbeständig, ad-hoc-konstituiert und hochgradig legitimationsabhängig ist.

Während Management also als Anleitung zur effektiven Zielerreichung in Organisationen verstanden werden kann, meint Sozial-Management, was Begriff und Inhalt betrifft, etwas qualitativ wie quantativ anderes. Der Kern des Denkens in Sozialmanagement-Kategorien läßt sich durch die Überlegung markieren, daß WFV Dienstleistungsorganisationen sind, die als öffentliche NPOs nicht Gewinnziele, sondern gerade als *öffentliche Bedarfswirtschaften* Sachziele anstreben (Meier-Ziegler 1993,50). In Bedarfswirtschaften werden Erfolge aber nicht in Gewinn, sondern vor allem in der *Deckung* von *Bedarfen* und deren Relationierung mit den dahinter stehenden *Bedürfnissen*, in *individueller Zufriedenheit*, in systemischer Problemlösung im Krisenfall sowie in präventiver und nachgehender *Problemvermeidung* bemessen. Freilich, auch WFV müssen ihre Leistungen aus ökonomisch-marktvermittelten Elementen Budget/Finanzen, soziale Inklusion/Arbeit und Steuerung/ Management zusammensetzen. Auch sie produzieren Leistungen und Güter und verteilen/vertreiben sie an ihre Klientel, die auch als Konsumenten in Erscheinung treten. Entscheidend für Bedarfswirtschaften aber ist, daß sie keine individuellen, sondern kollektive, öffentliche Güter für einen Markt herstellen, der vielgestaltig *politisch reguliert, administrativ gesteuert* und *normativ begrenzt* ist. Gerade dieser Mechanismus eines regulierten Marktes birgt zugleich aber auch enorme Risiken für die Anforderung, zielgerichtet, innovativ, kostenbewußt und klientelnahe zu arbeiten. Sozialmanagement in WFV ist folglich durch eine spezifische *Diffusität* und *Marktferne* sozialer Dienst- und Gestaltungsleistungen gekennzeichnet.

Im Anschluß an diese Differenzierung zwischen Management und Sozialmanagement kann die Unterscheidung zwischen WFV als öffentlichen NPOs und privaten NPOs durch die grundlegend andersgelagerte strategische und operative Problemstellung der öffentlichen NPOs gerechtfertigt werden. Private NPOs weisen im Vergleich zu WFV geradezu diffuse Machtverhältnisse auf. Ihre faktischen und formalen Hierarchielinien sind i.d.R. nicht deckungsgleich. Sie sind mitgliedschaftlich organisiert. Es kann organisationsintern formal-demokratisch entschieden werden. Und schließlich können auch Laien in die Leistungserbringung eingebunden werden. Demgegenüber sind WFV hierarchisch, wobei sich formale und faktische Hierarchielinien zumeist decken. Sie sind nicht mitgliedschaftlich sondern auf Subordinationsbasis organisiert und es kann intern niemals demokratisch entschieden werden.

Insofern unterscheiden sich WFV als administrative NPOs zweifach von privaten NPOs: als marktferne NPOs mit einer monopolartigen Stellung nicht nur im hoheitlichen Vollzugsbereich stehen WFV Klienten/Kunden gegenüber, die zumeist keinerlei Wahl- und Ausweichmöglichkeit haben. Deshalb muß in WFV die Bereitschaft, gerade auch im hoheitlichen Bereich stringent bedarfs- und bedürfnisorientiert zu arbeiten, immer wieder außerhalb der operativen Logik der Organisation geschaffen werden. Als herkömmliche Verwaltungen sind WFV zwangsläufig hierarchisch, langsam, schwerfällig und unflexibel. Dieses Bürokratisierungsbias hat zwei Konsequenzen: einerseits sind sie als Verwaltungen vorwiegend mit der Registrierung, Kontrolle und Disziplinierung der Klientel befaßt; andererseits fehlen ihnen als marktfernen NPOs Triebfedern zur Steigerung der Innovation, Qualität und Kreativität. Insofern verbinden sich in WFV die Kritiken am herkömmlichen WFS-Modell mit der traditionellen Bürokratiekritik.

Fassen wir zusammen: zum ersten kommt den Steuerungstechnologien des Sozialmanagements eine andere Qualität als der profitorientierten Managementtechnologie zu; und zum zweiten unterscheiden sich die Anforderungen in WFV gravierend von denjenigen in privaten freien Wohlfahrtsträgern bzw. NPOs. In WFV geht es nicht nur um das soziotechnisch-professionelle Management sozialer Inklusionsaufgaben, sondern auch um die Entwicklung einer administrativen Formensprache, die sowohl der Verwaltungslogik (Legalitätsprinzip, Sachrationalität usf.), der Bedürfnis- und Bedarfslogik, der Logik des sozialarbeiterisch-sozialpädagogischen Arbeitens mit Menschen sowie der politischen Legitimitätsorientierung gerecht wird.

4.2. Elemente des Sozialmanagements in Wohlfahrtsverwaltungen

Bislang dürfte klar geworden sein, daß es sich beim Sozialmanagement in WFV um Managementfunktionen in administrativen NPOs und zugleich um Bedarfswirtschaften handelt, die das Ziel haben, einschränkende bürokratische Strukturen und flexible Inklusionsziele miteinander zu verbinden (Stolterfoht 1994). Die innere Struktur dieser Sozialmanagementfunktionen kann durch folgende Anforderungen beschrieben werden:

❑ konzeptionell muß zwischen einer *sach-* (Objekt) und einer *personenbezogenen* (Subjekt) Dimension unterschieden werden. Auf sachlicher Ebene geht um die Aufgabenerfüllung und Zielerreichung (Planen, Steuern, Entscheiden, Implementieren, Kontrollieren). Auf personeller Ebene geht es um die verantwortliche Steuerung des Individualverhaltens der Organisationsteilnehmer, also um Führen, Entscheidungen kommunizieren, Konflikte austragen uam.;

❑ organisationskulturell muß das Wechselspiel zwischen der die Organisationskultur anleitenden Sozial*management*philosophie und der *normativen Vollzug*svorgabe, also der Konzeption und Implementation von rechtsstaatlich gesetzten Normen, angemessen verarbeitet werden. Das Management muß darauf Rücksicht nehmen, daß die Kultur einer Organisation wie der WFV nicht nur von einem regelgeleiteten *Leitbild*, der Identität, den *Denk*- und *Werthaltungen* der Mitglieder, der Verhaltenskultur in der Kommunikation, den ethisch-weltanschaulichen Überzeugungen, sondern auch von der zum Vollzug angewiesenen oder zur Verfügung gestellten *Rechtsformensprache* bestimmt wird;

❑ Sozialmanagement in WFV muß zwischen *strategischen* und *operativen* Elementen unterscheiden. Dabei liegt die Zwecksetzung des strategischen Managements in der Formulierung von Zielsetzungen mittlerer Reichweite (Hindle 1994; Schwarz 1996,465ff.) unterhalb der sozialpolitischen Ebene. Naturgemäß ist strategisches Management komplex: es hat normative Zielsetzungen, Organisationskulturen und soziale Problemstellungen miteinander abzustimmen. Dabei geht es sowohl um Bedürfnisse und Bedarfe der Kunden und Klienten, um die Effektivierung der (Dienst)Leistung und Leistungserbringung, um die Sicherung der Qualität und Verfügbarkeit, um die Finanzierung und politische Legitimation wohlfahrtsstaatlicher Interventionen. Strategische Elemente wären u.a.: a) eine Teilzielformulierung auf Basis von Kosten-Nutzen-Analysen, b) die Organisationsentwicklung durch Leitbilder, c) die Auslagerung geeigneter Aufgaben durch Kontraktmanagement, d) eine dezentralisierte Kompetenzverteilung, e) eine aufgabenentsprechende Organisationskultur und f) die Institutionalisierung von Planung und Evaluation.

Strategisches Sozialmanagement bedeutet folglich, (auch antizipierte) Bedürfnisse und Bedarfe der Klienten und Konsumenten/Kunden sowie der normativen Vorgaben und Aufgaben abzustimmen mit der internen Aufbauorganisation (Dunsire/Hartley/Parker 1994). Es bedeutet insofern, *Strukturen* zu schaffen, in denen einerseits neue Konzeptionen entwickelt und ausprobiert werden können und andererseits Leistungen sowohl transparent als auch kostengünstig erbracht werden können. Strategische Zielsetzungen müssen nachvollziehbar, berufbar und in ihrer Umsetzung kontrollierbar sein. Sie erfordern permanentes, möglichst frühzeitiges *„feedback“* der betroffenen *Subsysteme* des WFS und umgehende *Ziel-Mittel-Anpassungen*, letztlich also eine kognitive Öffnung der WFV;

❑ Operatives Sozialmanagement bedeutet demgegenüber, innerhalb der gesetzten Rahmenbedingungen und Aufgabenverteilungen mit den vorhandenen Ressourcen (Geld, Personal, Strukturen, Sachleistungen) größtmöglichen *Wohlfahrtsnutzen* zu erzielen (Amann 1995). Operative Elemente wären u.a.: a) die Senkung der Produktions- bzw. Gestehungskosten sozialer Dienste und Inklusionsleistungen, b) die Entwicklung des Personals in Richtung sozialarbeiterisch/-pädagogischer sowie normativer Professionalisierung, c) die Standardisierung von Austauschbeziehungen in Netzwerken mit privaten NPOs, d) die Entwicklung interdisziplinärer Kosten-Nutzen-Kalküle zwischen den einzelnen Subsystemen des Sozial- und WFS sowie e) die Entwicklung von sach- und ergebnisbezogenen Kontroll- und Controllingsystemen.

Operatives Sozialmanagement in WFV bedeutet folglich, die vorhandenen Ressourcen möglichst bedarfs- und bedürfnisorientiert, rechtlich-konform, kostengünstig, innovativ und mit professionellem „know-how" zu nutzen. Es impliziert eine fundamentale Außen- und *Outputorientierung* (Blume 1993; Schedler 1994). Der modus operandi des operativen Sozialmanagements erweist sich als mit der Codierung monokratischer Hierarchien, die der Verwaltungslogik innewohnen, kaum vereinbar. Denn Erfolge werden im operativen Sozialmanagement nur aufgrund professioneller Kriterien und transparenter Standards gemessen und nicht aufgrund arbiträrer Entscheidungen von Vorgesetzten. Außen- bzw. marktorientierte Netzwerke können, einmal als strategische Zielvorgabe formuliert, ebenso wie präventive Früherkennungssysteme nur dezentral, „bottom-up", vor Ort mit beteiligten Akteuren und Betroffenen geschaffen werden und nicht „top-down" verfügt werden. An prominenter Stelle des operativen Bereichs liegt ein kosten-, ziel- und entscheidungsorientiertes Rechnungswesen, das sowohl eine Kosten- und Leistungsrechnung ermöglicht als auch soziale Indikatoren mitverarbeitet, also quantitative und qualitative Aspekte verknüpft. Dieses Rechnungswesen versteht sich als Dienstleister und Lieferant von operativen Entscheidungsunterlagen, ersetzt diese Entscheidungen aber nicht, wie das im Status quo der Verwaltung der Fall ist.

Qualität und Güte von Sozialmanagementstrategien in WFV setzen im Ergebnis a) die Verknüpfung von Aufgabenerfüllung- und Subjektentwicklung in der Organisation, b) die Kompatibilität von Organisationskultur und normativen Vollzugsvorgaben sowie c) die regelgeleitete und berufbare Entwicklung und Trennung von strategischen und operativen Managementzielen voraus. Um Innovationsbereitschaft innerhalb der komplexen Organisation einer WFV herzustellen, müssen komplexe Zielsysteme nachvollziehbar formuliert, Kompetenzen und Aufgaben transparent angelagert, Kriterien der Effizienz- und Effektivitätsmessung entwickelt und Elemente eines Human-Resources-Management verbindlich für sämtliche OrganisationsteilnehmerInnen in gleicher Weise gelten.

Im folgenden werden einige zentrale Elemente des strategischen und operativen Sozialmanagements in WFV skizziert, beschrieben durch die Stichworte a) Kontraktmanagement und Dezentralisierung, b) Lean Production, c) Human Resources Management, d) Output-Steuerung, e) Führungstechniken, f) Sozialplanung und g) Recht.

4.2.1. Dezentralisierung und Kontraktmanagement

Gegen die Logik des Status quo, daß die Verwaltung mit eigenem Personal, möglichst einheitlicher Organisationsform und entsprechend gesetzlicher Gegebenheiten Aufgaben erledigt, ist die Konzeption , die WFV in eine relativ selbständige, *dezentralisierte Dienstleistungsverwaltung* (Schütz 1994) umzuwandeln, gerichtet. Dies würde organisationskulturell bedeuten, daß die „organisationszentrierte Selbstbezogenheit der behördlichen Eingriffs- und Betreuungsapparatur“ (Banner 1994,46) einer *proaktiven* Wohlfahrtsverwaltungsorganisation weicht. Diese hat sich einerseits Bedarfen und Bedürfnissen, andererseits Desintegrations- und Ausgrenzungsprozessen entsprechen zu organisieren, z.B. nach Lebensphasen, nach geographischen Bereichen

(Stadtteilen) oder nach Problemzusammenhängen. Neben dem damit verbundenen Wandel der Leistungstypologie in Richtung *Prävention* und Gestaltung im sozialen *Nahraum* beträfe dies auch eine Reorganisation der *Kooperation* (Heinze/Strünck 1996) und *Kommunikation* (Hill 1994) mit freien Wohlfahrtsträgern in Form eines elaborierten Kontraktmanagements. Der Ablauf kontraktuellen Managements („contracting out") kann modellhaft als Abfolge von Sozialplanung, Bedarfserhebung, Ausschreibung, Wettbewerb, vertraglicher Abwicklung auf Basis standardisierter Leistungen, Controlling und buchhalterischer Endkontrolle umschrieben werden (Evers/Leichsenring 1996). Dabei muß die Leistungserstellung einerseits eng mit diesen Organisationen ausverhandelt werden, andererseits sollen all diejenigen Aufgaben, welche nicht unmittelbar durch die öffentliche Hand erledigt werden müssen, auf diesem Wege ausgelagert werden können (Bauer 1994).

Jede Verhandlung zur Erbringung sozialer Dienstleistungen mit freien Wohlfahrtsträgern konfrontiert die WFV zumindest mit drei Schwierigkeiten: zum ersten sind die Interessen freier Wohlfahrtsträger hinsichtlich ihres Wachstums, ihrer Professionalisierung und ihrer inneren Bürokratisierung durchaus ambivalent (Horch 1995). Freie Träger versuchen ihre Markt- und Machtposition zu verbessern und legitimieren dies mithilfe von behaupteten Bedarfen. Wie auch in der öffentlichen Verwaltung kommt in freien Trägern das Sozialmanagementvokabular oftmals als Instrument zur Stabilisierung bzw. Konservierung unproduktiver innerer Strukturen zum Einsatz (Merchel 1992;1995). Zum zweiten erfordert die Messung der Performanz von NPOs einen mehrdimensionalen Zugang (Kanter/Summers 1994), der mit demjenigen der Kameralistik nicht deckungsgleich ist. Und zum dritten kann die Politik als für die WFV unkalkulierbare „intervenierende Variable" nicht ausgeschlossen werden. Wenn Diskurse auf der Achse WFV - NPO fehlschlagen, bietet sich das politische System vor dem Hintergrund einer horizontalen Politiksegmentierung und Verwaltungsfragmentierung als Ausweichebene an, auf der man die – aus der partikularen Sicht freier Wohlfahrtsträger – fehlgeschlagenen Diskurse „recodieren" bzw. nachbessern kann (Hegner/Schmidt 1979).

Jegliches Kontraktmanagement setzt verwaltungsintern voraus, daß den wohlfahrtsstaatlichen Fachbereichen, also Ämtern und/oder Abteilungen, die *Ressourcenverantwortung* übertragen wird, die damit zugleich auch für Budgetvollzug und das jeweilige Personalwesen zuständig werden. Die administrative Spitze trifft mit der ressourcenverantwortlichen WFV in Ausführung grundsätzlicher politischer Gestaltungsentscheidungen *Vereinbarungen* über die Teilziele (REFA 1995) und deren Erreichung, also über Ausgabenentwicklungen und Budgets, Erledigungs- und Personalvorgaben. Grundlage dieser Vereinbarungen sind Daten aus dem vollzugsbegleitenden Controlling, (veränderte) gesetzliche und subgesetzliche normative Vorgaben, prognostische Sozialplanungsdaten über den weiteren Verlauf sozialer Problemkonstellationen und Entwicklungen in parallel angelagerten Subsystemen, deren Entscheidungshandeln sich auf die Performanz des WFS auswirkt. Die ausverhandelten Ressourcen werden *frei bewirtschaftet*, wobei die Managementspielräume der WFV auf politischer Ebene geschäftsordnungsgemäß festgeschrieben werden. Zugleich damit wird festgelegt, was die WFV in jedem Falle autonom entscheiden kann und was zentral entschieden werden muß. Es werden also *Budgets*, *Leistungen* und *Entscheidungsspielräume* (sofern nicht ohnehin gesetzlich hinreichend definiert) festgeschrieben. Der WFV ist damit eine ganzheitliche Management- und *Ergebnisverantwortung* zugeordnet.[183] Zugleich kann der Rahmen der jährlichen Zielvereinbarung nicht mehr gedehnt werden. Einzeleingriffe von Landtagen und/oder Gemeinderäten werden durch Zielvereinbarungen, Zielvorgaben und Grundsatzentscheidungen ersetzt.

Eine explizite Konsequenz des Kontraktmanagements und der Dezentralisierung ist eine *Verflachung* bzw. ein Abbau der Hierarchien (Bach 1996; Diehl 1993). Begreift man die Verwaltung in diesem Zusammenhang als „Konzern“, dann legt die Leitung zusammen mit dem Fachbereich WFV fest, was in Ausführung politischer Grundsatzentscheidungen im Geschäftsjahr geschieht. Die WFV hingegen legt in unabhängiger Organisation der Aufgabenerfüllung fest, wie und mit welchem Ressourcenmix dies geschieht, bewirtschaftet die Mittel ohne

Rücksicht auf die haushaltsmäßige Veranschlagung und hat im Sinne eines *„value for money"-Konzeptes* in einer produktorientierten Planung, Steuerung und Kontrolle die Kosten für jedes einzelne Produkt (Geld, Personal, Struktur, Sachaufwand) sichtbar zu machen (Bauer 1994).

Im zentralen Steuerungsbereich verbleibt im wesentlichen das Verhandlungspouvoir, Budget und Qualität der Leistungen mit der WFV verbindlich zu verhandeln und Kostengrößen (sofern es sich nicht um gesetzliche Pflichtleistungsbereiche handelt) gemessen an ihrer Zweckmäßigkeit zu prüfen bzw. gegebenenfalls zu limitieren (z.B. Aktenerledigungen pro Sachbearbeiter pro Parteienverkehrstag). Der Dezentralisierung der Ressourcen- und Ergebnisverantwortung entspricht also auch eine *dezentralisierte Steuerungs-* und *Controllingagenda* (Flynn 1993,164ff.). Querschnittsämter hingegen werden weitestmöglich aufgelöst, weil das Prinzip der Ergebnisverantwortung auch beinhaltet, über Mitarbeiterrekrutierung, Qualifikation und Fortbildung, Raumzuteilung oder Automatisation selbst zu entscheiden.

Gravierende Auswirkungen hat dies für die annuale Budgetierung. Denn dezentrale Ressourcenverantwortung und Kontraktmanagement bedeuten gegenüber dem Status quo des „Dezemberfiebers", wo sämtliche Voranschlagsstellen geräumt werden, um den nächstjährigen Voranschlag durchzubringen, im Grunde genommen mittelfristig eigenständig budgetieren zu können, praktisch Schwerpunkte zu setzen und damit auch Ressourcen anzusparen, um sie möglichst effizient zum Einsatz bringen zu können.

4.2.2. Lean Production

Lean-Production im Sozialmanagement zielt nicht, wie das im Mainstream der Verwaltungsmodernisierung oftmals irrtümlich angenommen wird, prioritär auf eine „Verschlankung" der Verwaltung und damit auf Verringerung der Einheiten oder Reduktion des Personals (Mercer 1992; Bösenberg 1994; îRezniîzek 1996). Grundidee der Lean-Production-Konzeption ist es vielmehr, sämtliche bürokratischen

Formalismen, Verregelungen und Vorschriften, die nichts zur *Veredelung/Qualitätssteigerung* von Wertschöpfungsprozessen beitragen, zu beseitigen (Corsten 1993; Barthel 1994,301). Im Sozialmanagementkontext gelesen bedeutet dies, sämtliche aufbau- und ablauforganisatorischen Regulierungen, welche für die Qualitäts- und Effizienzsteigerung der strategischen und operativen Performanz der WFV nichts beitragen, zu eliminieren (Hölzel 1994). Und von derlei introspektiven, nach innen hin bis zum Stillstand der Organisation verregelnden Formalismen gibt es mehr als genug, insbesondere dort, wo die Ordnungs- und Zentralverwaltung ihre Funktionslogik dem Wohlfahrtsbereich übergestülpt (Ståhlberg 1987) hat. Glasl (1983,82) spricht in diesem Zusammenhang von einer „Zielinversion", von einer Verkehrung des Verhältnisses von Aufgabe und Werkzeug, wobei die Aufgabe dem Möglichkeitsraum des Werkzeugs unterworfen wird. Ein praktisches Beispiel für Zielinversionen, die den Alltag der WFV für die Bediensteten tatsächlich leidvoll gestalten, wäre jene Situation, in der dem funktionalen Vorgesetzten schriftliche Anregungen zur Änderung eines Aufgabenverteilungsplans zugemittelt werden und dieser im Gegenzug über eine Stabsstelle mehrseitig-schriftlich rügen läßt, daß Seitenränder und Paginierung des Anregungsschreibens unrichtig gesetzt wurden und daß man seitens der Magistratsdirektion die Verwendung des Wortes „KlientInnen" mit großem „I" für rechtschreibungstechnisch unzulässig hält, auf die Anregungen selbst aber mit keinem Wort eingeht. Dieser vergleichsweise monomane und unflexible Kontrollblick nach innen/unten wird nun im Lean-Production-Konzept demgegenüber durch die systemische Wahrnehmung der Zielgruppen, Kunden und Klienten (Meyer-Ziegler 1993) abgelöst.

Die entscheidenden Akteure im Lean-Production-Konzept der WFV sind die Mitarbeiter vor Ort, die den unmittelbaren Kontakt (Pedler/Burgoyne/Boydell 1990) zu Klientel und Kunden, zu externen Akteuren und Systemen haben. Ihnen gegenüber kommt allen anderen Verwaltungsteilen latente *Servicefunktion* zu. Sämtliche Entscheidungen werden getroffen, damit das Vermittlungsscharnier Mitarbeiter-Klient soziotechnisch, rechtlich und kommunikationsdynamisch mit möglichst wenig Reibungsverlusten funktioniert. Sind die Mitarbeiter im herkömmlichen Leistungsprozeß der Verwaltung nur ausführende Instrumente ohne Ergebnis- und Gestaltungsverantwortung in einer monokratischen Weisungskette, so avancieren sie im Lean-Production-Konzept zu relativ autonomen Managern des Leistungsprozesses (Bösenberg 1993; Groth 1994). Führungskräfte und Querschnittsämter werden zu Dienstleistern.

Im Leistungsprozeß selbst rückt das *autonome Team* an die Stelle des insulierten Sachbearbeiters (Flynn 1994), der ein Rädchen in einem standardisierten und spezialisierten Vollziehungsprozeß ist. Das Team wird zum „funktionalen Äquivalent für den Vorgesetzten" (Berthel 1994,302). Innerhalb organisationsnotwendiger Vorgaben (Kennziffern, Erledigungszahlen, laufende Akten, Wartezeiten, Vertretungsregelungen, Kompetenzen) organisiert sich das ergebnisverantwortliche Team selbst. Im Team versteht und beherrscht jede(r) jeden Vorgang. Das stiftet Sinn und vermeidet die Kumulation gleichartiger und belastender Aufgaben. Das Kooperationsprinzip bedeutet nicht nur, daß Stehzeiten minimiert werden, sondern auch, daß Fehlerstellen selbsttätig behoben werden (Born 1996). Verantwortung wird aus eigenem Antrieb wahrgenommen. Fehler betreffen nicht mehr eine einzige Person, sondern das ergebnisverantwortliche Kollektiv. Dieses bricht Routinen selbstreflexiv auf, um sie elastischer zusammenzusetzen (Peters 1988). Deshalb kann und muß kollektiv gelernt werden (Biehal 1993). Zugleich verkörpert dies eine Konkurrenzsituation unter mehreren Teams, die zur Kommunikation und nicht zur Selbstabschließung anhält. In der Konkurrenz um adäquate Lösungen entsteht eine strukturelle Anschlußfähigkeit, Erfahrungen auch horizontal, in einem Verhältnis der Reziprozität (gegenseitige Informationsverpflichtung/unmittelbare Kooperation) auszutauschen (McCann/Katzenbach 1990; Smith/Katzenbach 1993). Deshalb können Diskurs und Dialog hierarchisch-formulierte Vorgaben ergänzen und wo möglich ersetzen. Dies wiederum erschließt Innovations- und Flexibilisierungspotentiale, deren Existenz von der Praxis abgehobene Führungskräfte nur ahnen können (Pfeiffer 1994). Die bürokratische Phantasie geschlossener finaler Lösungen wird ersetzt durch eine prozessuale Offenheit. Nichts ist endgültig, nichts perfekt, alles unentwegt veränderungsbedürftig.[184]

Wo es der Bürokratie um Gesetzesvollzug geht, geht es der WFV nun um Zielerreichung. Geht es der Bürokratie um gleichförmige, kontrollierbare Standards, geht es der WFV nun um lernfähige, flexible Routinisierung. Geht es der Bürokratie um Spezialisierung, geht es der WFV nun um die ganzheitliche Befähigung von Teammitgliedern (Garfield 1995). Geht es der Bürokratie um die Verteidigung hierarchischer Machtverteilungen, geht es der WFV nun um eine kontextbezogene Selbststeuerung und eine breitere Leitungsspanne. Bewegt sich die Bürokratie schließlich in einer Kultur der Formalisierung, so ersetzt Sozialmanagement in der WFV Formalien durch Diskurse, verdrängt formale Übersteuerung durch Kommunikation. Während Bürokratien versuchen, im Wandel stabil zu bleiben, eröffnet Sozialmanagement in WFV die Möglichkeit, den eigenen Wandel gewissermaßen „via Monitor“ mitzusteuern.

4.2.3. Personalentwicklung - Human Resources Management

Das Personal der WFV bedarf besonderer Qualifikation, Einschulung und Fortbildung. Dies ist im Rahmen der WFV von den Führungskräften eigenständig (Müller 1996) zu besorgen. Arbeiten, Lernen und Verändern der eigenen Organisation gehen dabei Hand in Hand: so wie die vorhandenen Aufbau- und Ablaufstrukturen sozialisationswirksam sind, verändern auch die Lernerfahrungen die Performanz von WFV (Dick 1992). Wenn also eine lernende Organisaton entstehen soll, die sich selbststeuernd permanent den gewandelten Bedürfnissen anpaßt, müssen die MitarbeiterInnen auch in die Veränderungen weitestmöglich einbezogen werden. Zugleich entsteht das Erfordernis, den MitarbeiterInnen allgemeine Managementkenntnisse zu vermitteln (Blume 1993). Ohne Zweifel steigert dies die Anforderungen an die Personal und erfordert von jedem/r MitarbeiterIn eine intrinsische, an der Sache selbst orientierte Motivation.

Mögliche (mikropolitische) Strategien der Personalentwicklung liegen in der professionalisierten Einstellung von Personal, in der Wissensvermittlung, die zugleich auch zu Einstellungs- und Verhaltensänderungen führen kann, in der Laufbahn- bzw. Karriereplanung (Mitarbeitergespräch), im Outplacement von Mitarbeitern und schließlich in der Entwicklung einer Projektkultur, in der sich den Mitarbeitern gänzlich neue Qualifikationschancen bieten (Verwaltungsakademie 1991).

4.2.4. Outputsteuerung

Die derzeitige Logik des Verwaltens ist eine input-orientierte[185] (Wolters/Hartkemeyer 1994), der Fragestellung folgend: wieviel Geld verbraucht werden kann und darf. Die Qualität von WFV wird in der herrschenden Verwaltungspraxis überwiegend danach bemessen, ob sie ihr Geld voranschlagsentsprechend ausgegeben hat. Dabei besagt die Budgetierung anhand von Haushaltsvoranschlagsstellen eben nur, was ausgegeben werden darf, nicht aber, welche soziotechnische Qualität damit verbunden sein soll. Der Haushalt ist folglich rein quantitativ orientiert.

Eine Steuerung vom Output her wäre demgegenüber eher qualitativ, an der *Produkt*- und *Dienstleistungsqualität* orientiert. Sie setzt die Entwicklung eines Systems von Controlling-Kennziffern voraus, die Geld-, Sach- und Dienstleistungen, Interventionen und Hilfstellungen, Anträge und amtswegige Vorgehensweisen, Akten, Fallzahlen, unterstützte Personen in unterschiedlichen Konstellationen, die Dauer und Komplexität der Hilfe bzw. Intervention, den Personal- und Sachaufwand, Wartezeiten und Erledigungszeiten sowie die Fehleranfälligkeit und -häufigkeit in den jeweiligen Bearbeitungsschritten aggregiert (Becker 1994; Horak 1995). Dabei geht es ebensowenig um die weitestmögliche Reduktion des Ausgaben oder die Minimierung von Interventionen wie um deren Maximierung. Die Anzahl, Häufigkeit und Kostenintensität von Hilfestellungen bzw. Interventionen ist kein Kriterium der Qualität sozialer Inklusionsleistungen. Notwendig ist vielmehr eine

Verbindung zwischen Ressourceninput und Leistungsoutput. Dabei müssen sämtliche Aufwendungen (Leistungen, Struktur, Personal) mit der Nachhaltigkeit, Effizienz und Reichweite von Hilfen/Interventionen korreliert werden (Promberger 1995). Kostenintensive Leistungs-, Gestaltungs- und Unterstützungsformen sind nicht per se irrational. Sie rechnen sich in sozialpädagogisch/sozialarbeiterisch zu bemessenden Zeiträumen. Dies zeigen unzählige interne Untersuchungen, die belegen, daß konzertierte, kostenintensive Interventionen auf Basis von vernetzten Helferkonferenzen, die darauf abstellenden, kumulierte Problemlagen ganzheitlich, umfassend und nachhaltig zu lösen, im Ergebnis billiger kommen als sukzessive-kleinweise gewährte Hilfen, welche die Klientel langfristig von der staatlichen Hilfe abhängig werden lassen.

Outputsteuerung bedeutet zugleich auch *Vernetzung* zwischen sämtlichen (potentiell) beteiligten Helfersystemen und Agenturen (Bergold 1993; Bauer 1996). Damit lassen sich einerseits die auf der Zeitachse kumulierten Kosten einer einzelnen Person rekonstruieren, andererseits aufwandsminimierende Formen der *Spezialisierung* und Arbeitsteilung etablieren. Diese Vernetzungen wiederum setzen eine Standardisierung der Erfassung der Hilfsbedürftigkeit, eine gleichförmige Bewertung und *Beurteilung* individueller Desorganisationsphänomene und die transparente Verregelung eines Kanons soziotechnischer Interventionsformen voraus. Öffentliche und private NPOs arbeiten oftmals parallel bzw. überlappend an einem Klienten. Doppel- und Mehrfachbetreuungen münden dabei in kaum steuerbaren Kostenspiralen.

Ein virulentes Problem der Outputsteuerung bleibt die *Transparenz* des Klienten, die ideologisch aufgeladene Figur des „gläsernen Wohlfahrtsempfängers". An dieser Stelle kollidieren die Interessen der WFV mit dem Ethos der Sozialarbeit. Die Sozialarbeit trachtet danach, mit ihren Klienten *Arbeitsvereinbarungen* zu schließen, also Verträge, die zugleich auch eine Verschwiegenheitspflicht konstituieren (Lüssi 1992,208ff.). Freie Wohlfahrtsträger, die mit der Erbringung sozialer Dienst- und Beratungsleistungen befaßt sind, verfolgen zudem das *anwaltliche* Interesse, den *Nutzenvorteil* des eigenen Klienten, die eigene Klientenzahl sowie das Gewicht der eigenen Organisation im Konzert privater NPOs aber auch gegenüber den öffentlichen Subventionsgebern zu erhöhen. WFV trachten demgegenüber aufgrund ihres Auftrags zur *Ausgabenkontrolle* und zur *Disziplinierung* danach, vor allem Leistungsbezüge und die Kosten der sozialen Desorganisation zwecks Kostenvermeidung und Kostenersatz aufzugliedern und letztendlichen Kostenträgern zuzuordnen. Damit ist zugleich auch eine dilemmatische Situation angedeutet: einerseits benötigt die WFV die freien Träger, um Beratungs- und Dienstleistungen zu erbringen, welche die öffentliche Hand festlegt, konzipiert und subventioniert bzw. bezuschußt, andererseits werden diese privaten NPOs auch als Störfaktoren und Problemgeneratoren erlebt, welche aus der Sicht der WFV soziotechnische Probleme durch mangelnde Professionalisierung[186] (Flösser 1994,66 f.), fehlende Rechtskenntnis oder wechselhafte Codierungen der Hilfe hervorrufen. Massiv kritisiert wird die anwaltliche Funktion der privaten NPOs, welche es den WFV strukturell verunmöglicht, Sozialarbeiter und -pädagogen freier Wohlfahrtsträger in das Ermittlungs- oder Entscheidungsverfahren vor der Behörde oder dem Wohlfahrtsträger einzubinden. Demgegenüber bewegen sich diese freien Träger in einem latenten Konkurrenzverhältnis zu den WFV. Hier werden ideologische Projektionen aufgebaut, mithilfe derer die WFV mitunter als willkürlich entscheidende und leistungsverweigernde Organisationen denunziert werden, um das Kooperations- und Vertrauensverhältnis zwischen dem/r SozialarbeiterIn und dem Klienten zu festigen.

Jede Outputsteuerung kann von daher nicht innerorganisatorisch beschränkt bleiben. Sie zielt auf eine weitreichende Verknüpfung und Vernetzung zwischen der Performanz von WFV und freien Wohlfahrtsträgern. Darin artikuliert sich das objektive Interesse der WFV, vertragsförmige und standardisierte Vereinbarungen zwischen beiden Funktionsbereichen zu etablieren.

Exkurs 9: Reduktion der Nichtinanspruchnahmequote

Jegliche Outputsteuerung zielt auch darauf, den Versorgungsgrad wohlfahrtsstaatlicher Leistungen gemessen am errechneten Bedarf (Nichtinanspruchnahme, Fehladressierung, Fehlnutzung von Leistungen) zielgruppen- und bedarfsbezogen zu erhöhen, um die Folgekosten nicht-rechtzeitig, nicht-akkordiert und nicht-geplanter Hilfestellungen zu minimieren. Es kann davon ausgegangen werden, daß (selbstredend unter der Voraussetzung, daß spezifische wohlfahrtliche Interventionen politisch gewollt, rechtlich zulässig und ökonomisch finanzierbar sind) präventive Strategien ein vielfaches kostengünstiger sind als das „Nacharbeiten", welches den Status quo prägt.

Zugleich kann damit einer Kostenentwicklung entgegengewirkt werden, in der immer mehr Steuergeld verteilt wird ohne entsprechende Wohlfahrtsgewinne zu lukrieren. Die zielgruppenexakte Adressierung und Verteilung bzw. Erbringung von Leistungen entlastet zudem die Legitimationsproblematik des WFS, gerade dann, wenn sie Leistungen effektiv, zeitgerecht und mit minimalem „Overhead" zu erbringen ermöglicht.

Eine kontextsensitive und zielgruppenbezogene Mittelverwendung birgt zudem Chancen, die Selbstblockierungen, die durch die Strategien linearen Einsparens hervorgerufen werden, zu entschärfen. Insbesondere können hier Strategien einer schwerpunktmäßigen Umverteilung der (noch) vorhandenen Mittel[187] entwickelt werden.

Unmittelbar in Zusammenhang mit der Herausforderung der Erhöhung der Treffsicherheit wohlfahrtsstaatlicher Leistungen steht auch die Klärung der Frage, in welchen Bereichen Wohlfahrtsmärkte entstehen sollen, welche Leistungen vertraglich ausgelagert („contracting out"), was privatisiert („privatisation") oder wo (semi)staatliche Institutionen miteinander in Konkurrenz treten („compulsory competitive tendering") sollen.

4.2.5. Führungstechniken oder: „The Proof of the Pudding is the Eating"

Von kaum zu übertreffender Bedeutung für die Organisations- und Personalentwicklung von WFV ist die systematische Entwicklung interner Führungskapazitäten (Bichsel 1994; Klages 1991). Die Quintessenz des Führens liegt in der *Kalkulierbarkeit* von Handlungen, der Transparenz und *Professionalität* von Entscheidungen, der Fähigkeit zur *Konfliktmoderation*, zur Fremd- und Eigenmotivation, der Bereitschaft zur *Risikotragung* sowie der Fähigkeit, sich wandelnde Vorgaben *flexibel* zu verarbeiten. Zwecksetzung des Führens ist also einerseits die organisierte Innovation (externe Wirkung) und andererseits die flexible Selbstanpassung der Organisation (interne Wirkung) an veränderten Umwelten.

Sowohl Innovationen als auch flexible Selbstanpassungen freilich gelten im Status quo der Bürokratie oftmals als „subversiv, weil entweder die Rechtslage, der Dienstweg oder die Beschlußlage formell anderes festgelegt haben" (Wolters/Hartkemeyer 1994,49). Noch dazu werden in der *„Mißtrauenskultur ausgeprägter Hierarchien"* (ibid) ungeachtet aller Modernisierungsrhetorik Mißerfolge und Fehler individualisiert und personenbezogen geahndet. Bürokratische Logiken arbeiten mit Elementen wie Schuld und Sanktion. Gefragt wird, wer schuld an Fehlleistungen war, und nicht, was man besser machen könnte, damit sich diese Fehler nicht wiederholen. Praktisch provoziert dies eine Vertuschung von Fehlern anstatt einer systematischen Behebung von Fehlerquellen, führt dies zu einer Kultur wechselseitiger Denunziation und doppelbödiger Kommunikation. Chancen, die mit der Behebung von Fehlern üblicherweise verbunden sind, werden systematisch nicht genutzt. Veränderungspotentiale individuellen Handelns werden auf diese Weise in der blinden Exekution formaler Vorgaben „zerrieben".

Was meint demgegenüber nun die Beschreibung des Führens als *organisiertem Wandel* in WFV, wenn und so weit dessen Zwecksetzung in der organisierten Innovation und flexiblen Selbstanpassung der Organisation an veränderte Umwelten liegt ?

Im Grunde genommen setzt sich die Tätigkeit des Führens aus mehreren Komponenten zusammen, die einmal im Innen-, ein ander mal in Außenverhältnis der Organisation besondere Bedeutung erhalten. Während es im Innenverhältnis eher um operative Elemente wie Überzeugungs- und Konfliktkommunikation, zielbezogenes Anleiten und Entscheiden geht, werden im Außenverhältnis eher strategische Fähigkeiten der Entwicklung von Kooperationsstrukturen, der Früherkennung von Bedarfen, Bedürfnissen, Handlungszwängen und Legitimationskrisen (Servatius 1991) nachgefragt. Während es im administrativen *Innenverhältnis* vor allem um die Fähigkeit zur stringenten *Zielsetzung* und vor allem zur zielorientierten *Umsetzung* von Vorgaben geht, steht im Außenverhältnis die Organisation kommunikativer Schnittstellen sowie die Entwicklung von Formen reflexiver Selbstbeobachtung zur Diskussion. Daneben kommt auch der Ausdifferenzierung von taktischen und strategischen Ressourcen und Fähigkeiten großer Stellenwert zu. Während taktische Fähigkeiten vor allem auf soziale Kompetenz (Verbalisieren, Abgleich von Emotion und Intellekt, „intuitives" Erfassen von Botschaften uam.) abstellen, geht es bei den strategischen Fähigkeiten um die Fähigkeit der vernetzten Handlungsfolgenabschätzung.

Ganz allgemein betrachtet müssen Führungskräfte in jedem Falle:

- Leitideen produzieren („Visionen haben"), Diskursstrukturen schaffen („Sinn machen"), Positionierungen persönlich-authentisch abstecken („echt sein") und schließlich auch Persönlichkeitsentwicklungen ermöglichen bzw. zulassen,
- Organisationsziele, Teamziele und Subjektziele vereinbaren, Standardziele, Leistungsziele und Innovationsziele transparent auseinanderhalten und vermitteln,
- über eine spezifische Kommunikations-, Beziehungs-, Wahrnehmungs- und Lernfähigkeit verfügen sowie
- Spezialisten und Generalisten, Bürokraten und Experten, Sachbearbeiter und Sozialpädagogen absichtsvoll kooperieren lassen.

Wesenhaft müssen Führungskräfte also Ideen, Ziele und Kooperationsvorgaben kommunizieren können. Zugleich ist es als selbstverständliche Voraussetzung zu betrachten, daß Führungskräfte sowohl über juristische (Recht), soziotechnische (Sozialarbeit/Sozialpädagogik) als auch sozioökonomische (Sozialökonomik) Qualifikationen verfügen. Damit nicht genug müssen sie auch auf managementstrategische Fähigkeiten sowie organisations-, handlungs- und subjektbezogene Kapazitäten zurückgreifen können.

Organisationsbezogen erfordert Führen:

- jede Organisationsentwicklung als rekursiven, unentwegt neue Bedarfe entdeckenden Lernprozeß zu sehen, der in einem vorwiegend an sich selbst orientierten, also operativ tendenziell geschlossenen und kognitiv tendenziell offenen sozialen System stattfindet, wobei das Lernmilieu von Entscheidungsstrukturen, Ressourcen, Traditionen, und der Konstellation der Handelnden wie auch der von Lernprozessen Betroffenen abhängig ist,
- die eigene Organisation zum Gegenstand selbstkritischer Reflexion zu erheben,
- die Organisationsentwicklung entlang des Qualitätskriteriums der gelungenen Kombination von operativ geschlossener Fachkompetenz und kognitiv-offener Situationskompetenz voranzutreiben,
- auf das Wechselspiel von fachlicher Steuerung (gutachtliche Stellungnahmen) und prozessualer Steuerung (Moderation/ Monitoring) zum Einsatz zu achten,
- rationale Strategien (Expertenlösungen), Mentalitätsstrategien (Änderung im Bewußtsein, Denken und Handeln von Entscheidungsträgern) und Machtstrategien (Ausübung von Zwang „nach unten“) zu verknüpfen,
- Instrumente der Systemanalyse (Stärken-Schwächen-Analysen, Bedarfsanalyse), der Planung (Konzeption, Fach- und Projektablaufplanung) und Qualitätssicherung (Qualitätszirkel) bedarfsbezogen zu nutzen,
- Schnittstellen zwischen strategischem Controlling (Marktanalyse, Produktanalyse, Budgetanalyse, Qualitätskontrolle als begleitende Steuerung) und operativer Kontrolle (Revision im Sinne nachgehender Analyse und Kontrolle) zu definieren und schließlich

- Kennziffernsysteme für die quantitative Erfassung laufender Erledigungen sowie die Qualitätskontrolle von Dienstleistungen und Produkten, wozu auch Qualitätszirkel und Formen der Qualitätsanalyse zählen, zu entwickeln.

Handlungs- und subjektbezogen bedeutet „Führen" in WFV wiederum:

- moderieren und kommunizieren zu können, Gesprächs-, Entscheidungs- und Konfliktlösungstechniken gezielt einzusetzen,
- Konflikte zwischen Akteuren mit gegenläufigen Interessen (auf dem Weg über Situationsbeschreibung, Funktionsbeschreibung, Informationsabgleich, Reformulieren, Vereinbaren, Anweisen, Kontrollieren) zu erkennen und zu moderieren,
- Konflikttypen (Sach-/Personalkonflikte) und Konfliktebenen (handlungsbezogene in überschaubaren Beziehungen, gruppendynamische in Beziehungsgeflechten, organisatorische, politisch-administrative uam.) auseinanderhalten zu können sowie
- Interventionstechniken (paradoxe Intervention, körperbezogene Intervention, Konfusionstechniken, normative Intervention) gezielt und reflexiv einzusetzen.

Kurz: auf der Ebene sozialer Interaktion im Inneren der Organisation bedeutet Führen, die richtigen Dinge zu tun, die richtigen Dinge rechtzeitig zu tun und diese richtigen Dinge rechtzeitig ohne Überforderung der Teilnehmer einer Organisation richtig zu tun (Dürig 1993). Es geht dabei allemal um konkrete Menschen – und damit um die „Vermittlung von Kopf und Hand" (U.Jaeggi), also Denken und Handeln, um die gezielte Entwicklung von subjektiven Fähigkeiten zur Produktion und zum wechselseitigen Verständnis von zielorientierten Handlungen sowie um die praktische Umsetzung von Entscheidungen, Auftragsvergaben, Delegationen (Steinle 1993) oder Kontrollaufgaben.

Im Hinblick auf die konkrete Führungsperson setzt die Arbeit des Entscheidens allemal Charisma und Leitersubjektivität (Steyrer 1995) voraus, wozu gerade auch die Fähigkeit zählt, konstruktiv zu kritisieren und selbst Kritik nicht nur auszuhalten sondern auch umzusetzen zu können. Im Hinblick darauf kann Führen auch als Herstellung von

Nachvollziehbarkeit und Folgebereitschaft verstanden werden. Gerade Entscheidungen müssen kalkulierbar und Delegationsketten nachvollziehbar sein.

Diesen vorwiegend im Innenverhältnis bedeutsamen Fähigkeiten, Kapazitäten und Ressourcen stehen ebensolche gegenüber, die insbesondere im Außenverhältnis der WFV relevant werden. Dazu zählt vor allem:

- Krisen in ihrer qualitativen (passager/verstetigt) und quantitativen (Betroffenheit) Dimension zu erkennen und strategisch durch Innovationen auflösen zu können,

- unterschiedliche funktionale Rollensegmente z.B. in der Konfliktsituation zwischen WFV und freien Wohlfahrtsträgern zu erkennen, zu verstehen und zu nutzen,

- kompetent mit Elementen der Öffentlichkeitsarbeit sowie des Produkt/Leistungsmarketings umzugehen,

- spezifische Wertkriterien und den Wohlfahrtsnutzen der erbrachten sozialen Leistungen zu vermitteln,

- adressatenspezifisch zu kommunizieren (je nachdem ob es um politische Eliten, Medien, Verwaltung, freie Träger oder die Nutzer von Dienstleistungen geht), wobei vor allem einschlägige Techniken der programmatischen Kommunikation mit politischen Eliten (eingängige Informationsgestaltung, Aufbereitung von Pressekonferenzen) gefordert sind,

- die unterschiedlich ausgeprägten Fähigkeiten und Möglichkeiten der Adressaten zum Verstehen problembezogener Informationen zu aktivieren, sowie schließlich

- Marketing und Öffentlichkeitsarbeit unmittelbar mit den Bedarfsanmeldungen der Sozialplanung zu verknüpfen.

Damit sollte greifbar geworden sein, daß sich die Tätigkeit des Führens in WFV nicht einfach in der Erteilung von Weisungen, der Anleitung, der „Dienstaufsicht" oder „Fachaufsicht" erschöpft, sondern ein komplexes Geflecht aus internen und externen, taktischen und strategischen, handlungs- und fachlich-entscheidungsbezogenen Elementen verkörpert.

4.2.6. Sozialplanung

Das Instrumentarium des Sozialmanagements in WFV und die Institution der Sozialplanung können nicht ohne wechselseitigen Bezug gedacht werden. Denn jegliche Sozialplanung zielt notwendigerweise auf soziale Nahraum-, Entwicklungs- und Infrastrukturplanung. Ihre Gütekriterien lauten folgerichtig Integration, Interdisziplinarität und Betroffenenorienierung (Feldmann 1986,17 ff.). Ihre Zwecksetzung ist, innerhalb der Vorgaben wohlfahrtspolitischer Zielsetzungen soziale Räume und Lebensverhältnisse systematisch zu erfassen. Sie soll Mängellagen sozialer Entwicklung – die Entstehung sozialer Brennpunkte, das Bestehen von Infrastrukturdefiziten, riskante Dynamiken sozialen Wandels – aufzeigen, das Bedarfsprofil sozialer Leistungen analysieren und vor allem die Abfolge von Planungsentscheidungen organisieren (Breitkopf 1990). Insofern hat die Sozialplanung soziale Bedarfe und Bedürfnisse näher auszubuchstabieren, qualitative Kriterien der wohlfahrtsstaatlichen Zielerreichung zu formulieren und die zielgruppenorientierte Erfassung durch Institutionen, Einrichtungen und Anlaufstellen zu beschreiben. Im Grunde genommen ist es Aufgabe der Sozialplanung, die vorhandenen Wohlfahrtsprogramme zum sozialen Strukturwandel (zerfallende Kleinfamilienstruktur, gesteigerte Mobilität, anwachsende Erziehungsprobleme) ins Verhältnis zu bringen (Dewe 1991). Sie hat dabei zu analysieren, in welcher Form sich die sozialen Prozesse der Individualisierung, Heterogenisierung und Pluralisierung in der Performanz des WFS abbilden. Sie soll die konkreten Effekte und Verteilungswirkungen der durch den Wohlfahrtsaufwand ermöglichten Transferleistungen beleuchten (Dimmel 1995), zugleich aber auch die Konsequenzen der eigenen Planungsleistung und Planungsfolgen kritisch hinterfragen (Halfar 1987).

Während also das interne Controlling von WFV das innere operative Geschehen im Wege von Soll-Ist-Vergleichen aufarbeitet (wird das gesetzte Ziel erreicht ?), kann das Instrument der Sozialplanung als Rückmeldungsfühler der WFV nach außen verstanden werden (verändert die Intervention möglicherweise die ursprüngliche Zielsetzung ?). Dieser Fühler ermöglicht es im Idealfall, die Wirkungen wohlfahrtsstaatlicher Interventionen zu katalogisieren, zu systematisieren und auszuwerten. Das Instrument der Sozialplanung kann zugleich aber auch als „Stabstechnologie“ der internen Implementationsforschung dienen. Als solche ermöglicht sie durch das Beobachtungsfenster der Bedarfs-, Bedürfnis- und Wirkungsforschung das materielle Controlling laufender Angelegenheiten und unterstützt damit die Fachaufsicht durch eine systematisierte Erfassung und Auswertung von Steuerungs- und Vollzugsmängeln.

4.2.7. Reform des Wohlfahrtsrechts

Sämtliche Management- und Implementationsleistungen sind fraglos vom normativen Rahmen und von den rechtlichen Ressourcen, die das Leistungsgeschehen im WFS prägen, abhängig. Nun ist das Wohlfahrtsrecht in hohem Grade heterogen, vielgestaltig und doktrinär oftmals in sich widersprüchlich (Ewald 1986): so finden sich strikt konditionale („wenn>dann“-förmige) Programmierungen vielgestaltig unverbunden neben final-zweckhaften („um-zu“-förmige) Programmierungen (Luhmann 1993,195ff.). Hoheitliche Leistungsbereiche mit Pflichtleistungen stehen relativ unverbunden neben privatwirtschaftsverwaltungstechnischen Bereichen, die mit Kannleistungen arbeiten. Generalklauseln, unbestimmte Rechts- und Ermessensbegriffe, prozedurale und organisationelle Standards prägen eine Programmkultur (Denninger 1989; Aubert 1988,32ff.; Cranston 1985,246ff.), deren Praxis dezisionisch-einzelfallbezogen bleibt. Ob und welche Leistungen jemand erhält, ist abhängig von seinem Wohnort (Bundesland), den eingespielten Rechtspraktiken der jeweiligen Bezirksverwaltungsbehörde sowie der Befindlichkeit des amtswaltenden Beamten.

Gerade diese Struktur war und ist ursächlich dafür, daß im Wohlfahrtsrecht bislang nicht entsprechend verarbeitet wurde, daß Formen der sozialen Randständigkeit zunehmend in sich selbst verstärkenden Kumulationsprozessen entstehen, daß sie in den Biographien ganzer Milieus nachgerade regelhaft, zunehmend auch in Mittelschichten, entlang sozialökonomischer Krisenprozesse und sowie regional-massiert in Erscheinung treten (Twine 1994,97ff.). Ebensowenig wurde im Rechtsprogramm des WFS angemessen verarbeitet, daß die zivilgesellschaftlichen Legitimitätsressourcen schwinden, die erforderlich sind, um Problemstellungen wie die soziale Auffälligkeit von Jugendlichen oder die Arbeitsmarktintegration von psychosozial Behinderten auch in atypischen, unkonventionellen und kostenintensiven Formen überhaupt bearbeiten zu können (King/Trowell 1992). Tatsache ist, daß sowohl die Toleranz gegenüber als auch die Verteilungsakzeptanz von wohlfahrtsstaatlichen Maßnahmen sinken.

Zudem erweist sich aus der Perspektive der Thematisierung und Mobilisierung aber auch aus dem Blickwinkel der Implementation das Wohlfahrtsrecht in vielerlei Hinsicht als *„totes Recht“*: bestehende Rechtsansprüche werden nicht gewährt (Coullery 1993; Riedmüller 1988; Münder 1988), Interpretationsspielräume werden äußerst unprofessionell genutzt und die Verfahrensordnung operiert mit der handlungsanleitenden (gleichwohl irrigen) Annahme, die Klienten des WFS seien überwiegend strategisch handelnde, klare Kosten-Nutzen-Kalküle verfolgende Antragsteller (Habermas 1992,516ff.). Faktisch ist dem eben nicht so. Dort, wo die Klientel des WFS nicht ohnehin Objekt von Interventionen ist, nimmt gerade dort, wo eigentlich Rechtsansprüche durchzusetzen wären, die Mobilisierung von Verwaltungsrecht deshalb oftmals die Form eines „Bittgangs zum Recht“ (Mäder/Neff 1990) an.

So deutlich diese – Handlungsmöglichkeiten ungleich verteilende – Konstellation rechtlicher Ressourcenverwendung den Handlungsspielraum der Verwaltung erweitert, so in sich widersinnig und kontraproduktiv sind deren Folgen. Denn die Sprache des Wohlfahrtsrechts ermöglicht es der Klientel in einer ganzen Reihe von Bereichen nur unzureichend oder eben gar nicht, ihre spezifischen Bedarfe und Bedürfnisse zu formulieren. Dies ist insbesondere dort kontraproduktiv, wo Leistungen gar nicht, falsch-adressiert, zu spät, zu kurz oder im Niveau falsch angesetzt werden. In diesen Fällen nämlich stützt das Recht die Entwicklung adäquater Interventionslogiken und Handlungsweisen nicht, sondern verhindert diese geradezu. Diese buchstäbliche Klientenferne des Wohlfahrtsrechts ist ursächlich dafür, daß Leistungsauslöser und -formen einerseits zu kompliziert gehalten sind, andererseits zu flexibel interpretierbar bleiben, um die Fairness des Verfahrens zu gewährleisten. Das geltende Recht *ermöglicht* bloß in einer noch dazu verhältnismäßig *abstrakten* Weise die Wahrnehmung, Verarbeitung und Aushandlung von Inklusionsaufgaben, sozialen Bedürfnissen und Bedarfen, verbürgt diese jedoch nicht. Zudem stellt der operative Schwerpunkt – also der alltäglich-praktische „Geltungseinsatz" des Rechts – auf eine reaktive wie subsidiäre Einzelfallhilfe auf Basis der Antragstellung Betroffener ab. Dies aber ist weder sinnvoll, zielführend noch ökonomisch rational.

Es spricht sohin einiges dafür, daß der geltende rechtliche Operationsmodus mit seinen konditionalen Leistungsauslösern, seiner mangelhaften Nutzerfreundlichkeit und einem hohen Fehladressierungsrisiko veränderungsbedürftig ist – zumal er eben überwiegend Leistungssätze, nicht aber Ziele vorgibt, die wenn auch nur näherungsweise zu erreichen sind. Zugleich erscheint hier auch die Vorgabe der Mittelwahlfreiheit, welche die Behörde in die Lage versetzt, die Art und Weise der Leistungserbringung weitgehend ohne Rücksichtnahme auf Wünsche, Bedürfnisse und Lebenswelten der Klientel zu erbringen, in einer schiefen Optik.

Was nun könnten die allgemeinen Zielsetzungen und Parameter dieser Reform des Wohlfahrtsrechts sein ? Auch wenn man die ideologischen Implikationen der jeweiligen Umbauoptionen des WFS beiseite läßt und sich der Fragestellung strikt pragmatisch nähert, so müßte – gerade bezugnehmend auf die von PraktikerInnen formulierten Reform- und Anpassungsbedarfe der WFV – das Wohlfahrtsrecht Flexibilität, Innovation und Anpassung fördern (Preuss 1989). Es müßte kleinräumige, vorübergehende Lösungen ermöglichen und trotzdem in jeder Phase seiner Performanz rechtsstaatlich kontrollierbar bleiben. Es müßte zugleich die Kooperation zwischen flexiblen, lernenden und dezentralen Einheiten fördern (Hunt 1993,301ff.). Diese Anforderungen lassen sich unterhalb dieser eher abstrakten Zielebene auch mithilfe von operationalen Kriterien näher beschreiben, um in weiterer Folge die Qualität wohlfahrtsstaatlicher Rechtskulturen operational bemessen zu können. Recht sollte (könnte) demnach

- eine effektive, zielgruppenorientierte, demokratie- und sozialverträgliche Adressierung von Leistungen ermöglichen,
- die situative Aushandlung maximaler Qualität und vertretbarer Kostenaufwände im Vergleich zwischen administrationsinternen Lösungen und Lösungen auf Wohlfahrtsmärkten ermöglichen,
- ein effektives Controlling der Leistungserbringung sowohl im Rahmen von Behörden als auch von freien Wohlfahrtsträgern ermöglichen,
- Leistungen über unterschiedliche Funktionsbereiche des WFS hinaus vereinheitlichen, institutionelle Verknüpfungen und Standardisierungen fördern,
- die institutionalisierte Reflexion, die begleitende Steuerung und Planung der Leistungserbringung ermöglichen,
- der lebensweltlichen Logik der Klientel angepaßte Verfahrensformen mit niedrigen Zugangsschwellen und zielgerichteter Manuduktion durch die Behörde vorsehen,
- zur (Re)Professionalisierung der Akteure (Administration und Externe) beitragen und schließlich
- der Entbürokratisierung bzw. Verflüssigung der Verwaltungsabläufe nicht entgegenstehen.

Diese Reformbedarfe und Kriterien einer Wohlfahrtsrechtsreform deuten darauf hin, daß Modernisierungschancen des Rechts im WFS zum ersten in der *normativ*-gesteuerten *Vernetzung* unterschiedlicher Sozialrechtsbereiche und Leistungsebenen (Münder 1988), zum zweiten in der *Standardisierung* von Leistungen und Diensten, zum dritten in der *Professionalisierung* der Leistungs- und Dienstleistungserbringung, zum vierten in der Verabschiedung eines adaptierten, „bemächtigenden" *Verfahrensrechts* (Sousa Santos 1995,403ff.) und zum fünften in der *Kodifikation* der rechtlichen *Leistungsauslöser*, z.B. in der Neuregelung der jeweiligen Sozialrechtsmaterien auf Länderebene liegen:

❑ *Vernetzung* von Recht würde bedeuten, die derzeit noch unverbundenen Organisations- und Leistungsstrukturen (Wohlfahrtsrechtsmaterien der Länder, Steuerrecht, Exekutionsrecht, Unterhaltsrecht, Wohnrecht) zueinander rechtlich und systematisch anschlußfähig zu gestalten. Vernetzung zielt darauf, daß das Leistungssetting zwischen den einzelnen Netzen miteinander systematisch abgeglichen wird. Derartige Verknüpfungen fänden, auch unter Berücksichtigung datenschutzrechtlicher Bedenken ihre Rechtfertigung in einer gesteigerten Transparenz der jeweiligen Nutzen, die aus Transfers und Unterstützungsleistungen gewonnen werden. Letztlich ließen sich hierüber Rückschlüsse auf die Effizienz der Maßnahmen eines Leistungssystems im Hinblick auf die Auswirkungen in der jeweiligen Systemumwelt anstellen.[188]

Vernetzung impliziert also nicht nur eine normativ-klare Arbeitsteilung[189] zwischen den jeweiligen Systemen, sondern auch eine gesteigerte Transparenz von Leistungen und deren Nutzenverteilung[190]. Bislang sind ganze Helferkulturen entstanden bloß als Reaktion auf das defizitäre, normativ nicht abgestimmte Agieren von Subsystemen im WFS. Rechtlich-gesteuerte Vernetzung hätte zudem den Vorteil, daß am konkreten Klienten im Zeitablauf Inputs, Dienstleistungen und Aufwendungen in individualisierten Aufwand/Ertrag-Rechnungen dargestellt werden können. Das würde einerseits die Trennschärfe sozialarbeiterischer Prognose erhöhen, andererseits die Etablierung einer Kosten-/Nutzen-Perspektive ermöglichen. Vernetzung bedeutet aber auch, klare Aufgabenzuordnungen und Arbeitsteilungen zwischen den einzelnen Beratungs- und Betreuungseinrichtungen vorzunehmen. Derartige Ansätze zur Steigerung der Effizienz von Investitionen z.B. in die Hilfe zur Selbsthilfe können zwar die zugrunde liegenden sozialen Probleme nicht ursächlich beheben. Sie können aber die Handlungsspielräume der WFV trennschärfer bemessen.

Der Gewinn durch rechtlich-gesteuerte Vernetzung besteht folglich in einer Rationalisierung der Leistungserbringung. Dies kann entweder in Form einer Leistungssteigerung bei gleichem Ressourcenaufwand oder in einer Beibehaltung des Leistungsniveaus trotz reduziertem

Aufwand der Fall sein. Beide Optionen sind für die auf Einsparungen programmierte WFV von Interesse. Vernetzung bedeutet schließlich auch, ein optimales Maß an Arbeitsteiligkeit innerhalb der beteiligten Organisationen und Institutionen zu etablieren.[191]

❑ *Standardisierung* bedeutet demgegenüber, daß vergleichbare, an sozialarbeiterischen, sozialpädagogischen, finanztechnischen, arbeitsrechtlichen, betriebswirtschaftlichen u.a. Standards gemessene operative Logiken des Rechts etabliert werden müssen. Vergleichbarkeit meint dabei, daß Ämter/Behörden und externe/freie Wohlfahrtsträger mit demselben juristischen Operationsrahmen arbeiten, nicht nur, um die Klientel gleich zu behandeln, gleichartige Probleme gleichartig aufzuarbeiten, sondern auch, um eine möglichst exakte statistische Erfassung der Vollziehung bzw. Implementation von Recht als Planungsgrundlage für die Anpassung des Rechts an die sich wandelnde soziale Realität zu ermöglichen. Jede Standardisierung rechtlicher Handlungsgrundlagen zielt damit auf eine vergleichbare und rationale Problembearbeitung, z.B. durch eine verbindliche Folgekostenorientierung, die berücksichtigt, daß Formen der sozialarbeiterischen Delogierungsprävention deutlich billiger kommen als die Folgekosten des Wohnungsverlustes;

❑ *Professionalisierung* wiederum bedeutet, daß im Wohlfahrtsrecht einheitliche Berufsbilder, sozialarbeiterische und sozialpädagogische Standards inartikuliert werden, die gemeinsam zwischen öffentlicher Hand (Länder und Gemeinden als Wohlfahrtsträger), Leistungserbringern (freie Wohlfahrtsträger) und Wissenschaftsagenturen (Sozialakademien, Universitäten) erarbeitet werden. Maßnahmen zur Professonalisierung verstünden sich insofern als Antwort auf eine zunehmende Reflexivierung des Wohlfahrtsrechts. Nun setzt der adäquate Umgang mit den Ressourcen reflexiven Rechts gerade auf beiden Seiten – sowohl bei den Bediensteten von WFV als auch auf Seiten der Klientel – eine gesteigerte soziale und verbale Kompetenz, Verhandlungskapazität, Konfliktfähigkeit und soziotechnisches Wissen voraus, um von den gesteigerten Anforderungen an die Rechtskenntnis erst gar nicht zu reden. Weil dies auf Seiten der Klientel nur unvollkommen falls überhaupt bewerkstelligt werden kann, indizieren reflexive Rechtsformen – gerade im Hinblick auf die behördliche Manuduktionspflicht – eine Kette von Anpassungsleistungen in der Verwaltung, insbesondere was die Mitarbeiterrekrutierung und -fortbildung betrifft. Es liegt zugleich auf der Hand, daß von einer *„lernenden Organisation"* tatsächlich nur dort die Rede sein, wo auch die handelnden Individuen orientierungs-, aufnahmefähig und flexibel sind. Umgekehrt gilt, daß Formen reflexiven Rechts mit aller Wahrscheinlichkeit nicht durch Akteure implementiert werden können, die einer Neigung zur Formalisierung selbst simpelster Abläufe frönen und eine im persönlichen Arbeitsstil Platz greifende Tendenz zur kognitiven Selbstschließung aufweisen, so rational dies auch im Hinblick auf die Reduktion der gesteigerten Umweltkomplexität scheinen mag. Die *„Inartikulation"* von Elementen des reflexiven Rechts in das Wohlfahrtsrecht erfordert auf seiten der MitarbeiterInnen professionalisierte *Innovationsbereitschaft*, unvoreingenommene *Entwicklungsoffenheit* und hohe *Risikoakzeptanz*. Sie setzt buchstäblich Individuen voraus, die nach Argumenten für optimale Lösungen und nicht nach Argumenten für Unmöglichkeiten suchen. Im Grunde genommen verträgt sich der Operationsmodus des reflexiven Rechts also nicht mit einem hierarchisch-monokratischen Verwaltungsapparat, der durch starre Weisungskulturen, organisierte Unverantwortlichkeiten und Disziplinierungsrituale geprägt ist. Mehr noch: reflexives Recht erfordert ein hohes Veränderungs- und Anpassungstempo, fordert unentwegt die Re-Orientierungs- und Reaktionsfähigkeit der Akteure heraus. Demgegenüber funktionieren die herkömmlichen, monokratisch-hierarchischen Verwaltungslogiken in aller Regel so, daß sich die Ausgangslage, bis die Bürokratie Lösungen produziert oder Entscheidungen getroffen hat, längst wieder grundlegend verändert hat;

❑ Die Idee einer Neuregelung des *Verfahrensrechts* zur Erbringung wohlfahrtlicher Leistungen stellt im vorliegenden Zusammenhang darauf ab, daß die Anpassung der Peformanzbedingungen[192] des WFS an den *lebensweltlichen Kontext* der Klientel die Effektivität der Leistungsorganisation und -erbringung (Dimmel 1995b) steigern könnte.

Eine Neuorganisation des Verfahrensrechts hätte dabei zu verarbeiten, daß in einem Gefüge kumulierter, komplex verzeitlichter und heterogenisierter Armutslagen materielle oder soziale Dienstleistungen nicht mehr umstandslos „top-down“ gewährt werden können. Sie hätte auch zu berücksichtigen, daß das zweite soziale Netz mit der ihm bislang zugedachten Funktion als „Geld- und Berechtigungsverteilungsmaschine“ budgetär, strategisch und personell überfordert ist. Die Anforderungen an das Verfahrensrecht dabei sind beträchtlich: es soll bessere Möglichkeiten der *Verkopplung* von *Geld-* und *Dienstleistungen* (Beratung/ Betreuung) vorsehen; es soll neben der herkömmlichen Amt-Klient-Beziehung auch die Möglichkeit von formellen *Ziel-* und *Sanktionsvereinbarungen* unter Einbindung von privat-familiären und professionellen (zivilgesellschaftlichen) Helfernetzwerken ermöglichen; es soll insbesondere über die materiellen Zielkataloge hinaus Handlungskonstellationen und Ressourcen definieren, aus denen sich solche Ziel- und Sanktionsvereinbarungen zusammensetzen; es soll Standards setzen, auf welche Art und Weise die jeweiligen Leistungen erbracht werden und es soll die Interaktion Behörde-Klient im Sinne der Einbringungsgleichheit und der Verteilung von Diskurschancen regeln.

Im Ergebnis geht es z.B. im Bereich der sozialen Dienste (Hauskrankenpflege, Hilfen zur Weiterführung des Haushalts, Familienhilfen) nicht nur um eine Systematisierung der Vielfalt und Vielgestaltigkeit von Diensten und Dienstleistungen sowie um eine spürbare Reduktion der Overheadkosten. Es geht hier auch um die Setzung von *operativen Standards*, von verbindlichen Vorgaben, durchzuhaltenden Kommunikationsformen und Kontrollmechanismen. Im Bereich sozialer Beratungs- und Betreuungsdienste geht es nicht nur um die Entwicklung arbeitsteiliger und zielgruppenbezogener Angebotsstrukturen, nicht nur um die Bereinigung von Doppelt- und Mehrfachbetreuungen. Es geht hier auch um die Setzung von *prozeduralen Standards*, die eine effiziente Bedarfswahrnehmung und -deckung ebenso ermöglichen wie betriebswirtschaftliche und/oder sozialarbeiterisch-sozialpädagogische Professionalität. So geht es im Bereich der anstaltlichen Unterbringung (z.B. von Jugendlichen im Rahmen der vollen Erziehung als Maßnahme des Jugendwohlfahrtsgesetzes) nicht nur um die flexible Verlagerung von Leistungen aus den Heimen heraus (z.B. in Pflegefamilien), sondern auch um die Frage der Berücksichtigung der Interessen von Betroffenen und Beteiligten sowie um eine soziotechnisch-fundierte Prognose.

❑ Der augenfällige Gewinn einer *Kodifikation* des *Landeswohlfahrtsrechts* in einem einheitlichen Landessozialgesetzbuch läge in der systematischen Zusammenfassung bislang uneinheitlich angelagerter Materien (Dimmel 1996b). Zum ersten geht es dabei um die Festlegung einheitlicher, doktrinär geschlossener Leistungsgrundsätze (z.B. Prävention, Krisenintervention, Nachsorge, Amtswegigkeit der Hilfe, Integration, Planungsprinzip, Grundsatz der Qualitätssicherung, Schutz der Integrität von Individuum und Familie, Konsumentenschutz der Bezieher sozialer Dienstleistungen etc.). Zum zweiten erfordern einheitliche Leistungsgrundsätze auch *einheitliche Organisationsstrukturen* (Zuständigkeit, Aufbau- und Ablauforganisation, Qualifikation des Personals, Personalschlüssel je Einheit der Klientel, Kostentragungspflichten), zumal dies die Effektivität der Leistungen sowie die Effizienz der Leistungserbringung steigern würde. Zum dritten geht es in diesem Zusammenhang darum, zwischen den Teilsystemen *anschlußfähige* Leistungs- und *Eingriffsvoraussetzungen* (Aufenthalt, Staatsbürgerschaft, Bedürftigkeit, Erfordernis der Intervention, Subsidarität) zu definieren. Dies würde zugleich auch bedeuten, eher *regelhafte Risiken* (z.B. Wohnen, Überschuldung, Kindertagesbetreuungsbedarf, Heimaufenthalt uam.) aus den Kernbereichen der Wohlfahrt (Sozialhilfe, Behindertenhilfe, Jugendwohlfahrt, Pflege) sukzessive auszulagern. Zum vierten wären im Rahmen einer Kodifikation jeweilige *Hilfeformen* (Geldleistung, Sachleistung, Beratung, Betreuung, Dienstleistung, Therapie, Anleitung und Koordination zur/von Selbsthilfe) sowie die Erbringung (sozialpädagogisch-sozialarbeiterische *Standards*) von Leistungen einheitlich zu regeln. Dies würde zugleich auch bedeuten, den *Zugang* zum *Recht* (Erstanlaufstellen, Soforthilfen, Informations- und Manuduktionspflichten) einheitlich zu gestalten.

4.3. Sozialpolitische Innovationsagenturen

Jegliche Sozialmanagementstrategie erfordert eine permanente Innovation in Abstimmung zwischen der Reorganisation der Aufbau- und Ablauforganisation, der Entwicklung einer fachlich legitimierten Sozialplanung, der Sozialrechts-Reform des zweiten sozialen Netzes und einer begleitenden Evaluation und Implementationskontrolle. Auf der Basis des referierten Befundes über die Pathologien und Fehlleistungen der WFV können die zentralen Elemente und Vorgaben derartiger Innovationsstrategien nur *Entbürokratisierung*, *Planung* und *Steuerung* lauten. Damit ist auch schon angezeigt, daß *Innovation* einen Funktionsbestandteil des *strategischen* Sozialmanagements darstellt, daß Innovation kein kurzfristig einsetzbarer Legitimationsbehelf („Da müssen wir uns halt was einfallen lassen bis sich die Sache wieder beruhigt hat") ist, sondern eine systematisch zu entwickelnde Funktion im WFS.

Zur Realisierung derartiger Strategien scheint angesichts der Komplexität unterschiedlicher Steuerungsvorgaben die Einrichtung einer *Innovationsagentur* zweckmäßig. Diese wäre als Promotor zwischen der WFV und den politischen Eliten anzusiedeln.[193] Eine Privatisierung dieser Promotorenfunktion wie dies verschiedentlich eingefordert wird wäre demgegenüber eine riskante Lösung. Einerseits nämlich könnte die Umsetzung der Empfehlungen dieser Institution aufgrund verwaltungsinterner Koalitionen und Widerstände scheitern. Andererseits ist es grundsätzlich schwierig, Steuerungs- und Reformagenden einer externen Organisation zu übertragen, da dieser die operativen Voraussetzungen des Sozialverwaltungshandelns in aller Regel nicht hinreichend geläufig sind.[194] Es spricht von daher einiges dafür, eine derartige Institution verwaltungsintern, zwischen den beteiligten Gebietskörperschaften, jedoch mit besonderem Status einrichten.[195]

Innovationsagenturen sind in einer auf stabile Machtverteilungen, die Erhaltung von Legitimität und Konfliktreduktion orientieren politischen Umwelt ein Affront. Politiker sehen ihren Entscheidungsspielraum eingeschränkt, Lobbies sehen ihre Interventionsmöglichkeiten schwinden, Verwaltungsspitzen verlieren Macht. Deshalb ist ihr Aktionsradius nachhaltig sicherzustellen. Dies setzt in erster Linie ihre mittelfristige Beauftragung auf gesetzlicher Basis voraus. Erforderlich ist aber auch eine klare Aufgabenzuordnung, die im Steuerungsprozeß nicht mehr einseitig revidiert werden kann. Denn eine wenn auch nur mittelfristige Plan- und Steuerbarkeit kann im Ergebnis nur dann erreicht werden, wenn auch die Beziehungen und Aufgaben der Akteure in Politik, Planung und Steuerung selbst rational plan- und gestaltbar sind. Dies legt eine gewisse Verselbständigung des Entscheidungsprozesses, insbesondere der Aufbereitung von Entscheidungen nahe.

Klärungsbedürftig ist das Verhältnis zwischen Innovation und inneradministrativer Sozialplanung. Während Innovationsagenturen neue Modelle gewissermaßen am Reißbrett auf Basis eines Vergleichs unterschiedlicher Systemlösungen ohne unmittelbare Anwendungsverantwortung entwerfen, besteht die Aufgabe der Sozialplanung einerseits in der begleitenden Reflexion der Auswirkungen bereits geltender Programme sowie in der konkreten Schritt- und Prozeßplanung bei der Implementation reformierend-sozialgestaltender Eingriffe. Während also Innovationsagenturen im Auftrag von Sozialmanagern die Entwicklung adäquater Vertragskonstruktionen zwischen WFV, intermediären Korporationen bzw. freien Trägern und Klienten/Kunden besorgen, evaluiert die Sozialplanung die Performanz, die Umsetzung dieser Verträge, ihren Zielerreichungsgrad und den Grad der damit erreichten Bedarfs- und Bedürfnisbefriedigung.

Einer innovativen Promotoren- und Spielmacherfunktion im Netzwerk käme hingegen die Aufgabe zu,

- die inhaltlichen Grundlagen für die Etablierung einer integrierten mittel- und langfristigen Sozialplanung zu schaffen,
- eine Systematik zur begleitenden Kosten - Nutzen - Analyse als integrierter Kostenrechnung im WFS zu entwickeln,
- Sozialmanagementstandards auf ihre Problemlösungskapazität hin zu überprüfen,

- die Koordinierung interdisziplinärer, bereichsübergreifender Bedarfserhebungen über gegebene Raum-, Organisations- und Verwaltungsgliederungen hinaus zu besorgen,

- Standards für die externe wissenschaftliche Beforschung und die Implementation der gewonnenen Erkenntnisse rechtlicher Rahmensteuerung zu entwickeln,

- die Standardisierung der Personalentwicklung in den Sozialadministrationen voranzutreiben sowie

- für die Schaffung eines einheitlichen Designs der sozialen Dienste Sorge zu tragen.

Das Anforderungsprofil an eine wohlfahrtsstaatliche Innovationsagentur ist demnach vielschichtig: sie soll in jedem Planungs- und Entwicklungsschritt die längerfristigen budgetären und legitimatorischen Vernetzungsgewinne in Form von Kosten-Nutzen-Rechnungen auf einer transparenten Datenlage durchrechnen und Szenarien unterschiedlicher Sozialpolitik/Sozialtechnologie-Entwicklungen im internationalen Vergleich herausarbeiten. Sie soll ein systemisches, ganzheitliches und präventives Denkmuster realisieren – dem Umstand Rechnung tragend, daß fragmentierte Sichtweisen immer auch fragmentierte Lösungen schaffen. Systematische Wohlfahrtsinnovation impliziert also, in Wirkungskreisläufen zwischen Sozial- und Gesellschaftspolitik zu denken. Dies aber setzt eine Abwendung vom unilinearen "Budgettopfdenken" hin zu Konzepten interaktiver, vernetzter Folgekosten und Umwegbelastungsrechnungen voraus. Jegliches Innovationsmanagement basiert damit letztlich auf Zeit- und Entwicklungsperspektiven, die über Wahlzyklen und damit über den Horizont des politischen Systems hinausreichen.

5. Perspektiven auf den Umbau von Wohlfahrtsstaat und Wohlfahrtsverwaltung

Der Sozialstaat steht längst nicht mehr am Vorabend eines epochalen Wandels (Huster 1996), sondern befindet sich bereits inmitten jenes Umbruchs. Nicht nur der Konsens über seine Zwecksetzung bröckelt, auch seine Finanzierbarkeit ist unter den gegebenen Verteilungsbedingungen (Guger 1995) nicht länger gewährleistet. Die Anzeichen mehren sich, daß die Sozialversicherungsgesellschaft den Zenit ihrer Entwicklung bereits überschritten hat. Schritt für Schritt zersetzt die Massenarbeitslosigkeit die Funktionsfähigkeit der kollektivierten Risikoversicherung. Soeben (Januar 1997) hat die Arbeitslosigkeitbelastung in Österreich die magische Grenze von 300.000 arbeitslos gemeldeten Personen überschritten.

Dies hat massive Auswirkungen auf die Performanz des WFS. Denn das erste soziale Netz der Sozialversicherung delegiert immer mehr Risiken durch Leistungskürzungen und -ausschlüsse hinunter in das zweite soziale Netz des WFS der Länder und Gemeinden. Zugleich führen die Entstandardisierung von Lebensläufen und die zunehmende Individualisierung der Gesellschaft zu einer spürbaren Beschleunigung und Heterogenisierung des sozialen Wandels. Auch dies führt zu einer zunehmenden Kostenbelastung der Länder und Gemeinden, verschärft die Verteilungskonflikte und dünnt die Bereitschaft zu aktiver Solidarität als Bindemittel sozialer Integration nachhaltig aus. Der neokonservativ-liberale Zeitgeist vertieft die damit einhergehenden sozialen Spaltungen und Splitterungen, indem er die Funktion des WFS schrittweise zurücknimmt und soziale Sicherungsaufgaben der Familie und/oder dem Individuum rücküberantwortet. Im Wahrnehmungswinkel neoliberaler Ideologen liegt die Bestimmung des WFS nicht länger in der präventiven Vermeidung von Armut, einem professionellen Umgang mit Risiken sozialer Randständigkeit und der Kompensation extremer sozialer Ungleichheit. Vielmehr geht es einerseits um die Organisation des Arbeitszwangs in einem zunehmend flexibilisierten, sozial entsicherten Arbeitsmarkt, andererseits um die Sicherstellung nur noch prekärer Formen materieller Teilhabe für diejenigen, die vorübergehend oder gar dauerhaft ausgegrenzt bleiben. Tatsächlich zeigt eine Fülle von Beobachtungen, daß im herrschenden Verteilungsszenario die bedarfsbezogene, präventive und nachsorgende Einbeziehung hilfsbedürftiger Personen in den gesellschaftlichen Teilhabezusammenhang immer schwieriger wird.

Eingerahmt von dieser Entwicklung haben die im vorliegenden Essay angedeuteten Handlungsspielräume gezeigt, daß in der Organisation des WFS und der WFV eine ganze Reihe von Rationalisierungspotentialen liegen. Quer zur etablierten Konfliktlinie, entlang derer um eine Steigerung/Senkung bestehender Leistungsniveaus und die Sicherung/den Entfall bestehender Leistungsformen gerungen wird, habe ich versucht, das Argument zu entwickeln, daß auch die Art und Weise der Leistungskonzeption bzw. Leistungserbringung entscheidende Auswirkungen auf die Inklusionsleistung des WFS hat. Anhand mehrerer Zugänge und Denkeinsätze wurde dargestellt, daß Management- und Steuerungstechnologien dazu geeignet sind, wenn auch nur bereichsbezogen Leistungsniveaus auch bei sinkender Personal- und Ressourcenausstattung aufrechtzuerhalten. Beschrieben wurde, wie die WFV auch mit gleichbleibender Personal- und Ressourcenausstattung die komplexer gewordenen und zugleich gesteigerten Bedarfe der von sozialer Randständigkeit, Armut und Ausgrenzung Betroffenen zumindest ansatzweise in den Griff bekommen könnte.

Dies lenkt den Blick weg von der (dessen unbeschadet virulent bleibenden, hier aber nicht zur Diskussion stehenden) Umverteilungsfrage und richtet ihn auf die Reform der WFV. Ich meine, daß jegliche Reform des WFS sich nicht an der entscheidenden Frage eines tiefgreifenden Umbaus der Aufbau- und Ablauforganisation der wohlfahrtsstaatlichen Leistungskonzeption und Leistungserbringung „vorbeischwindeln“ kann. Denn nur eine derartige Reform würde tatsächlich realistische Perspektiven eröffnen, mit wachsenden Bedarfen, wachsendem Erledigungsdruck und steigenden Fehlsteuerungsrisiken auch bei sinkenden Ressourcen professionell umzugehen. Freilich, die dahinter liegenden Probleme (Arbeitslosigkeit, Risse im sozialen Netz, mangelnde Verteilungsgerechtigkeit) kann auch eine professionalisierte WFV dem Grunde nach nicht beheben.

Näher betrachtet zeigt sich, daß es zweckmäßig wäre, die Institution der WFV aus dem Kontext und Organisationszusammenhang der Ordnungsverwaltung herauszulösen. Ich habe versucht, das Argument zu entwickeln, daß WFV eigene Strukturen (z.B. Matrixorganisation) und Handlungslogiken (z.B. Fallkonferenzen, Planungsprinzip), benötigen, insbesondere aber einer ihren spezifischen Erfordernissen entsprechenden Aufbau- und Ablauforganisation (dezentrale Ressourcen- und Ergebnisverantwortung) nicht entbehren können. Dazu zählt auch, das Personal von WFV ergebnisorientiert zu entwickeln, spezifische Führungskapazitäten in WFV als administrativen NPOs zu entwickeln und die Bedeutung von Querschnittsmaterien zurückzunehmen.

Im einzelnen ist eine Neugewichtung des Verhältnisses von Sozialpolitik und Sozialverwaltung, aber auch von WFV und externen freien Wohlfahrtsträgern erforderlich. So ist im Kontext der „Lean-Administration"-Debatte darauf zu drängen, daß sich die WFV zunehmend auf die Rolle der Konzeption und finanztechnischen Abwicklung von sozialen Dienstleistungen beschränkt und die Leistungserbringung so weit irgend möglich in Institutionen der Zivilgesellschaft auslagert. Im hoheitlichen Vollzugsbereich wiederum geht es darum, Formen der Kooperation, der ergebnisorientierten Aushandlung von abgestimmten Leistungssettings zu entwickeln.

In rechtspolitischer Hinsicht wiederum muß es darum gehen, daß der WFS eine selbstverständige *Transparenz* gegenüber seiner Klientel und Umwelt etabliert. Dies vorausgesetzt, kann er institutionell Selbsthilfe und Selbstmanagement nur dann fordern, wenn zugleich auch die handlungsleitenden Grundsätze der Prävention, der Handlungsfolgenabwägung, der nachgehenden Sicherung sowie der sozialen Inklusion rechtlich-verbindlich rubriziert sind. Programmatisch ist zugleich über sämtliche Leistungsformen hinweg für *einheitliche Leistungsvoraussetzungen* zu sorgen.

Zugleich ist die Implementationsstruktur des Rechts dergestalt vorzuordnen, daß Zielgruppen und Risiken entsprechend dem tatsächlichen, d.h. empirisch reflektierten gesellschaftlichen Strukturwandel innerhalb der drei Lebensphasen (Kinder/Jugendliche – Erwachsene/Randgruppen – Senioren) sinnvoll differenziert werden können. Damit steht wiederum eine Organisations- und Ablauflogik im Raum, die quer zur derzeitigen Vollziehungslogik (ein/e Amt/Dienststelle – ein/e Gesetz/Norm) liegt.

Lebenszusammenhänge können unter diesen Voraussetzungen auf normativer Basis sozialtechnisch und sozialpädagogisch so rekonstruiert werden, daß die rechtlich gestützte *ganzheitliche* Verarbeitung von Lebenslagen möglich wird. Dies berücksichtigt, daß Sozialhilfebedarfe, behindertenspezifische Bedarfe, Pflegebedürftigkeit, Maßnahmebedarf der Jugendwohlfahrt oder Maßnahmenerfordernisse der sozialökonomischen Arbeitsbeschaffung nicht erst im Familienkontext des Klienten zusammenlaufen. Sie können vielmehr absichtsvoll vom Leistungserbringer bzw. der vollziehenden Behörde *aufeinander abgestimmt* werden. Dies ermöglicht auch, die zur Rede stehenden Interventions- bzw. Hilfeformen (Geld- oder Sachleistung, Beratung oder Betreuung,Therapie oder Subsidiarität, Fremd- oder Selbsthilfe) im Kontext der Leistungsadressaten im betroffenen System, in der Umwelt des/r Hilfeempfängers/in zu sehen.

Das Prinzip der Ganzheitlichkeit bedeutet ferner, daß Problemtransfers zwischen einzelnen Systemen bzw. Ämtern durch gesteigerte Empathie oder die funktionale Verknüpfung von Vollzugszusammenhängen ausgeschlossen werden. Und es impliziert schließlich auch, mit dem Paradox der Entprofessionalisierung zu brechen, Qualifikationsstandards für Mitarbeiter, Performanzstandards für Leistungserbringungen und Verfahrensstandards für Kommunikation zu etablieren. Dazu wiederum zählen nicht nur geeignete Verfahrensformen im Bereich der Leistungserbringung sondern auch vertragsförmige bzw. längerfristige Finanzierungen und Einbindungen der freien Wohlfahrtsträger. Außerhalb der WFV eröffen sich zugleich damit Perspektiven auf „*policy-mix-strategies*" einer gesteuerten und integrierten Verknüpfung von stationären und ambulanten Leistungen, auf die Nutzung von Selbsthilfepotentialen oder auf die Verknüpfung von hoheitlich erbrachten Pflichtleistungen und privatwirtschaftlich angebotenen sozialen Diensten.

Die Zeit freilich drängt. Denn Dynamiken der sozialen Desorganisation- und Desintegration sind nicht einfach beliebig umkehrbar. Während seit Anfang der 90er Jahre über eine weitgehende Reduktion des Wohlfahrtsaufwandes nicht mehr bloß räsoniert wird und während eine prozyklische, Armutsrisken eher verstärkende denn abfedernde Politik in den letzten Jahren an Konturen gewinnt, vertiefen sich gesellschaftspolitisch-autoritäre Tendenzen. Armut und Substanzverluste der Demokratie gehen Hand in Hand. Noch handelt es sich bei den allmächtigen Beschneidungsphantasien am WFS überwiegend um Legitimationsrhetorik. Bestrebungen, den Boden sozialtechnisch-abgewogener und vor allem demokratisch-legitimierbarer Maßnahmen zu verlassen, sind freilich schon sichtbar. Sie reichen von der Vorstellung von Zwangsarbeit für Sozialhilfeempfänger bis hin zur kalten Ausgrenzung durch die sukzessive Marktpreisorientierung sozialer Dienste.

Dennoch, die Reformchancen stehen nicht schlecht. Die allgemeine öffentliche Verwaltung steht vor ihrer bereits mittelfristig absehbaren Unfinanzierbarkeit. Zu viel Personal, zu viele Aufgaben, zu viele und zu komplizierte Gesetze tun das ihre dazu. Augenfällig sind die bisher präsentierten Konzepte zur Aufgaben-, Mitarbeiter- und Leistungsreduktion billig, weil ohne Blick auf Handlungsfolgen gedacht und geradezu simpel gestrickt. Der medienwirksame Affront gegen die Pragmatisierung steht anschaulich für derart kurzsichtige, letztlich nur an Begleiterscheinungen und eben nicht an deren Ursachen rührende Entstaatlichungsbemühungen. Dementgegen täte man gut daran, sich gerade im WFS in dieser Situation von ebenso vernünftigen wie professionellen Kosten-Nutzen-Überlegungen leiten zu lassen, die zugleich auch dem moralischen Kalkül der Wohlfahrt Rechnung tragen.

A. Endnoten

[1] Der vorliegende Text bezieht sich dezidiert nur auf österreichische Verwaltungs- und Steuerungsverhältnisse, wenngleich die referierten Problemstellungen durchaus auch als solche der Verwaltung schlechthin erkannt werden können; vgl. Gerhard Banner / Christoph Reichard (1993).

[2] Zumal ja die vorliegende Arbeit vor allem auf einer jahrelangen Berufspraxis als Amtsleiter des Sozialamtes der Stadt Salzburg an der Nahtstelle zwischen hoheitlichem Vollzug und privatwirtschaftlicher Subventionsvergabe beruht. Es ist dies eine klassische „Sandwichposition" zwischen oftmals unreflektierten gesetzgeberischen Vorgaben, der kritischen Fachaufsicht eines Landesamtes, sozialpolitischen Legitimationsstrategien auf kommunaler Ebene, den irrationalen Kontrollansprüchen der internen Dienstaufsicht, massiven administrativen Vollzugsproblemen, kritische Gegenöffentlichkeiten entwickelnden freien Wohlfahrtsträgern und mitunter schwierigen KlientInnen. Gerade auch deshalb wurde der vorliegende Text auf weiten Strecken aus der Perspektive der WFV selbst verfaßt, orientiert sich weniger an theoretischen Figurationsproblemen und mehr an der praktischen Bedeutung sozialpolitischer Strukturen und Maßnahmen.

[3] Diese schlägt sich in erster Linie als Finanzierungs- und Legitimationskrise nieder (Olk/Riedmüller 1994; Nullmeier/Rüb 1993; Hanesch 1995, Hauser 1995), worauf wir andernorts noch näher zurückkommen werden.

[4] Außerhalb des sozialstaatlichen Sozialversicherungsbereichs werden Wohlfahrtsfunktionen ja von autonomen Ländern sowie von relativ selbständigen Bezirkshauptmannschaften und Gemeinden wahrgenommen. Komplizierend müßte dem noch hinzugefügt werden, daß sich aber auch innerhalb der Leistungssysteme der Sozialversicherung wohlfahrtsstaatliche, bedarfsbezogene (Ausgleichszulage in der Pensionsversicherung) und sozialdisziplinierende Leistungselemente finden. Es finden sich also auch Wohlfahrtselemente im Sozialversicherungssystem - die zudem auch noch regional unterschiedlich vollzogen werden. Die Trennung zwischen Sozial- und WFS ist folglich längst nicht so trennscharf, wie dies die Begriffe vermuten lassen.

[5] Zusätzlich müßte noch Wien als eigene Kategorie herausgehoben werden. Vieles von dem, was für die meisten anderen Bundesländer Organisationsalltag ist, wäre in Wien undenkbar, wohl alleine schon aufgrund der gravierenden Größenunterschiede der Organisationen.

[6] Zum Konzept „Rechtskultur" siehe Gibson 1989; Lind 1994, Plett/ Meschievitz 1991 und Varga 1992.

[7] Wenn also im folgenden von Wohlfahrtsfunktionen die Rede ist, so können jeweils nur Kernelemente der Performanz des WFS beschrieben werden, die real zweifellos regional, institutionell und subkulturell vielgestaltig-unterschiedliche Ausprägung gefunden haben.

[8] Die jeweiligen Wohlfahrtskulturen, die sich längst nicht auf dem Kontinuum Vorarlberg - Wien darstellen lassen, eröffnen gänzlich unterschiedliche Zugänge zum Thema. Erweist sich die WFV einmal als weitgehend transparent, selbstre-

flexiv und mit einem deutlichen Bias in Richtung Privatisierung und „contracting out", so erweist sie sich ein ander mal als intransparent, hochgradig formalisiert und staatszentriert. Logische Gruppierungen lassen sich hier nicht vornehmen. Gerade Wohlfahrtskulturen mit hoher Auslagerungstendenz tragen deutlich zur Rechtsfortbildung im Wohlfahrtsbereich bei. Umgekehrt finden sich Wohlfahrtskulturen, die unmittelbare Steuerung durch die öffentliche Hand vorziehen und organisationsintern ein enormes Maß an Regulierung aufweisen, die Leistungserbringung gegenüber dem Klienten jedoch weitgehend entformalisiert haben.

[9] Verwaltungskulturen scheinen ja in besonderer Weise von einzelnen Personen in Spitzenpositionen und Personenkonstellationen abhängig. Gerade in monokratisch- hierarchischen Systemen sind sie entscheidend für die Entwicklung und Ausprägung von Konflikt- und Diskurspraktiken. So konzise man folglich die jeweiligen Handlungskontexte und -strukturen zu beschreiben vermag; das Ergebnis bleibt immer geprägt von den handelnden Akteuren, ihren persönlichen Geschichten, Motiven, Beziehungsnetzwerken und der kollektiven Mentalität von Gruppen.

[10] Vgl. zu Verwaltungsbegriff, -ressourcen und -aufgaben Wenger 1983; Brünner 1983; Rauschauer/Kazda 1983; Antoniolli-Koja 1986.

[11] Vgl. hierzu Reidegeld 1980; Günther 1990 und Offe 1996a.

[12] Kanon und Methoden der Verwaltung können durch aus dem Fundus betrieblicher Steuerung entnommene Managementstrategien *nicht* einfach *ersetzt* werden, allein schon deshalb nicht, weil die gesellschafts- und demokratiepolitischen Zwecksetzungen und Einschränkungen der Verwaltung nicht beliebig in die Formensprache der Ökonomie übersetzbar sind.

[13] Vgl. hierzu Strehl 1993; Cutler/Waine 1994; Schedler 1995, Gephart 1996.

[14] „Administration" wird hier verstanden als „managing change in pursuit of publicly defined societal values" (Denhardt 1990,43).

[15] „Behörde" bezeichnet hier die Organisationsform einer formal-funktionalen Organwaltung, z.B. die organisatorische Verfaßtheit eines Gesetzesvollzugs qua Bescheid durch Ämter und Dienststellen (Antoniolli/Koja 1986,308).

[16] Selbstredend hängt dies auch vom funktionalen Ort der WFV ab: als Amt einer Landesregierung überwiegen die administrativen, programmformulierenden und -implementierenden Tätigkeiten; im Rahmen einer Bezirksverwaltungsbehörde (Bezirkshauptmannschaft) überwiegt das Element des Gesetzesvollzugs; im Bereich der Statutarstädte wiederum gehen zumeist beide Bereiche (Administration/Verwaltung) nahtlos ineinander über.

[17] Die WFV soll die legislativen Zwecksetzungen sozialer Inklusion einesteils als Norm- und Programmvollzug, andernteils als responsive, bedürfnisorientierte Erbringung von sozialen Dienstleistungen realisieren. Sie soll die programmatisch - abstrakte Formensprache des Sozialrechts mit der komplexen psychosozialen Konstellation im jeweiligen Einzelfall abstimmen. Sie soll auf die jeweilige Situation abgestimmt ein möglichst effizientes Verhältnis zwischen bürokratisch-direktiven (Zwang) und prozedural-aushandlungsorientierten (Hilfsangebote) Interventionsformen herstellen. Sie soll so flexibel sein, daß sie einmal als ho-

heitliche Disziplinaragentur, ein ander Mal als Dienstleister oder Mediator auftreten kann.

[18] Deshalb kann sich der Reformdiskurs im WFS nicht in einer Verbesserung der Implementation von Sozialrecht oder einer Effektivierung der Erbringung sozialer Inklusionsleistungen im Sinne gesteigerter Zielerreichung erschöpfen. Er muß immer auch die Handlungs- und Verhandlungsbedingungen der konkret handelnden Akteure, ihre Interessen und Bedürfnisse, Nutzenkalküle und Bedarfe im Auge haben.

[19] Vgl. zur Reorganisation und Restrukturierung des öffentlichen Dienstes als *Dienstleistungs*organisation Strehl 1993; Osborne/Gaebler 1993; Cochrane 1994 sowie Grandke 1994.

[20] Performanz („performance") kann auch als Verhältnis zwischen der tatsächlich erbrachten Leistung, dem Output eines Systems einerseits und dem Input bzw. den Zielvorgaben andererseits beschrieben werden. Insofern kann der Begriff der Beschreibung des realen Ergebnisses einer Organisation bzw. Institution im Verhältnis zu dem von der Systemstruktur her Möglichen dienen: die Performanz von sozialen Systemen bemißt sich dann an der Befriedigung von Bedürfnissen oder an der Effizienz von Ressourcennutzungen, die Performanz von rechtlichen Systemen bemißt sich an der Erreichung vorgegebener Ziele und Einhaltung prozeduraler Regelungen usw.

[21] Dies ist z.B. dann der Fall, wenn im Wohnbauförderungsbereich soziale Schwäche nicht entsprechend berücksichtigt wird und keine adäquaten Wohngeldregelungen existieren. Wohnprobleme werden dann in die Sozialhilfe verschoben, diese als eine Art „Nebenschauplatz" genutzt. Strittige wohnungspolitische Fragen werden damit armutspolitisch refiguriert, nicht zuletzt auch deshalb, weil sie dort aufgrund der schwächeren Lobbying-Positionen leichter „lösbar" sind.

[22] Die damit verbundene Ritualisierung und Inszenierung entinhaltlichter politischer Auseinandersetzungen kann in Anschluß an Edelman (1976,72ff.) „symbolische Politik" genannt werden.

[23] Der Begriff „Ordnungsverwaltung" bezeichnet im Folgenden das Gesamt derjenigen im internen Verwaltungsaufbau hegemonialen Verwaltungsfunktionen, die öffentliche Ordnungsfunktionen erfüllen und regulär im besonderen Verwaltungsrecht (Paßwesen, Staatsbürgerschaftswesen, Vereinswesen, Gewerberecht, Bau- und Raumordnungsrecht, Berg-, Wasser- und Abfallrecht, Forst- und Naturschutzrecht, Verkehrsrecht, Regelungen der öffentlichen Daeinsvorsorge zur Abwasserentsorgung und Müllabfuhr) angelagert sind (Raschauer 1993).

[24]Die Implementation von z.B. Sozialhilfe- und Behindertenhilfeleistungen im kulturellen und mentalen Gefüge ordnungspolizeilichen Handelns (unerheblich ob es sich dabei um hoheitliche Bescheide oder um Mitteilungen im privatwirtschaftsverwaltungsrechtlichen Kannleistungsbereich handelt) stellt im Organisationshandeln aber auch in der Mentalität der Akteure eine Mischung von kulturell-ideologischen Elementen der Polizeiverwaltung (Repression) und sozialtechnologisch-pädagogischen Elementen der WFV (Hilfe) dar.

[25] Im Ergebnis werden ja sogar Hilfesysteme wie die Sozialhilfe grundsätzlich (freilich nach Bundesländern unterschiedlich gehandhabt) mit demselben formal-verfahrensrechtlichen Instrumentarium vollzogen wie die Gewerbeordnung.

[26] „End-of-the-pipe" meint, daß die WFV in aller Regel dann eingeschaltet wird, wenn sich soziale Risiken in akute Probleme verwandelt haben oder wenn Desorganisationsrisiken bereits eskaliert sind. Hilfe wird gegengleich in der internen Codierung erst ab einem bestimmten Grad der Hilfsbedürftigkeit gewährt, Interventionen erfolgen dann, wenn soziale Systeme wie die Familie bereits erste Anzeichen des Funktionsverlustes oder Zusammenbruchs zeigen.

[27] Der WFS ist deshalb dort, wo rechtsstaatliche Verfahrensbindungen nicht gelten sollen oder können, u.a. umstandslos in den Bereich der Privatwirtschaftsverwaltung ausgewichen. Hier - im Bereich der Kannleistungen - freilich existieren keine durchsetzbaren Rechte, bleiben dem Antragsteller Rechtsmittel gegen die Entscheidungen der Administration versagt. Gewonnen wird dabei zweifellos ein hohes Maß an situativer Entscheidungsflexibilität der Wohlfahrtsträger und der mit der Vollziehung beauftragten Behörden.

[28] Zweifellos aber, und das schwächt das Argument durchaus ab, ist die tatsächliche Rekrutierungspraxis wesentlich heterogener weil überwiegend ungeplant. Auch eigenständig arbeitende, originell denkende und zugleich konfliktfähige Individuen treten als Verwaltungsbedienstete in Erscheinung. Das äußere Bild des Verwaltungspersonals ist vereinfachenden Schematisierungen also nicht zugänglich.

[29] Zumindest dahingehend können sie als selbstreferentielle und sich selbst reproduzierende Systeme (Grunow 1994) verstanden werden, die operativgeschlossene Verarbeitungsmuster entwickeln, welche besagen, in welcher Art und Weise diese Systeme mit ihrer Umwelt umgehen bzw. Umweltprobleme bewältigen.

[30] In dieser Diskurskultur wird gerade die Gegenwehr individualisiert und bleibt richtungslos. Seitens der handelnden Akteure wird oftmals nicht verstanden, warum sich Bedienstete gegen den steigenden Erledigungsdruck, wachsende Fallzahlen pro Referat, permanente Interventionen, ständigen Rechtfertigungsdruck usf. mittels Verweigerung oder Blockierung zu wehren versuchen.

[31] Äußerst unterschiedlich scheinen zudem die jeweiligen Verarbeitungsformen der Krise durch die Wohlfahrtsabteilungen selbst. In einer ganzen Reihe von Bundesländern wird kein Bedarf an einer längerdauernden, fachspezifischen Einschulung neuer MitarbeiterInnen gesehen. Supervision für sämtliche Bediensteten mit Parteienverkehr, komplexe Controllingsysteme, reflexionsfördernde Strukturen in nach Aufgabenbereichen und nicht nach gesetzlich vorgeschriebenen Aufgabenstellungen geordneten Fachbereichen und Teams - all dies sind Organisationsformen, die nicht nur einer monokratisch-hierarchischen Ordnungsverwaltung grundsätzlich fremd sind, sondern oftmals auch von der Wohlfahrtsadministration selbst als nicht erforderlich erachtet werden.

[32] Zum Stellenwert des Controlling-Konzeptes als Element des Führens in der öffentlichen Verwaltung siehe Hadaschik 1993; Ossadnik 1993; Postlepp/Skopp 1993, Scholz 1994 und König 1994.

[33] Vgl. Sützl 1991, 1992.

[34] Dies käme faktisch einer Überordnung der professionellen bzw. Sachautorität über die bürokratische bzw. Amtsautorität gleich und ist folglich aus der Perspektive der Logistik monokratischer Herrschaft gesehen widersinnig; vgl. hierzu Schluchter 1985,145 ff.

[35] Der Term „Bürokratie" bedarf einer begrifflichen Klarstellung: mit dem Begriff *Verwaltung* ist hier der disponierende, geplante und stetige Umgang mit Gütern/Transfers, Gestaltungs- und Dienstleistungen nach vorgefaßten Regeln in staatlichen Institutionen gemeint. Dies schließt sowohl den Bereich der Hoheits- als auch den der Privatwirtschaftsverwaltung mit ein. Verwaltung meint folglich auch die Konzeption, programmgemäße Implementation und bescheidförmige Vollziehung rechtlicher Programme. Der Begriff *Administration* fokussiert dabei insofern auf ein spezifisches Bedeutungssegment dieses Begriffs, als dessen Schwerpunkt auf der Legislativ- und Implementationsphase liegt, also auf der Konzeption und Durchführung von Gesetzen, Plänen und anderen politischen Handlungsprogrammen. Der Begriff *Verwaltung* umfaßt darüber hinaus schwerpunktmäßig auch die unmittelbare Rechtsanwendung im Einzelfall. Der Begriff *Bürokratie* wiederum ist ein idealtypischer Begriff für staatliche Verwaltung, die durch eine hierarchische Befehlsgliederung, durch Gesetzmäßigkeit, Routine und Formalisierung gekennzeichnet ist. Während also der Begriff *Verwaltung* den Bias im Dreischritt „Programmformulierung-Implementation-Rechtsanwendung hat", liegt der Schwerpunkt der Begriffes *Bürokratie* auf der Aufbau- und Ablauforganisation des staatlichen Institutionenapparates.

[36] Wie eine Reihe von Fallstudien im Verwaltungsbereich zeigt, ist die Rekrutierung und Entwicklung von qualifizierten Führungspersönlichkeiten ein neuralgischer Punkt in jedem Modernisierungsprojekt.

[37] Böse Zungen behaupten, die restlichen 20% würden darauf verwendet, diejenigen zu sanktionieren, welche in Verwaltungsorganisationen - zumeist regelwidrig - „etwas weitergebracht" haben.

[38] Daß der Usus, Politikersekretäre nach ihrem Ausscheiden mit Leitungsfunktionen in der öffentlichen Verwaltung zu betrauen, nicht in jedem Fall sachlich gerechtfertigt ist, liegt auf der Hand. Ebenso bedenklich scheint aber auch die Praxis der inneradministrativen Rekrutierung in Führungspositionen: Anciennität, (politische) Botmäßigkeit und Selbstdisziplinierung sind die ausschlaggebende Kriterien der administrativen Auswahl von Führungspersonen.

[39] Leistungen wurden weitgehend nicht im Rampenlicht des medialen Interesses erbracht, die Zahl der Klienten war überschaubar, der Wohlfahrtsaufwand wurde weder dem Grunde noch der Höhe nach grundsätzlich hinterfragt, das Geschäft der Sozialdisziplinierung verlief im wesentlichen kontrollierbar, Managementstrategien waren weder weitläufig bekannt, nachgefragt noch erforderlich.

[40] Die Kosten insbesondere im Bereich der stationären, teilstationären und ambulanten Seniorenversorgung explodieren, die Klientenzahlen (ausgenommen die Anzahl der Sozialhilfeklienten) steigen, Konfliktniveau und - intensität der sozialpolitischen Auseinandersetzung nehmen zu. In regelmäßigen Abständen werden substanzlose Sozialschmarotzerdebatten abgeführt mit dem Ziel, die

Nichtanspruchnahme von Leistungen auszuweiten, Zugangsschwellen zu erhöhen und Abschreckungsmomente zu steigern. Zugleich verändert sich das Erscheinungsbild der bekämpften Armut. Marginalisierung, soziale Randständigkeit und Hilfsbedürftigkeit verwandeln sich in komplexe, verzeitlichte („passagere"; Buhr 1995) Phänomene. An die Stelle der Randgruppen treten verstärkt vormals integrierte Mittelschichten. Auch hierzulande entsteht eine Schicht der „working-poor", die trotz kontinuierlicher Lohnarbeit als arm einzustufen ist. Soziale Reproduktionsrisiken werden zunehmend verflochtener. Schulden, familiäre Gewalt, Sucht, Wohnungslosigkeit, jugendliche Devianz und Arbeitslosigkeit verknüpfen sich zu gesteigert-komplexen Problemlagen. Soziale Probleme aber sind nicht mehr nur entweder mit Geld oder Sozialarbeit zu beantworten. Neue Mittel-Mix-Strategien sind zu erarbeiten, die sowohl auf die fachliche Dreiteilung von Prävention, Krisenintervention und Nachsorge Bezug nehmen als auch den veränderten budgetär-personellen Rahmenbedingungen der öffentlichen Verwaltung Rechnung tragen.

[41] Immer noch gelten die alten Tugenden und Auswahlkriterien, werden die alten Strategierezepte und Steuerungsfiguren „top-down" verordnet, wird es als Sakrileg angesehen, Vorgesetzte zu kritisieren, sind eigenständige Beiträge zur Entwicklung von Organisationen unerwünscht. Wiederkehrend wird von Erfahrungen einzelner Bediensteter berichtet, daß Vorschläge zur Verbesserung der Aufbau- und Ablauforganisation außerhalb der Routine mit Sanktionen und nicht mit Gratifikationen „vergolten" werden.

[42] Die Anpassungsleistung des „linearen Sparens", wie sie seit den frühen 90er Jahren praktiziert wird, kann weithin nicht als professionell bezeichnet werden. Die bisherigen Anpassungsleistungen lagen vor allem in einer Reduktion von Leistungsauslösern, einer äußerst restriktiven Handhabung vorhandener Unterstützungsformen sowie in der materiellen und personellen Austrockung der Hilfensysteme. Damit wurden mehr soziale Probleme geschaffen als vermieden, wurden zwar Kosten externalisiert, soziale Risikoeskalationen aber nicht vermieden.

[43] Zweifellos spielen hier politische, gesetzliche und administrative Gründe, z.B. Geschäfts- und Kanzleiordnungen, Aufgabenverteilungspläne und politische Ressortgliederungen zusammen, sodaß die einzelnen Faktoren nur in ihrem Zusammenspiel sinnvoll dargestellt werden können.

[44] Dem korrespondiert ein wirklichkeitsverengendes Bewußtsein der politischen Eliten vom sozialen Geltungszusammenhang sozialpolitischer Intervention. In Abwandlung einer Bemerkung Haslingers (1987,125) könnte man zur vergessenen Wirklichkeit der Armut hinter der Armutspolitik anmerken, daß die Sozialpolitik, anstatt die soziale Realität zur mehr oder weniger objektiven, vermittelten Folge von Bedürfnissen und Bedarfen zu machen, die subjektiven Bedürfnisse ihrer gesellschaftlichen Qualität entkleidet und verunwirklicht werden, wodurch sich die wahrgenommene soziale Realität in ein gleichsam mythisches Konstrukt verwandelt. Zur diskursiven Kompetenz der Politik siehe im übrigen Pelinka 1995.

[45] Zum intellektuellen und Aspirationshorizont des Funktionärs siehe Peterseil 1992.

[46]Zum Strukturwandel sozialer Armuts- und Reproduktionsrisiken siehe aus der überbordenden Fülle der Literatur Bieback/Milz 1995; Leisering 1995; Wallner 1995; Leibfried/Leisering 1995.

[47] Dies korrespondiert auch dem Motiv zentraler politischer Eliten, der soziale „Schrott" der Leistungsgesellschaft solle der WFV zur möglichst kostengünstigen, öffentlich-unsichtbaren, geruch-, geräusch- und konfliktlosen Entsorgung zugewiesen werden (Nullmeier/Rüb 1993,60ff.).

[48] In einer genuin rechtssoziologischen Perspektive gesehen konnte sich zum ersten keine einheitliche Doktrin bzw. Performanz des Wohlfahrtsrechts ausbilden, zum zweiten konnten die normativen Funktionszusammenhänge sozialer Inklusion nur unzureichend mit den erforderlichen Legitimitätspuffern ummantelt werden, um die anhaltende Krisenentwicklung unbeschadet zu überstehen und zum dritten haben sich die vorhandenen rechtlich-administrativen Systeme und Institutionen additiv, parallel und nicht-aufeinander-abgestimmt entwickelt - und geben insofern Anlaß zu berechtigter Kritik.

[49]Dieser Umstand geht auf zwei institutionelle Tatsachen zurück: einerseits liegt sie in der strukturellen Geschlossenheit und Arbeitsmarktbindung des Sozialversicherungssystems (beschrieben durch: Anwartschaft, Äquivalenzprinzip, Risiko- und Regelfallorientierung) begründet. Diese Geschlossenheit bedeutet, daß hier nur auf bestimmte, formalisiert-erfaßbare Risiken mit standardisierten Leistungen reagiert werden kann. Andererseits findet sie ihre Ursache in der strukturellen Offenheit des WFS. Dieser ist ja (paradoxerweise) berufen, bedarfs- und bedürfnisorientierte Inklusionsstrategien gegen durch ihn selbst nicht steuerbare Reproduktionsrisiken zu entwickeln. Folglich muß er auf extern induzierten Wandel (z.B. die Steigerung der Sanktionen gemäß Arbeitslosenversicherungsgesetz oder die Kürzungen von Einkommensersatzleistungen) kompensierend reagieren; vgl. hierzu Blanke/Heinelt/Macke 1984, Backes/Clemens 1987; Fischer/Talos 1987; Hinrichs 1989; Zilian/Fleck 1990; Mirbach 1993; Kieselbach 1994; Zilian/Malle 1994,212ff.

[50] Prognosen zufolge wird sich die Arbeitslosigkeitsbelastung zumindest auf dem derzeitigen Niveau, einer Gesamtbetroffenheit von 687.000 Personen (1995), einpendeln. Die Betroffenheit könnte Prognosen zufolge für 1996 aber bereits bei über 750.000 liegen. Das wäre dann ein Viertel (!) aller unselbständig Erwerbstätigen. Für eine zunehmend wachsende Bevölkerungsgruppe bedeutete dies eine Entsicherung in Form von wiederkehrenden Arbeitslosigkeitsepisoden: 32% der Arbeitslosen waren schon 1995 mehrfach arbeitslos; und immerhin 21% von ihnen waren bereits langzeitarbeitslos (länger als 6 Monate Vormerkdauer).

[51] Das steigende Arbeitslosigkeitsrisiko geht Hand in Hand mit einer Erosion des Normalarbeitsverhältnisses. Diese Erosion spiegelt sich in einer - als „Flucht aus dem Arbeitsrecht" (K.Firlei) apostrophierten - Zunahme atypischer, deregulierter Arbeits- und Arbeitszeitformen. Beispielsweise stieg der Anteil der Teil-

zeitarbeitenden von 171.000 (1974) auf 293.000 (1992) und 326.000 (1994). 1989 waren bereits 29% aller Frauen teilzeitbeschäftigt.

52 Im Ergebnis geraten Arbeitslosen-, Kranken- und Pensionsversicherung in strukturelle Finanzierungskrisen, kommt es zu einer Selbstschließung des ersten sozialen Netzes. Vertieft wird diese Schließung fraglos durch die Sparpakete 1995/96, die unter Hinweis auf die Erreichung der Maastricht-Kriterien zu einer Verstetigung der Rezession beigetragen haben.

53 Der Befund „Armut trotz Erwerbstätigkeit" fügt sich stimmig in die Architektur der Vermögens- und Einkommensverteilung ein. Unter den Komponenten des Volkseinkommens stiegen 1980-1994 (1980=100) die Besitzeinkommen auf 325, die Gewinneinkommen auf 255 und die Brutto-Entgelte für unselbständige Arbeit auf 217. Die Netto-Lohnquote (bereinigt gegenüber Veränderungen in der Erwerbstätigenstruktur) sank von 52,3 (1970) auf 47,2 (1990). Das monatliche mittlere Brutto-Einkommen der 479.500 Arbeiterinnen lag 1994 bei 12.800.- öS. Der mittlere Stundenverdienst von ArbeiterInnen lag 1994 in der Industrie bei 114.- öS, für Hilfsarbeit bei 87.- öS. 1994 gab es 310.000 Personen (195.000 Frauen und 115.000 Männer), die bei Annahme einer Vollzeitbeschäftigung weniger als 12.000.- Brutto verdienten. Damit würde jeder 10. unselbständig Beschäftigte von einem Mindestverdienst von 12.000.- profitieren.

54 Andererseits liegt dies auch im Funktionieren der Arbeitslosenversicherung/Arbeitsvermittlung selbst begründet. Paradoxerweise nämlich führt Arbeitslosigkeit zu einer Belastung der Arbeitslosenversicherungskonstruktion gerade dann, wenn diese am dringlichsten benötigt wird: die Einnahmen sinken justament dann, wenn die Ausgaben steigen (Lampert 1991,241ff.; Reithofer 1995).

55 So ist das durchschnittliche AlG (NH) österreichweit zwischenzeitig unter den Lebensbedarf der Sozialhilferichtsatzberechnung gesunken (BMAS 1995,44).

56 Je enger das Finanzierungskorsett (unerheblich ob es sich dabei um tatsächliche Finanzierungsengpässe oder um sozialpolitische Verteilungsentscheidungen handelt), desto schärfer werden auch die Sanktionen der Arbeitsmarktverwaltung als Verwertungsagentur der Arbeitskraft (siehe Verlängerung der Sperrfristen im AlVG). 1995 wurden 6.280 Arbeitslosengeldanträge wg. Vereitelung der Arbeitsaufnahme bescheidförmig abgelehnt und immerhin 11.007 mal wurde eine Einstellung wg Kontrollversäumnis verfügt.

57 Deshalb steigt, wenngleich regional äußerst unterschiedlich, die Zahl derjenigen, die voll im Erwerbsleben stehen und trotzdem wohlfahrtsstaatliche Unterstützungsleistungen (Sozialhilfe) benötigen (würden) (Hübinger 1996,174ff.).

58 Dieser Prozeß erklärt auch die zunehmende Konfliktorientierung zwischen Bund und Ländern in sozial- und wohlfahrtsstaatlichen Finanzierungsfragen (Finanzausgleich).

59 Im Wohlfahrtsmodell zielen Forderungen wie diejenige nach Prävention und Ganzheitlichkeit auf eine Vernetzung und Abstimmung aller betroffenen und verfügbaren Hilfensysteme. Sie orientieren dabei auf die Wiederherstellung individueller Selbsthilfe- und Selbstorganisationsfähigkeit in den jeweiligen le-

bensweltlichen sozialen Netzwerken. Diese Grundsätze finden sich als Auslegungsparameter in einer ganzen Reihe von Rechtsgrundlagen.

[60] Damit ist ein komplementäres Funktionsmuster beschrieben. Zum ersten fallen auf diese Weise diejenigen Risken, welche im Sozialstaat nicht erfaßt werden, automatisch dem WFS zur Bearbeitung zu. Zum zweiten ist der WFS unter der Klammer der Inklusion programmatisch offen für neue, bislang nicht sozialtechnisch erfaßte Risken.

[61] Zu den Umrissen der Wohlfahrtsstaatsdebatte in Österreich siehe Matzner 1987; Vobruba 1989; Althaler/Stadler 1990; Wohlgenannt/Büchele 1990; Pratscher 1992; Natter/Reinprecht 1992; Talos/Wörister 1994; Swietly 1995; Kohmaier 1995.

[62]Die Klientel des offenen Sozialhilfebereichs (jüngere Erwachsene, Alleinerzieher, Familien) mußte in der jüngsten Vergangenheit deshalb als Projektionsfläche für Sozialschmarotzer- und Trittbrettfahrerpahantasien zur Verfügung stehen (obwohl real die Seniorenhilfe von den sozialen Diensten bis zur Heimunterbringung der weithin bestimmende Kostenentwicklungsfaktor war), weil sich hinter der Seniorenfrage eben andere politische Kalküle, Wählerstimmen und öffentliche Legitimitätspotentiale verbergen als hinter körperlich devastierten Langzeitarbeitslosen oder alleinerziehenden Müttern (vgl.Kohmeier 1995).

[63] Von konservativer Seite wird dies mit der Zielsetzung verfolgt, jugendliche Arbeitslose, behinderte Personen und ältere, bereits verschlissene Arbeitnehmer verstärkt und vor allem längerdauernd in das soziale Netz der Familie zurückfallen zu lassen, unerheblich, ob diese die ihr aufgebürdete Last auch tragen kann (Williams 1994); von sozialreformistischer Seite wird angestrebt, dem Individualisierungsprozeß innerhalb der Institution Familie durch eine Individualisierung der einzelnen sozialen Sicherungsansprüche zu begegnen (Esping-Andersen 1985).

[64]Gesichtspunkte wie „soziale Gerechtigkeit" und „Hilfe für wirklich Bedürftige" sind kaum noch verhandlungsfähig. Forderungen nach partizipativer Sozialpolitik wurden delegitimiert. Im Ergebnis wird die Befriedigung sozialer Inklusionsbedürfnisse nicht länger als mehrheitsfähig interpretiert (Lange 1992).

[65] Vgl. Guger 1995; Reischl/Panholzer 1995; Wandaller/Höfferer 1995.

[66] Zugleich verfolgt man die Strategie, restriktive Vorgaben und Steuerungsleistungen möglichst „geheim" zu halten. Und nur „off-records" teilt man die Gewißheit, daß von „Moral Hazard" und Trittbrettfahrern nur so lange die Rede sein kann, als niemand weiß, wieviel an wohlfahrtsstaatlichen Transferleistungen an betroffene Individuen, in das Budget von Anstaltshaushalten oder in andere Budgets von Gebietskörperschaften fließt. Denken und Handeln der politischen Eliten fallen hier auseinander.

[67] Im Ergebnis kann derzeit niemand sagen, welche familienpolitischen Leistungen tatsächlich bei welchem Kostenaufwand mit welchem Effekt erbracht werden. Unter diesen Bedingungen eignet sich das „Sozialgeld" herausragend als ideologische Manövriermasse. Ausländer, Arbeitsunwillige oder „überförderte Gruppen" lassen sich dann, auch wenn sie nicht das geringste mit der eigentli-

chen Problemstellung zu tun haben, nutzbringend als Skandalobjekt herausputzen.

[68]Diese Rituale ermöglichen zugleich auch die Erhaltung eines Interessengleichgewichts, in dem alle relevanten politischen Blöcke ihre jeweilige Klientel im WFS befriedigen können. Durchaus folgerichtig treffen Sparstrategien wie auch die ideologisch unterfütterten Projektionen deshalb zuerst diejenigen Populationen ohne Lobby, ohne politisches Gewicht wie Obdachlose, alleinerziehende Mütter und Menschen ohne die Möglichkeit, Öffentlichkeit oder politisches Diskursgewicht zu mobilisieren.

[69] Eine Folge daraus ist, daß die Politik in ihrem (strukturlogischen) Zeithorizont bis zur nächsten Wahl die Bestandsinteressen und Reformbedarfe des sozialpolitischen Systems nicht mehr entsprechend zu erfassen und zu steuern vermag. Zugleich werden Entscheidungsressourcen im Begründungsnotstand unreflektiert zurück in die Verwaltung delegiert, freilich ohne hinreichende Prämissen (Klages 1993)

[70] So werden bspw. die Zusammenhänge zwischen einer flächendeckenden Kinderversorgung einerseits und den sozialen und ökologischen Belastungen des Einpendelns in zentrale Räume, der städischen Verkehrspolitik und der Raumordnung, den korrespondierenden Strategien der Betriebsansiedlung praktisch zuwenig bedacht (Greven 1990).

[71] Schätzungen besagen, daß jährlich annähernd 400 Mio ÖS einschlägige Forschungsaufwendungen in sämtlichen Ländern und Gemeinden als Wohlfahrtsträgern budgetiert werden. Der umsetzbare Ertrag dieser Beforschung aber scheint vergleichsweise bescheiden. Zumeist fehlt es diesen Studien in ihrer konzeptionellen Anlagerung an konkreter Handlungs- und Verwertbarkeitsorientierung. Es werden auch keine Kontrollstudien in Auftrag gegeben. Niemand kümmert die sozialwissenschaftliche Prävalenz (Selbstlegitimierung) der Verfasser dieser Studien. Zumal derartige Studien ja oftmals auf Basis politischer Konzessionen vergeben werden. Tref-fend spricht man diesbezüglich vom Dreischritt „Studie-Pressekonferenz-Schublade".

[72] Auch dies erklärt die ausgeprägte Kultivierung sozialer Dienstleistungsorganisationen, Marketing-Strategien im WFS zu entwickeln: vgl. hierzu Stemmle/Nader/Neises 1992.

[73] Getrieben von der steigenden Aufgabenkomplexität, der Fülle abzustimmender Ziel-Mittel-Mixes und *Präferenzentscheidungen* (z.B. zwischen der Einrichtung von Familienberatungseinrichtungen und Jugendwohlfahrtsmaßnahmen, zwischen öffentlichen Kinderbetreuungseinrichtungen und einkommensergänzenden familienbezogenen Tranfers, zwischen Seniorenheimen und ambulanten Versorgungs- und Betreuungsformen, zwischen extramuralen Nachbetreuungseinrichtungen und anstaltlicher Sozialarbeit) gelingt es den politischen Eliten immer unzureichender, wohlfahrtsstaatliche Innovations- und Handlungsspielräume zu eröffnen, die mit den Flexibilisierungs- und Deregulierungsprämissen einer postfordistischen Staats- und Gesellschaftsformation konstruktiv umgehen; vgl. Pinch 1994.

[74] Dabei spielen freilich auch institutionell angelegte Sollbruchstellen, z.B. die konfliktorische Strategieentwicklung zwischen Wohlfahrtspolitik und - verwaltung einerseits und personelle Problematiken, z.B. die Rekrutierung fachlich geeigneter politischer Eliten andererseits zusammen. Behauptet wird folglich nicht nur eine kognitive Überforderung der Politiker, sondern auch eine systemisch-angelegte Selbstblockierung des politisch-administrativen Systems im WFS. Dabei verweisen die Akteure des politischen Systems auf die eigendynamische und machtorientierte Verwaltung; die Akteure der Verwaltung wiederum verweisen auf die in ihrer Wahrnehmung unrealistischen, von blindem Legitimationsbestreben und Wahlstrategien getriebenen Wünsche der Politik.

[75]Die Anzahl der in der (unvollständigen) StatZA-Statistik erfaßten Personen ist dabei 1989-93 in etwa mit 90.480 gleichgeblieben; auch der Anteil der 29.500 Personen in Heimen und Anstalten ist annähernd gleich geblieben. Die Differenz zur Schätzungszahl ergibt sich aus der fehlenden Erfassung von einmaligen Aushilfen, aus ungenauen Aktenführungen sowie Pflegefällen in psychiatrischen Anstalten.

[76] Mitunter verbergen sich dahinter auch „Hausnummern", da eine Reihe von Buchungen nicht VRV-entsprechend vorgenommen wird, also nicht den geltenden Bestimmungen über die korrekte kameralistische Zuordnung von Einnahmen und Ausgaben der öffentlichen Hand entspricht.

[77]Andere Untersuchungen (Gantner 1994) kommen zum Schluß, daß 71% der Sozialhilfeausgaben im Bereich Heime/Anstalten, 21% als offene Sozialhilfe und 8% im Bereich sozialer Dienste vorausgabt werden.

[78] Das Geflecht staatlicher Kontroll- und Sanktionsträger zieht sich schrittweise und selektiv vom Anspruch umfassender Kontrolle und Disziplinierung zurück, weil eine fundamentale Zielsetzung sozialer Kontrolle, die Normalisierung des Lohnarbeits- und Reproduktionsverhältnisses (Ferchhoff/Peters 1981,147ff.) mit der verfestigten Arbeitsmarktkrise ins Wanken (Schmal 1993) gerät. Deshalb bleibt Modernisierungsgewinn sozialer Kontrolle, die Verknüpfung von „Surveillance and Modernity" (Dandeker 1990), den Modernisierungsverlierern versagt. Die Kontrollpraxis verengt ihr Wahrnehmungsfeld: jährlich entschwinden mehrere hundert Sonderschulabgänger u.ä. Kontrollpopulationen dem steuernden Zugriff der Arbeitsmarkt- und Behindertenverwaltung; werden tausende von potentiellen SozialhilfeklientInnen ohne jegliche Chancen auf dem Arbeitsmarkt aus dem Regelungszugriff der Behörden als nicht reintegrierbar ausgeklinkt und zugleich damit zumeist auch aus dem Hilfensystem nachhaltig ausgegrenzt.

[79] Damit in Zusammenhang hat sich auch die Vorstellung gesellschaftlicher Solidarität grundlegend gewandelt: einer steigenden Menge an z.T. arbeitslosen Schuldnern steht ein Sparkapitalvolumen von 3,5 Mrd öS gegenüber. Demonstrativer Konsum wird kontrastiert durch die stumme Armut der Familien. Neue Spaltungen entstehen zwischen einzelnen Alterskohorten, zwischen unterschiedlichen Bildungsklassen, Lebensstilen und Reproduktionsgruppen.

[80]Während 1995 auf der einen Seite 150 Mrd ÖS aus dem Familienlastenausgleichsfonds entnommen wurden, um vor allem hohe Pensionen von Staatsdie-

nern und den Abgang der Pensionsversicherung der Gewerbetreibenden zu finanzieren, werden die Karenz von alleinerziehenden Müttern oder die Familienbeihilfen von Studierenden gekürzt. Während linkerhand die ökonomischen Privilegierungen der politischen Eliten jedem Vergleich spotten und mancherorts arbeitslose Bezüge an verbeamtete Politiker in der Größenordnung mehrerer Haushaltseinkommen zur Auszahlung gelangen, kürzt man das Arbeitslosengeld.

[81] In dieser Konturen gewinnenden Ellbogengesellschaft denunziert man den sozialhilfebeziehenden Nachbarn als Schwarzarbeiter, den Rollstuhlfahrer als Tachinierer und den geförderten Jugendlichen als drogenabhängigen Kleinkriminellen (Tjaden-Steinhauer 1985; Möhring-Hesse 1995).

[82] Weil das Programm sozialer Inklusion durch Wohlfahrt zugleich immer auch Elemente sozialer Kontrolle enthält, die einerseits die Hilfe von Vorleistungen und aktiver Mitwirkung des Hilfesuchenden abhängig machen und sich andererseits aber auch als soziotechnisch regelnder Zugriff auf allfällige Desorganisationserscheinungen in sozialen Netzwerken und Institutionen wie der Familie verstehen, verfügen Inklusionsmaßnahmen immer über eine freiheitsgenerierende, emanzipative und eine freiheitsbeschränkende, repressive Dimension. Sie entwickeln auf individueller und gesellschaftlicher Ebene jeweils spezifische Auswirkungen. Hier wirkt eine wohlfahrtstechnische Dialektik, eine wechselseitige Bedingtheit von Hilfe einerseits, Überwachung und Kontrolle andererseits (Hanesch 1988).

[83] Ein Ausdruck dieser Strategie liegt im Bestreben des Wohlfahrtsstaates, den Privatwirtschafts- bzw. Kannleistungsbereich stärker zu akzentuieren und damit zu einer Verengung des Zugangs zu durchsetzbaren Rechtsansprüchen beizutragen.

[84] Sogar die vordem von Unterstellungen und abgeforderten Rentabilitätsnachweisen gefeiten Behinderten müssen, wenn die Arbeitsmarkt- und soziale Integration von Behinderten in abnehmendem Maße gelingt, die ihnen zuteil werdende Hilfe argumentieren, im Einzelfall deren ökonomische Rentabilität nachweisen. Daß die Arbeitsmarktintegration Behinderter schwächer wird, zeigt allein schon die Entwicklung der steigenden Ausgleichszahlungen zum Ausgleichstaxfonds oder der verengten Kooperationsbasis zwischen den Behindertenhilfeabteilungen der Länder und des Bundessozialämtern. Dies wird auch ersichtlich an der steten Zunahme des Segments der anstaltlichen Behindertenhilfe, wo es innerhalb des Dreischritts „tagesstrukturierende Maßnahmen – geschützte Werkstätten – Integration am Regelarbeitsplatz“ zu einer Schwerpunktverlagerung zurück in den geschützten Bereich gekommen ist. Am Regelarbeitsmarkt wird parallel zur Verstetigung der Arbeitslosigkeit Nichtbehinderter auf hohem Niveau die Unterbringung von Behinderten zunehmend schwerer.

[85] Dies bezieht sich auch auf qualitative Leistungsstandards, sozialpädagogische und sozialarbeiterische Professionalisierungsvorgaben, das Controlling-Instrumentarium sozialer Dienstleistungen sowie fehlende Standards zur Cofinanzierung zwischen den jeweiligen Gebietskörperschaften.

[86] Gerade weil wohlfahrtliche Interventionen im Einzelfall begründend und verweisend auf ein undurchschaubares Geflecht von a) allgemeinen Verwaltungsregeln (Verwaltungsverfahren), b) wohlfahrtlichen Subsystemen (materielles Recht der Sozialhilfe im Pflicht- und Kannleistungsbereich, in sozialen Diensten, in der Behindertenhilfe, der Jugendwohlfahrt, dem Pflegegeld), c) Leistungen im eigenen und übertragenen Wirkungsbereich der Kommunen, d) Eigenfinanzierungs- und Mischfinanzierungsmodellen zwischen mehreren Gebietskörperschaften, e) beitragsleistungsfreien und Leistungen mit Selbstbehaltregelungen gesetzt werden, blühen die öffentlichen Phantasien und Projektionen über den Mißbrauch der Hilfe.

[87] Dazu kommt dann noch, daß der wohlfahrtsstaatliche Operationsmodus seine Agenda u.a. mit Regelungen des Gewerbe-, Fremden-, Privatinsolvenz- oder Familienrechts verknüpft. So spielen z.B. im Rahmen der Erlassung eines Sozialhilfebescheides denkmöglich das jeweilige Sozialhilfegesetz, das Allgemeine Sozialversicherungsgesetz, das Arbeitslosen-Versicherungsgesetz, die Satzung einer Gebietskrankenkasse, das Mietrechtsgesetz, die Immobilienmakler-Verordnung, die Exekutionsordnung und andere Rechtsmaterien zusammen. Es ist auch gerade diese Komplexität, welche für das Unbehagen am WFS ursächlich ist.

[88] Dies wird anschaulich bei Cofinanzierungen und -leistungen wie der Mitfinanzierung von Transferarbeitsplätzen in den sozialökonomischen Beschäftigungsprojekten der experimentellen Arbeitsmarktpolitik, bei der Heimunterbringung verhaltensauffälliger Jugendlicher oder bei der Supervisionskostenübernahme von Sonderpädagoginnen in einer altersgemischten Kindergruppe.

[89] Freilich können auch „welfarization"-Effekte zu Formen der Nichtinanspruchnahme (Dimmel 1996 d) beitragen: dann nämlich, wenn Klienten durch die unprofessionelle, mangelhaft-implementierte oder durch reaktive „containment-strategies", also Steuerungen über Geld, ohne das zugrundliegende soziale Problem zu berühren, von einer sie demütigend-disziplinierenden Hilfe abhängig werden.

[90] Systematisch läßt sich das Phänomen der Nichtinanspruchnahme unterscheiden in die absolute Dunkelziffer (= die Zahl der berechtigten aber ihre Ansprüch nicht reralisierenden Personen bzw. das Gesamtvolumen eingesparter Transferzahlungen), die temporäre Dunkelziffer (= das Ausmaß der verzögerten Inanspruchnahme), die partielle Dunkelziffer (= die Nichtinanspruchnahme von Teilen der insgesamt zustehenden Leistung) und die differentielle Dunkelziffer (= der ziffern- oder betragsmäßige Umfang der nicht in Anspruch genommenen Leistung im Verhältnis zum tatsächlichen Gesamtaufwand) - vgl. Hartman 1985.

[91] Bei der Entstehung von Nichtinanspruchnahme-Phänomenen spielen die Konstruktion der Hilfe (Systemebene), das bedürftige Subjekt bzw. der Klient (Verhaltensebene), die Vollziehung (Organisationsebene), die Funktion freier Wohlfahrtsträger und die Tragfähigkeit sozialer Netzwerke zusammen; das organisationelle Moment stellt hier also nur einen Faktor unter mehreren dar.

[92] Dazu zählen Familie und Freunde, die vorübergehend Unterkunft bieten oder mit Geld aushelfen. Dazu sind auch Formen subsidiärer Hilfe wie diejenige zu

rechnen, wo Bedarfslagen von aus dem Familienverband bereits ausgeschiedenen Kindern „refamilialisiert" werden, indem die betroffene arbeitslose Person zurück in den elterlichen Haushalt übersiedelt.

[93]Eigene Berechnungen auf der Grundlage von Einkommensdaten und Lebenshaltungskosten aus dem letzten Mikrozensus für die Stadt Salzburg haben ergeben, daß der Berechtigtenkreis zumindest 1,75 mal so groß ist wie die Zahl aller Leistungsempfänger pro Jahr. Gerade in diesem Zusammenhang ist in Rechnung zu stellen, daß die Implementationskultur der Sozialhilfe regional äußerst unterschiedlich und ein dramatisches Stadt-Land-Gefälle der Inanspruchnahme erkennbar ist.

[94]Statistisches Zentralamt: Sozialhilfe 1993, Wien 1995.

[95]Nimmt man die nicht eingerechneten Empfänger in Salzburg-Stadt hinzu, nämlich 5.450 Empfänger in Privathaushalten und 1.020 Empfänger in Heimen, so kommt man auf 96.951 Hilfsbedürftige im Jahr 1993. Freilich bleibt seit geraumer Zeit unwidersprochen, daß hier massive Erfassungsfehler hereinspielen (Köppl/Steiner 1989), sodaß 87.000 Empfänger in der Sozialhilfe-Statistik real 115.000 Empfängern entsprechen. Diese Verzerrung hängt in erster Linie damit zusammen, daß in einigen Sozialhilfesystemen die Empfänger einmaliger Leistungen, aber auch Sozialhilfe-Bezieher in Heimen nicht oder nur teilweise erfaßt werden. Dies hängt aber auch mit den gänzlich unterschiedlichen Zählweisen zusammen. Es werden Antragsteller, bewegte Akten, unterstützte Personen, Antragstellungen und ausgezahlte Leistungen ungleichartig erfaßt. Dies ergibt eine statistische Abweichung von 32%. Umgelegt auf die Zahlen des Jahres 1993 ergäbe das 128.100 Sozialhilfe-KlientInnen.

[96]Vgl. Lutz/Wagner/Wolf 1993; Quelle ist hier der Mikrozensus.

[97]Quelle ist hier die Einkommensstatistik des Hauptverbandes der Sozialversicherungsträger.

[98] Zugleich damit hat sich eine Dynamik der normativen *Unterdeterminierung* des behördlichen Handelns durchgesetzt. Dies wird deutlich an einer Vielzahl von gesetzlichen Verordnungsermächtigungen zur Erlassung von Durchführungsverordnungen seitens der Verwaltung. Es wird aber auch sichtbar an einer Fülle von Generalklauseln, unbestimmten Rechts- und Ermessensbegriffen (Scheuerman 1994).

[99] Hier zeigen sich tiefgreifende Unterschiede in den Wohlfahrtskulturen der einzelnen Länder. Während Kulturen, in denen Verwaltung und Dienstleistung (z.B. über Parteien) eng verflochten sind, ein hohes Maß an Subventionen aufweisen, dominiert in Kulturen mit strengerer Arbeits- und Funktionsteilung zwischen der öffentlichen Hand als Wohlfahrtsfinancier und privaten Wohlfahrtsträgern als Leistrungserbringern Leistungsabrechnungen.

[100] Diese pluralen, kontextorientierten und mitunter auch reflexiven Vertragspraktiken steigern zwar die Modernisierungskapazität und Effizienz der WFV. Sie bergen jedoch auch das Risiko normativer Inkonsistenz, insbesondere dasjenige einer ungerechtfertigten Ungleichbehandlung. Auch wenn Vertragsaushandlungen den Vorgaben „Heterogenität" und „Kontextorientierung" folgen, so müssen sie doch immer auch auf die eigene normative Zwecksetzung Bedacht

nehmen. Zwar kann strategische Flexibilität die Eingriffschancen der WFV steigern, verliert sie aber die Anschlußfähigkeit an den internen Operationsmodus freier Wohlfahrtsträger, kann sie deren Bewältigungskapazität reduzieren (Luhmann 1987,30ff.).

[101] In einigen Bundesländern aber beginnen sich zwischenzeitig Produktdefinitionen sozialer Dienstleistungen durchzusetzen, welche das Anforderungsprofil an freie Wohlfahrtsträger verhältnismäßig klar ausbuchstabieren.

[102] Zugleich sinkt die Wahrscheinlichkeit, daß Bedarfe, die ein freier Wohlfahrtsträger mittels Evaluation seiner eigenen Praxis erfaßt, entsprechend wahrgenommen, rechtlich be- und verarbeit werden (Windhoff-Heritier 1987).

[103]Dazu kommt, daß auch Sozialrechtssysteme, die ein hohes Maß an Partizipation und Außensteuerung ermöglichen bzw. vorsehen, was die Treffsicherheit und Legitimität ihrer Leistungen betrifft, nicht effektiver zu sein scheinen als Systeme, die vergleichsweise (uni)zentristisch, in einem starken Administrationsbias organisiert sind. Es kommt vielmehr darauf an, ob und wie die Handlungs- und Reproduktionsbedingungen freier Wohlfahrtsträger in den Figuren der Kameralistik, Legistik und Soziotechnik, wie sie die Verwaltung gebraucht, diskursiv re-konstruiert werden (Eichmann 1989).

[104] Das führt dazu, daß partikulare Interessen im politischen *Lobbying* der Gesetzgebung sich gegen jedes bessere Argument durchsetzen können. Im übrigen steigen dabei diejenigen aus öffentlichen Geldern subventionierten privaten Wohlfahrtsträger am besten aus, die realiter Vorfeldorganisationen politischer Parteien sind.

[105] Innerhalb der einzelnen Bundesländer werden in ein und demselben Bereich Einrichtungen auf Basis eines Fächers unterschiedlicher Verträge (Subvention, Tagsatz) öffentlich, halböffentlich und privat geführt. Sie unterliegen zudem auch unterschiedlichen Abrechnungsmodi und Vertragsusancen. Noch weiter modifiziert wird dieser Fächer durch die regional unterschiedliche Beschäftigungsdynamik im Bereich sozialer Dienstleistungen (Riede/ Schott-Winterer/Woller 1988), die Infrastruktur sozialer Dienste (Pitschas 1990), den Grad der Formenvielfalt und Polyzentrizität persönlicher Dienstleistungserbringung (Baldock/ Evers 1991), die Größe und das budgetäre Gewicht sozialer Dienste, die Verflechtung von politischen Eliten und Vereinsvorständen sowie durch den Grad gewerkschaftlicher Organisation der Bediensteten freier Wohlfahrtsträger (Becher 1987; Pankoke 1995). Entsprechend vielschichtig gelagert sind die rechtlich relevanten Kommunikations-, Macht- und Entscheidungsstrukturen zwischen Behörden und den jeweiligen freien Wohlfahrtsträgern.

[106] Auch hier scheint eine Differenzierung zwischen Städten und Ländern angebracht: während die Organisation der Stadtverwaltungen vergleichsweise starr und unflexibel-formalisiert ist, operieren die Länder flexibler und zugleich zielorientierter.

[107] Dazu tut auch die kommunikative Formensprache das ihre: sogar im hoheitlich vollzogenen Bereich werden Leistungen und Rechtsansprüche „gewährt" und nicht zugesprochen bzw. durchgesetzt. Hilfe verwandelt sich in der Wahrneh-

mung der Klientel in ein Almosen. Zur Erwartungsunsicherheit der Klientel trägt bei, daß der Umstand, ob und wie Leistungen im WFS dimensioniert werden, oftmals im Ermessen des amtshandelnden Sachbearbeiters liegt; wenn dann Leistung im Gefüge der Privatwirtschaftsverwaltung gewährt werden kann, entfällt jeglicher Rechtsschutz.

108 Dies wird auch als Resultat zunehmender Durch- und Verrechtlichungsprozesse interpretiert, welche die strategische Orientierung der von Risiken Betroffenen erschwert; vgl. Reidegeld 1980; Grunow/Hegner 1980; Bock 1993.

109 In einer Reihe von Bundesländern hat man z.B. den Rechtsanspruch von Ausländern auf Sozialhilfe auf diesem Wege beseitigt.

110 Aufgabe einer legistisch-reflexiven Feinsteuerung (etwa dem Ablauf „Politikkonzeption – Gesetzgebung – Durchführungsplanung – Implementation – Evaluation" entsprechend) wäre es, rechtlich-begleitend zu steuern, indem das Feedback der Implementation von Programmen und der Vollziehung von Gesetzen fortlaufend in die Rechtsfortbildung eingearbeitet wird.

111 Responsives Recht regelt damit nicht nur materiell-inhaltlich, sondern auch sein gesellschaftliches Kosten-Nutzen-Kalkül, den Zugang zu sich selbst, die Verteilung spezifischer Thematisierungs- und Mobilisierungschancen (Hendler 1983), die Reduktion von programmierter Anomie und Normverletzung (Hegenbarth 1983) sowie die Relationierbarkeit von feedback-tauglichen Dissenswahrnehmungen (Eichmann 1989). Praktisch geht es hierbei um die Entwicklung von korporatistischen Modi, um das vorhandene Instrumentarium den veränderten Armuts- und Randständigkeitsrisiken anzugleichen (Heinze/ Olk 1984).

112 Das trägt nicht zuletzt bei zur sukzessiven Auslagerung von Leistungen in die Privatwirtschaftsverwaltung. Denn das politisch-administrative System eliminiert den Rechtsanspruch auf Leistungen nicht nur dort, wo es Probleme mit widersetzlichen Klienten, Legitimationsprobleme und hohe Kosten vermeiden will, sondern auch dort, wo es den Folgeaufwand ineffizienter Planung wie fehladressierter Verrechtlichung senken möchte.

113 Im Bereich der Hoheitsverwaltung (Sozialhilfe, Behindertenhilfe mit Ausnahmen, Teile der Jugendwohlfahrt) zeigen empirische Beobachtungen eine äußerst niedrige Intensität der Formalisierung: Berufungen gegen Bescheide kommen so gut wie nicht vor. Mancherorts haben sich Kulturen der Intervention, zumeist über Einschaltung freier Wohlfahrtsträger, und des sozialen Protestes etabliert.

114 Insbesondere die Option der Amtswegigkeit, die eine hohe administrative Eingriffsintensität voraussetzt, steht in einem Spannungsverhältnis zur Vorgabe der Selbstorganisation und Selbsthilfe der Klientel sowie dem Grundsatz des Einsatzes der jeweils gelindesten Mittel. So zielt der „modus operandi" der Ganzheitlichkeit wohlfahrtlicher Hilfen zwar auf eine Vernetzung und Abstimmung aller betroffenen und verfügbaren Hilfensysteme. Zugleich aber lautet eine gleichwertige Vorgabe, daß diese externen Helfersysteme auch als potentielle Störfaktoren kontrolliert werden müssen.

[115] Anschaulich führt dies der Verweisungs-, Kooperations- und wechselseitige Ausschlußzusammenhang zwischen Fremdenrecht und Wohlfahrtsrecht vor Augen.

[116] Die zunehmende Diffusität von Rechtsbegriffen ist zugleich der Preis dafür, den Möglichkeitsrahmen für die Bedürfnis- und Bedarfsorientiertheit der Hilfen im Bereich der Prävention, Krisenintervention und Nachsorge bzw. Stabilisierung möglichst weit gespannt zu halten.

[117] Eine spezifische Ausprägung dieser Kontingenz liegt darin, daß das Wohlfahrtsrecht einerseits zur Transparenz wohlfahrtsstaatlicher Leistungen gegenüber Klientel und Öffentlichkeit beitragen soll, den unterschiedlichen Strategien der Sozialplanung, Prävention, des Controllings bzw. der Qualitätssicherung, des Konsumenten- bzw. Betroffenenschutzes kompatibel sein soll. Zugleich und andererseits aber soll es situativ-adäquat, rasch-einsetzbar, flexibel und dem Bestreben um eine Institutionalisierung von sozial-adäquaten Selbsthilfeanforderungen nicht hinderlich sein.

[118] Das Recht eröffnet die *Möglichkeit*, im Steuerungsprozeß zu internalisieren, daß die Bedürfnisse und Bedürftigkeiten vorübergehend, mit lebensphasenbezogen unterschiedlichen Schwerpunktsetzungen in Erscheinung treten. Es birgt die *Option*, sowohl soziale als auch monetäre Folgekosten sozialer Risken mithilfe von dosierten Geld-, Sach-, persönlichen oder sozialpädagogischen Dienstleistungen zu vermeiden.

[119] Ein Teil der Wohlfahrtsverwaltungen der Länder und Zentralgemeinden neigt in der Krise aus einer Reihe von Gründen zu weitgehend nicht-reflektierten, zumeist linearen Kürzungen der Sozialausgaben. Entscheidend für diese „Kurzschlußreaktion" ist gerade auch, daß die wohlfahrtsstaatlichen Programme, die hier vollzogen werden und augenscheinlich Geld kosten, weder systematisch aufgebaut noch selbstreflexiv organisiert sind. Dies wiederum liegt vor allem an der programmatischen Aufgabenformulierung der einschlägigen Gesetzesmaterien.

[120] Daraus ergibt sich auch die geringe Finalisierung des Wohlfahrtsrechts. Es ermöglicht sozialtechnologische Interventionen, gibt diese aber nicht final bzw. zwingend vor. Die Implementation des Wohlfahrtsrechts ist von daher entscheidend von der Kontextorientierung und Professionalität der vollziehenden Agenturen und Akteure abhängig.

[121] „Polizeiverwaltung" meint, daß im hoheitlichen Bereich das allgemeine Verwaltungsverfahrensgesetz (AVG) zur Anwendung kommt, dessen ordnungspolitische Zwecksetzung abstrakt in der rechtsstaatlich-konformen Durchsetzung materieller Rechtsansprüche liegt. Das AVG operiert mit bestimmten Basisannahmen hinsichtlich der strategischen Interaktionsfähigkeit der Akteure im Verfahren, die im Wohlfahrtsbereich jedoch weithin nicht realisiert sind.

[122] Einerseits soll die individuelle *Selbsthilfe*- und Entwicklungsfähigkeit der betroffenen Subjekte wiederhergestellt oder stabilisiert werden; andererseits muß einem erweiterten *Kontroll*- und Subsidiaritätsprinzip (bspw. in Form des „less-eligibility"-Prinzips, also dem Mindestabstandsgrundsatz zwischen Arbeitslöhnen und Sozialleistungen) Rechnung getragen werden (Behrens/Leibfried/

Mückenberger 1987). Im Ergebnis wird soziale Grundsicherung gewährt, aber nur gegen Nachweis der Arbeitswilligkeit. Inklusion wird gewährt, aber nur gegen Compliance bzw. Mitwirkung am Verfahren. Materielle und sozialpädagische Hilfen werden gewährt, aber nur gegen Selbstdisziplinierung (Plant 1992).

[123] Auch die (normprogrammorientierte) Form der Aufbau- und Ablauforganisation wohlfahrtsstaatlicher Dienstleistungseinrichtungen war und ist Gegenstand vielfältiger Kritik. Bemängelt wird dabei nicht nur die lebensweltliche Ferne des Sozialrechts im zweiten sozialen Netz, sondern auch die absurde Reduktion komplexer Bedürftigkeitslagen im Rahmen der organisatorisch-arbeitsteilig zugewiesenen Vollziehung eines Gesetzes auf jeweils einen Leistungsteil oder einen partikularen Leistungsauslöser.

[124] Der WFS reagiert damit auf die wachsende Bedeutung sozialer Dienstleistungen und Realtranfers. Praktisch also werden vormals hoheitliche Steuerungsstrategien und regulative Rechtsnormen durch Anreiz- und Überzeugungsprogramme ergänzt (Dahme/Grunow/ Hegner 1983). Behördliche Vorgaben verwandeln sich in Vorgaben, die in Verhandlungssystemen kontextbezogen ausverhandelt und legitimiert (Teubner/Willke 1984) werden;

[125] Weil hier jeweils situativ-abgestimmte, nachvollziehbar vergleich- und kontrollierbare Einzellösungen mit den mit rechtlich-programmierten Wohlfahrtsagenden betrauten Institutionen gefunden werden müssen, erweist sich diese Verflechtung als Quelle ständiger Konflikte zwischen Behörden, freien Trägern und KlientInnen.

[126] Zutreffend ist, daß die Logik der rechtlich-programmatischen Zielerreichung bei der Schaffung von Kindergärten, bei der Etablierung von Projekten im Rahmen der Arbeitmarktförderung für Problemgruppen, bei der Schaffung von Anreizsystemen zur Bildungsbeteiligung, bei der Familienförderung und Familienbeihilfe oder bei der Implementation bedarfs- und bedürfnisorientierter Hilfeformen gar nicht einheitlich sein kann. Dessen unbeschadet aber fehlen aber grundlegende thematische Zielbestimmungen und Ziel-Mittel-Kataloge für die Implementation von Programmen.

[127] Die Heterogenität des WFS geht letztlich auf die spezifische Trennungslogik zwischen Sozial- und WFS zurück. In ihr spiegelt sich, daß der Sozialstaat auf die Integration versicherungsförmig erfaßbarer Risken konzentriert ist und daß es demgegenüber im WFS um untypisierte, nicht funktional-mechanisch zu verarbeitende Risken geht. Fehlprogrammierungen spiegeln, daß der WFS damit überfordert ist, rechtliche Anschlußfähigkeit für eine äußerst große Streubreite von Risken zu produzieren, in der Zeitdimension präventiv, folgenorientiert und kontextsensitiv vorzugehen, operativ auf die Problemverursachung durch andere gesellschaftliche Systeme Bedacht zu nehmen sowie Leistungs- und Gestaltungsprogramme jederzeit abänderbar zu stellen.

[128] Liegt die Normsetzungskompetenz für den Bereich der Sozial- und Behindertenhilfe bei den Ländern, so stellen die Landesjugendwohlfahrtsordnungen und -gesetze Ausführungsgesetze zum Bundesgrundsatz-Jugendwohlfahrtsgesetz dar. Die Pflegegeldregelungen der Länder schließlich basieren auf einer Art 15a B-VG - Vereinbarung zwischen Bund und Ländern als Annex zum Bundes-

pflegegeldgesetz. Und im Privatwirtschaftsverwaltungsbereich binden sich die Länder und Gemeinden/Statutarstädte selbst - bei jederzeitiger Abänderbarkeit.

[129] So können dann Aufwendungen der Flüchtlingshilfe in der Sozialhilfepflichtleistung (Richtsätze) gebucht werden, ohne daß dies vereinbart, zulässig, vorgesehen oder nachvollziehbar wäre.

[130] Praktisch bedeutet dies, die Steuerungsherausforderung der WFV dadurch zu „entschärfen", daß man die Anzahl der Planstellen der WFV beschränkt („Dann wird automatisch weniger Geld ausgegeben"). Gegengleich wird auf die Herstellung von Transparenz, auf Kosten-Nutzen-Verteilungen im Wohlfahrtsbudget, auf Sozialplanung und Sozialpolitikentwicklung verzichtet.

[131] Das erklärt, warum sich durchaus erfolgversprechende Ansätze wie z.B. die Reduktion verwaltungsinterner und externer Overheadkosten durch massive Vereinfachungen des Verwaltungsablaufs, die Beseitung kostenintensiver zentraler Steuerungen und deren Ersetzung durch kompetente dezentralisierte Strukturen, die Eliminierung archaischer Verwaltungshierarchien und deren Ersetzung durch Prinzipien der fachlichen Professionalisierung oder die Engführung von Sachverantwortung, Ressourcenverantwortung und Kostenverantwortung bislang nicht durchsetzen konnten.

[132] Jene wechselseitigen taktischen Selbstblockierungen zwischen WFV und Politik führen dazu, daß an die Stelle des diskursiven Arguments die erkenntnisresistente Verfestigung von Vorurteilen tritt. Unter der ungeprüften Annahme einer nur noch ökonomisch formulierbaren Kalkulierbarkeit von Handlungsfolgen verständigt sich ein Großteil der politischen und Administrationseliten darauf, Leistungen zu ökonomisieren und dort, wo dies ohne massive Legitimitätsverluste möglich ist, zurückzunehmen.

[133] Gerade auch Innovationen, Projekte und verbesserte Entscheidungabläufe werden nur insoweit in den sozialpolitischen Diskurs eingespeist, als sie „topdown" inhaltlich diskursiv-kontrollierbar bleiben. Damit ist nicht nur ein Spannungsverhältnis im politischen Entscheidungsprozeß und im Klientenverhältnis der Verwaltung angedeutet, sondern auch eine interne Codierung und Regulierung von Diskursen.

[134] Es handelt sich bei diesem institutionalisierten Zynismus also nicht nur um eine Form kognitiver Dissonanz, wo man nicht tun/handeln kann, was man für richtig erkannt/befunden hat. Vielmehr geht es hier auch um eine operative Dissonanz, wo man linkerhand, getrieben durch sein Publikum, Reformwissen einfordert und rechterhand zugleich jegliche organisationstechnische Maßnahme zur Realisierung der Reform verhindert.

[135] Diese Pathologien wiederum lassen sich als institutionelle und individuelle Pathologien, die angezogenen Strategeme als offensiv-machtgewinnend und defensiv-strukturbewahrend unterscheiden. Institutionelle Pathologien lassen sich vorwiegend in den Reproduktionscodes des politisch-administrativen Systems ausmachen. Individuelle Pathologien hingegen liegen überwiegend in den Motivationen der Beteiligten begründet. Offensive Strategien laufen vornehmlich auf die Eroberung und Besetzung eines Bedeutungsfeldes hinaus.

Defensiv-strukturbewahrende Strategien realisieren demgegenüber das Interesse an der Stabilisierung gegebener Ressourcenverteilungen.

[136] Das Bild des „typischen Beamten“ (der langsame, formfixierte, pragmatisierte und nicht-intrinsisch motivierte Sachbearbeiter) ist Ausdruck einer kollektiven Mentalität. Diese wird von handelnden Akteuren getragen und reproduziert. Jede Änderung der Mentalität setzt folglich auch eine Änderung der Organisation voraus und umgekehrt (Armanski 1983). Zu behaupten, es reiche hin, die Strukturen (z.B. die Anzahl der Ämter und Abteilungen, die formalen Kompetenzen und Zuständigkeiten) zu ändern, um die Verwaltungsperformanz zu ändern, ist eine unzulässige Verkürzung/Vereinfachung. Vielmehr müssen in Reformstrategien personelle und strukturelle Änderungen aufeinander abgestimmt werden.

[137] Verwaltungsreformen ereignen sich ja ungeachtet aller (rhetorischen) Beteuerungen in aller Regel „top-down“, ohne auf die in den Dienststellen vor Ort eingelagerten Ressourcen und Kapazitäten zurückzugreifen. Modernisiert wird also faktisch von oben nach unten. Es nimmt nicht Wunder, daß sich in den WFV die Krisenerscheinungen mehren, daß die Rede ist von „organisiertem burnout“, von gänzlich inadäquaten, wenn nicht irrationalen hierarchischen Organisations- und starren Leistungsformen, von inflexiblen rechtlichen Programmstrukturen und anhaltend-unklaren sozialpolitischen Vorgaben.

[138] Siehe dazu Kapitel 2.

[139] Der WFS wird sich dort selbst zum Problem, wo er entweder Klienten, die einmal im Hilfensystem erfaßt wurden, dauerhaft von der Hilfe abhängig macht statt sie davon unabhängig werden zu lassen, und wo er soziale Reproduktionsprobleme z.B. in sozialen Brennpunkten, nicht präventiv deeskaliert, sondern zuwartet, bis der Problemdruck zur Reaktion zwingt. Dazu kommt, daß der WFS der ethischen Problemstellung gegenüber, die darin liegt, daß Klienten nicht verselbständigt, sondern durch nicht-abgestimmte Hilfe- und Unterstützungsformen von der öffentlichen Hilfe abhängig werden, in seiner derzeitigen Verfaßtheit keine Sensibilität generieren kann (Moon 1993).

[140] Je stärker die Dynamik der Delegitimation des wohlfahrtsstaatlichen Inklusionsanspruchs, je deutlicher die Kostendynamik den Gestaltungsspielraum des Wohlfahrtsstaates reduziert, desto größer ist auch das systemisch-angelegte Bias, potentielle Klienten entweder nicht rechtzeitig im Wohlfahrtssystem wahrzunehmen oder strategisch vom Leistungsbezug abzuschrecken, auch wenn man gewärtig ist, daß damit die Kosten der Sanierung sozialer Problemlagen im Endeffekt unverhältnismäßig steigen können.

[141] Empirisch hinreichend fundiert ist, daß der gesellschaftliche Strukturwandel zu einer grundlegenden Veränderung der Verteilung von Armutsrisken führt. Nichts scheint mehr sicher: Akademiker haben eine niedrigere Lebenseinkommenserwartung als manche Facharbeiter, bislang im Dienstleistungssektor florierende Branchen wie Banken/Versicherungen verschlanken unter enormen Arbeitskraftfreisetzungen. Derzeit (Januar 1997) sind ca. 7.000 Akademiker in Österreich arbeitslos.

[142] Im sozialwissenschaftlichen Diskurs hat sich der Fokus der empirischen wie rechtspolitischen Betrachtung weg von der Konzeptualisierung von Gleichheit (equality) hin zur verfahrens- und fairnessbezogenen Gleichbehandlung (equity) verschoben (Dimmel 1995b). Zweifellos lagert dieser Paradigmenwechsel auf einem empirisch-sozialwissenschaftlich nachvollzogenen Wandel in der Zusammensetzung der Armutspopulation, der Risikostreuung und Risikoaggregation. Die WFV hingegen hat von diesem Paradigmenwechsel kaum etwas mitbekommen.

[143] Eine Fülle von Armutskarrieren zeigt, daß die vormals standardisierten Lebensverläufe mit arbeitsmarktsicherer Berufsausbildung, absehbarer Erwerbsbiographie, abschätzbarem Einkommen und gesicherter Altersversorgung zerbrochen ist und durch eine neue Unübersichtlichkeit ersetzt wird, in der sich die Individuen in ihren Lebenszusammenhängen ständig neu orientieren müssen. Das setzt nicht nur die Anforderungen an die Bewältigung des Alltags hinauf sondern erhöht auch die Wahrscheinlichkeit, irgendwann in den Einzugsbereich der Hilfsbedürftigkeit zu geraten, materielle Hilfen oder Beratungsleistungen zu benötigen. Die phasenweise Betroffenheit von Armut wird zu einem biographischen Normale (Buhr 1995).

[144] Effektivität bezeichnet die Wirksamkeit und den Erfolg von Organisationen, also das Ausmaß, in dem ihre nachvollziehbar vorgegebenen Ziele erreichen, gemessen anhand der Relation von Input und Output. Effizienz hingegen beschreibt

[145] Diese Begründungszwänge gelten insbesondere für Wohlfahrt auf der Ebene der Kommune. Denn die Kommune ist der Ort, wo Armut, Hilfsbedürftigkeit und abweichende Lebensstile, zugleich aber auch Neid und Distinktionsbedürfnisse sicht- und spürbar werden. Lebenslagen, die der wohlfahrtsstaatlichen Intervention bedürfen, werden hier sinnlich wahrnehmbar (Wollmann 1990).

[146] Dies findet seine Ursache auch darin, daß soziale Wohlfahrt ihre lebensweltliche Dimension erst im sozialen Nahraum erschließt. Hier wird sichtbar, ob und wie Betroffene von und mit öffentlich finanzierten Leistungen, Diensten und Hilfen leben können. Im sozialen Nahraum geht es um Neid, Projektionen und Ausgrenzungsbedürfnisse.

[147] Dieser an Umfang zunehmende „dritte Sektor" zwischen Verwaltung und Politik kompliziert die Austausch- und Regulationsbeziehungen im Geflecht des politisch-administrativen Systems, erfordert neue Regulationsformen, die zwischen Verwaltungs- und Zivilrecht liegen und evoziert eine Reihe von rechtspolitisch sensiblen Fragen wie z.B. die Beleihung privater Organisationen mit öffentlichem Pouvoir.

[148] Man könnte diese Interessenvielfalt auch anders strukturieren, nämlich als a) staatliches Eigeninteresses, b) nichtoffizielle staatliche Interessen, c) Gruppeninteressen und d) Subjektinteressen, die sich im öffentlichen Interesse spiegeln oder hineinreklamiert werden (z.B. auf dem Wege über die Verwaltungsrechtsprechung).

[149] Folglich kann das öffentliche Interesse einmal als das mehrheitlich Gewollte, ein ander mal als das kollektiv rational Erforderliche beschrieben werden. Die

Rationalität von Interessen (vgl. Rawls „Gerechtigkeitstheorem“) ist folglich von „fuzzy boundaries“ und der Ambiguität des Konzeptes öffentlicher Interessen geprägt. Einerseits können Gruppeninteressen ebenso egoistisch wie altruistisch sein, andererseits bleibt das Spiel von Eigeninteressen im öffentlichen Sektor durch institutionelle Faktoren beschränkt (Bromley 1989). Gerade die politischen Eliten haben nicht notwendigerweise ein Interesse daran, die Effizienz der Verwaltung voranzutreiben - vielmehr kann die Verwaltung auch intentional dazu genutzt werden, eigene Inkompetenzen zu überdecken.

[150] Noch dazu besteht der primäre „Nutzen“, den eine Verwaltung aus einer Effizienzsteigerung ziehen kann, prima vista in einer Steigerung der positiven Differenz zwischen Budgetvoranschlag und Rechnungsabschluß. Diese aber würde den Budgetansatz des nächsten Jahres bloß reduzieren. Motive zur Steigerung der Rationalität können also nicht unmittelbar im ökonomisch-budgetären Bereich liegen.

[151] Diese Unterscheidung zwischen Experten und Bürokraten kann (muß aber nicht) mit der Differenzierung zwischen Linie und Stab deckungsgleich sein.

[152] Diese Betonung informeller Momente erscheint angesichts der mechanistischen Eigenschaften administrativer Organisationen (Kontrollzwang, Subordination, Entfremdung) aber insofern rational, als sie den individuellen Bedürfnissen nach Ankennung, Wertschätzung und Austausch entspricht (Argryris 1964).

[153] Angelegentlich werden Kompetenzen über mehrere Hierarchieebenen hinweg zugewiesen, um informelle Konflikte nicht durch formelle Aufgabenverteilungen aufzulösen. Führungsaufgaben, also Linienfunktionen, werden mit Stabsfunktionen vermengt. Es werden zwar Verwaltungsaufgabenpläne mit klaren dezentralen Organisationsentwicklungsaufgaben verabschiedet, zugleich aber werden Stäbe zur Organisationsentwicklung zentral angelagert.

[154] Governance wird hier als das Gesamt der Management- und Koordinationsstrategien des politisch-administrativen Systems zwischen Institutionen, Interessen und Informationen (March/Olsen 1995) verstanden.

[155] Diese Pathologien schlagen sich selbstredend auch in der Wohlfahrtsstaatsdebatte nieder, wo es ja darum geht, zu entscheiden, welche Inklusionsleistungen auf welchem Niveau der öffentliche Sektor hinkünftig noch erbringen soll. Sie beeinflussen die Position in der Privatisierungsdebatte, die Selbstwahrnehmung der Aufbauorganisation und Aufgabenwahrnehmung des Wohlfahrtsstaates, die Beschreibung der optimalen Größe und effizienten Entscheidungsstrukturen, die Wahrnehmung von Allokationsproblemen (öffentlicher Konsum vs private-choice; öffentliche oder private Investitionen), den Budgetkonflikt (die zulässige bzw. wünschbare Größe öffentlicher Budgets, die Größe des Anteil von Transfers).

[156] Sie wirken auf drei Konfliktlagen: a) das Produktionproblem (welche und wie viele Güter und Dienstleistungen sollen im öffentlichen Sektor hergestellt werden ?), b) das Eigentümerproblem (welche und wieviele Produktionsmittel sollen im öffentlichen Eigentum verbleiben) und c) das Bürokratieproblem (wie hoch sollte der Beschäftigtenanteil der öffentlichen Hand in welchen Bereichen sein ?).

[157] Einesteils ist die WFV mit anderen Außenbeziehungen konfrontiert als eine Gewässeraufsicht, ein Amt für Datenverarbeitung, eine Staatsbürgerschaftsstelle oder eine Müllabfuhr. Andernteils sehen sich mehr und heterogenere Akteure berufen, zum Thema Wohlfahrt ihre Meinung abzusondern als zu Fragen der städtischen Gartenpflege. Des weiteren ist auch die Art und Weise, wie neben dem hoheitlichen Handeln fallweise Marktprinzipien und andere Mechanismen der Aufgabenauslagerung („contracting out", „competitive compulsory tendering") eingeführt werden, evident unterschiedlich.

[158] Real sahen sich die vollziehenden Behörden aber auch die Institutionen der Privatwirtschaftsverwaltung der Länder und Gemeinden zu keinem Zeitpunkt der Entwicklung der letzten 20 Jahre in die Lage versetzt, mit entsprechend qualifiziertem Personal, ausreichenden Planstellen und bedarfsentsprechender Raum- und Strukturausstattung soziale Hilfestellungen in dem Ausmaß zu gewähren, wie es der (historische) Gesetzgeber zumindest formal vorgesehen hatte.

[159] Eine gnze Reihe von Landesregierungen weiß nicht exakt, wie viele Klienten über welchen Zeitraum aus welchen Gründen spezifische Leistungen beziehen. Dem korrespondiert auch das weitgehende Ausbleiben strategischer Sozialpolitikplanung auf Landesebene.

[160] Sie vermögen insbesondere das Vorurteil der betriebswirtschaftlich orientierten orientierten Verwaltungseinheiten nicht aus der Welt zu schaffen, daß die WFV für die Finanzierungskrise der Wohlfahrt veranwortlich ist. Sie konnten bislang die Behauptung nicht entkräften, daß die Wohlfahrtverwaltung ihre Klientel überwiegend selbst herstellt, Abhängigkeiten erzeugt und Probleme generiert. Und sie konnten bislang nicht argumentieren, warum sie nicht in das starre Ordnungsschema der allgemeinen Verwaltung mit seiner polizeilichen Logik und ihren internen Kontrollparametern eingebunden sein sollen.

[161] So lauten denn die einschlägigen, für schier jegliche Begründung flexibel einsetzbaren Erfolgskriterien der WFV, wie sie in diversen einschlägigen Gesetzen, Programmen, Verordnungen und allgemeinen Verwaltungsgrundsätzen zusammengefaßt sind, wie folgt: „Angemessenheit", „Nachrangigkeit", „Verhältnismäßigkeit", „Interesse der Allgemeinheit", „sparsamer Umgang mit Steuergeldern", „Wahrung der Rechtsstaatlichkeit", „Spielraum für Einzelfallgerechtigkeit und Ausnahmen", „Nivellierung von Ungleichheit", „Individualisierung der Leistungsbemessung", „Wahrung des Kindeswohls", „Hilfe zur Selbsthilfe", „Selbständigkeit der Lebensführung", „Sanktion erschlichener Leistungen", „Verbesserung der sozialökonomischen Lebens- und Gesundheitsbedingungen", „Zweckmäßigkeit der gewählten Mittel", „Integration benachteiligter Gruppen", „Budgetkonformität"usf. - ein wahrer Bauchladen an Allgemeinplätzen.

[162] Zudem aber hat auch die Dynamik von Struktur- und Aufgabenreformen in den letzten Jahren dieses Thema in den Hintergrund gedrängt. Dabei nämlich ging es, zugespitzt durch eine mediale und politische Aufmerksamkeit, die ausschließlich mit Termini wie „Tintenburg" oder „Amtsschimmel" operierte, in erster Linie um eine Reorganisation der gesamten Verwaltung.

[163] Die Unterscheidung zwischen Bürokraten und Experten wirft die Frage auf, wer ex definitione Bürokrat und wer Experte ist. Praktisch kann diese Frage erst im konkreten Handlungszusammenhang beantwortet werden, in dem je nach Handlungs- und Interessenkonstellation Bürokraten auftreten, die ausgewiesene Experten sind, oder Experten beigezogen werden, die zugleich auch mit Entscheidungspouvoir ausgestattet sind. Die Praxis von WFV jedenfalls stützt Max Webers Annahme, Expertise sei ein konstitutives Merkmal der Bürokratie, nicht.

[164] Eine spezifische Ursache für inadäquate Aufbauorganisationen liegt ferner darin, daß die Wohlfahrtsadministration aufgrund ihrer operativen Geschlossenheit bislang auf den sozialgeographischen Gestaltwandel ihrer Klientel nur unzureichend reagiert hat. Obwohl sich also die Armutszone, mithin das gesamte Feld der interventions- und kontrollbedürftigen sozialen Reproduktionsprobleme, grundlegend rekomponiert hat, blieb die Aufbaulogik der Wohlfahrtsorganisation machtbedingt dieselbe. Im internen Verteilungskonflikt hat man hier einen Streetworker, dort eine ausgelagerte Sozialberatung im Bezirk/Sprengel eingerichtet, hat diesen oder jenen sozialen Dienst ausgelagert. Konzeptionell, systematisch und organisatorisch aber hat keine zureichende Anpassung stattgefunden.

[165] Dies hängt auch damit zusammen, daß sich die WFV innerhalb der Verwaltung noch immer an den alten, ideologisch gesetzten Projektionen abarbeiten muß. Die umgebenden Systeme reproduzieren endlos überkommene Vorwürfe („Sozialromantiker“, „Kollaborateur der Sozialschmarotzer“, „Sozialdramatisierer“). Ebenso leicht gelingt es dann, allfällige Adaptionsversuche der WFV mit einzementierten „containment“-Strategien zu obstruieren. Solange die Akteure ihre Agenda nicht darzustellen und zu vermitteln wissen, bleiben im Ergebnis der soziale Gestalt- und Strukturwandel einerseits und die innere Aufbauorganisation andererseits unvermittelt. Dem Postulat der Reponsivität von Verwaltungsstrukturen kann so aber nicht entsprochen werden.

[166] Hood (1991) spricht von konkurrierenden „Wertfamilien“ in den jeweiligen Administrationsteilen.

[167] Der politischer Gehalt managerieller Zurechenbarkeit ergibt sich aus der Kompetenz zu gesetzesinterpretierenden Erlässen, Dienstanordnungen und Weisungen, der Dienst- und Fachaufsicht, der Steuerung von Effektivität und Effizienz oder der budgetären Vollzugskontrolle. All diese Elemente beinhalten strategische Entscheidungskomponenten mit weitreichenden wohlfahrtspolitischen Konsequenzen, die seitens der politischen Eliten angesichts des Umfangs und der Geschwindigkeit eigentlich nur zur Kenntnis genommen, nicht aber mit-entschieden werden können.

[168] Bezeichnenderweise wird dabei gerade in denjenigen Bundesländern, in denen die empirische Decke am dünnsten ist, wo man also wenig oder nichts über die (potentielle) Klientel des WFS, deren Verweildauer und Bedarfe weiß, am striktesten linear und prozentuell gespart.

[169] Im Pflichtaufgabenbereich (z.B. der Jugendwohlfahrt), wo die Sozialarbeit/-pädagogik ein gesetzlich klar vorgesehenes Mittel darstellt, kommt man um die

Zuverfügungstellung von SprengelsozialarbeiterInnen nicht umhin. In anderen Bereichen (Soziale Dienste, Sozialhilfevollzug, Senioren, Stadteilzentren) beginnt man die Effektivität des Instrumentariums der Sozialarbeit anzuzweifeln.

[170] Freilich sind derartige Strategien in den seltensten Fällen intentionale, sondern stellen sich vielmehr als verstreute, nicht-akkordierte und ambivalente Zugriffe im Einzelfall und auf den einzelnen Mitarbeiter dar, entfalten ihre Wirkungen daher durch Kumulation auf Dauer.

[171] Gerade hier aber gilt, daß zumindest neun unterschiedliche regionale Wohlfahrtskulturen existieren, Führungs- und Entscheidungskulturen in äußerst hohem Maße heterogen, unterschiedlich organisiert und von persönlichen Eigenschaften und kommunikativen Settings bestimmt sind. Es wäre unlauter, die tatsächlich äußerst unterschiedlichen Führungskulturen im WFS über einen Kamm zu scheren.

[172] Eine ganze Reihe von Führungskräften der 80er/90er Jahre wurde in den 60er/70ern in einem traditionalen Leitungsverständnis sozialisiert. Nicht wenige davon scheinen von den veränderten Problemkonstellationen des Führens und dem rapide wachsenden Qualifikationsbedarf der Basis bestenfalls irritiert.

[173] Modernisierungskonflikte in WFV sind in aller Regel durch Fälle gleichzeitig, parallel und überlappend vorgetragener, eingeschleuster und auf dem Interventionsweg verhandelter Konzepte gekennzeichnet. Einzelne Bedienstete, Fachbereichsleiter, Amtsleiter, Geschäftsgruppen- bzw. Abteilungsleitungen, Ressortpolitiker, beauftragte externe Organisationsentwickler, Magistratsdirektionen, OE-Stäbe und Kontrollinstanzen wie die Rechnungshöfe versuchen ihre jeweiligen Konzepte zu lancieren bzw. in den Irrgärten interner Macht/Hegemonie-Spiele durchzusetzen.

[174] Paradoxerweise ist das Design dieser Verwaltungsreformbemühungen dem Strukturkonservatismus pathologischer Organisationen förderlich. Praxis ist ja nach wie vor, daß Organisationsberater von der Verwaltungsspitze damit beauftragt werden, herauszufinden, mit welchen tayloristisch-büro-technischen Maßnahmen der Rationalisierungsgrad im Procedere der WFV gesteigert werden kann. Die jahrelang seitens der nunmehr beforschten und beplanten Organisationsteile vorgetragenen Reformvorschläge werden gleichzeitig ignoriert.

[175] Aktuelle Schlagworte lauten: Verselbständigung dezentraler Organisationseinheiten, Professionalisierung der Mitarbeiter, flachere Hierarchien, Auslagerung von Dienstleistungen, Nutzung des privaten Sektors zur Leistungserbringung, strategisches Management, Controlling, vergleichende Kostenkalkulation zwischen öffentlich und privat angebotenen Leistungen, Planung statt Ausgabenvollzugsbeobachtung uam.

[176] Dabei wäre das gesamte Marketing-Instrumenarium (Produktdifferenzierung, Distribution, zielgruppenbezogene Konditionen, Preispolitik, Kommunikation- und Öffentlichkeitsarbeit) einzusetzen; freilich bedürfen Techniken des „Sozialmarketings“ (Schwarz 1996,234) einer elaborierten Prognostik. Prävention und Prophylaxe wiederum setzen ein professionalisiertes und kompetentes Sozialmanagement voraus (Meier-Ziegler 1993,56).

[177] Die WFV sieht sich dabei der Problemstellung gegenüber, daß Sozialschmarotzerdiskurse im Grunde genommen keine Realbeispiele benötigen, weil sie überwiegend von repressiven Ausgrenzungsphantasien, also individuellen Beschädigungserfahrungen, Angst und strukturell ungerichteter Aggression angetrieben werden. Es muß der WFV daher weniger um die argumentative Widerlegung jener wohlgenährten Vorurteile gegenüber angeblichen Trittbrettfahrern des WFS gehen, sondern um die systematische Immunisierung gegenüber derartigen „Haßkulturen" (H.M.Enzensberger).

[178] Faktum ist, daß Maßnahmen der Innen- und Außensteuerung einander wechselseitig beeinflussen: gelingt es nicht, ein soziales Problem soziotechnisch in den Griff zu bekommen, überfordert man die MitarbeiterInnen vor Ort - und umgekehrt. Anders gesagt: einerseits setzt sich die Qualität wohlfahrtlicher Leistung aus dutzenden von nicht generalisierbaren Meßgrößen zusammen und andererseits gestaltet sich die Performanz der WFV eher als Diskurs, als Aushandlung von Wohlfahrtsstaatlichkeit denn als Vollziehung vorgegebener Programme. Zum Vergleich: eine Gewässeraufsicht operiert mit einem Set fixer Meßgrößen in einem einlinig hoheitlichen Verfahren; eine Staatsbürgerschaftsbehörde stellt Urkunden entsprechend einem schematisierten Procedere aus, wenn durchnumerierte Anspruchsvoraussetzungen erfüllt sind.

[179] Mit Komplexität ist gemeint, mehrdimensionale Prozesse auf mehreren Funktionsebenen gleichzeitig voranzutreiben und abzustimmen; Polyzentrizität meint, daß mehrere relativ autonome Steuerungspositionen nebeneinander existieren; Tentativität meint, daß Steuerungen zunehmend auf kleinräumige und zeitlich befristete „trial-and-error"-Prozesse angewiesen sind. Diese drei Elemente zusammengenommen ergeben eine mehrdimensionale „muddling-through"-Strategie: Entscheidungskonsequenzen sind auf sämtlichen betroffenen Ebenen mitzudenken, wobei systeminterne Entscheidungen immer auch das Entscheidungshandeln in andereren Systemen mitdenken müssen, weshalb Entscheidungsabfolgen immer versuchsweise, flexibel und rücknehmbar organisiert werden müssen.

[180] Status quo freilich ist nicht selten, die Steuerbarkeit von WFV dergestalt zu erhöhen, daß man Bedürfnisse und Bedarfe der Klientel ignoriert, gesetzwidrig, dafür aber sparsam vollzieht.

[181] Bezeichnend ist, daß von (Sozial)Management beinahe ausschließlich in privaten „Non-Profit-Organizations" die Rede ist. Nur in Ansätzen konnten sich Elemente eines Sozial-Management-Diskurses auch in der Verwaltung festsetzen. Eher denkt man hier über die Privatisierung einer vordem öffentlichen Leistungserbringung nach (Bölsenkötter 1993/ Witte 1994) denn über eine managementgeleitete Effektivierung innerhalb der öffentlichen Sozialverwaltung.

[182]Die Idee, Managementinstrumente und - systeme an die Stelle der verwaltenden Vollzugslogik der WFV zu setzen, folgt der Beobachtung, daß deren Umwelten durch zunehmende Komplexität und Dynamik bestimmt sind. Noch dazu produziert die Logik der WFV im WFS in einem unvertretbaren Ausmaß selbsterzeugte Problemstellungen. „Management statt Verwaltung" zielt daher darauf, knapper werdende Ressourcen besser zu nutzen. Die damit umrissenen Aufga-

benstellungen erschöpfen sich längst nicht mehr nur in Kostenminimierung, Outputerhöhung oder Nutzenmaximierung. Sie schließen auch Agenden der Planung, Prognose oder Öffentlichkeitsarbeit, des Marketings, des Umgangs mit zunehmendem Rechtfertigungsdruck, der Verknüpfung von Nachfrageexplosion und Ressourcenverknappung, der Schaffung eines Gleichgewichts sowohl in den internen als auch den externen Konkurrenzbeziehungen, der Bewältigung quantitativ und qualitative schwieriger Personalsituationen, des Copings mit der gestiegenen Komplexität der Anspruchsgruppen, der Ideologisierung der Agenda, der Steigerung der Kontrolldichte uam. mit ein.

[183] Dies reduziert die Bedeutung von Querschnittsämtern (EDV, Personalwesen, Raumbewirtschaftung), die bislang Entscheidungen der Fachbereiche schlicht dadurch paralysieren, daß sie eigene Entscheidungen ohne Rücksichtnahme des Kontextes fällen.

[184] Freilich, Teams haben auch Nachteile: immer wieder kommt es zu unklaren Kompetenzen, unstrukturierten Abläufen, gegenläufigen Entscheidungen, zu Rivalitäten um das Führungs- und Entscheidungspouvoir.

[185] Dieser Input-Orientierung korrespondieren risikovermeidendes Verhalten, Schwerpunktsetzung auf starren Verfahrensordnungen, Zentralismus, zentrale Mittelkontrolle und formale Hierarchie.

[186] Innerhalb der Sozialarbeit der freien Wohlfahrt freilich wird dieses Professionalisierungsdefizit auch wahrgenommen. Die Genese der Sozialarbeit als Handlungswissenschaft (Wilfing 1995) präsentiert sich als konfliktorische Durchsetzung von Professionalisierungsstandards, an deren Ende Sozialarbeit als Berufsfeld etabliert wird (Andre 1993).

[187] Analog der langjährigen Kultivierung des Gießkannenmechanismus ohne Schwerpunktsetzung hat sich in den letzten Jahren eine Rasenmäherkultur etabliert, die zwischenzeitig mehr an Wohlfahrtsstruktur zerschlagen und an sozialer Umwegrentabilität verunmöglicht als sie tatsächlich zur Reduktion der Budgetlast beigetragen hat. Voraussetzung von Schwerpunktsetzungen ist eine grundsätzliche Klärung sowohl der Aufgabenverteilung zwischen Staat, Markt und Subjekt/Familie als auch des Vorverständnisses von materieller Hilfe, sozialpädagogischer Intervention und sozialarbeiterischer Moderation.

[188] Auf politischer Ebene hätte dies zur Konsequenz, daß Maßnahmen der kommunalen Wohnbaupolitik, der Wohnungsbeschaffung und Abgabenordnung (Fehlbelegungsabgabe im Gemeindewohnraum) enggeführt werden müssen mit der Entwicklung der Wohnbeihilfen oder daß Steuer- und versicherungstechnische Maßnahmen abgestimmt werden müssen mit den daraus resultierenden Handlungsbedarfen in den subsidiär angelagerten Systemen (Kaltenborn 1995; Hauser 1996).

[189] Beispielhaft wird in der Jugendwohlfahrt zwischen Maßnahmen, die durch die Jugendämter selbst durchgeführt werden und Maßnahmen, die freien Wohlfahrtsträgern überbunden werden, differenziert (1996).

[190] Vernetzung als transparente Verknüpfung von Systemen könnte aber auch bedeuten, das Recht derart zu programmen, daß es Nutzentransferanalysen zwischen administrativen Hilfesystemen wie z.B. denjenigen der Behinderten-

und Sozialhilfe vorgibt. Dies wäre zugleich auch ein Instrument, den Nutzen von privat erbrachten Betreuungsleistungen aus dem Blickwinkel der administrativen Hilfeleistung zu bemessen. Tatsache ist ja, daß in einer Vielzahl von Fällen die Teilsysteme einander aufgrund nicht-abgestimmter Rechtsgrundlagen wechselseitig Klienten und Probleme produzieren. Das ist nicht nur zwischen Ämtern wie den Wohnungs- und Sozialämtern, sondern auch zwischen Ämtern und freien Wohlfahrtsträgern der Fall.

[191] Suboptimal ist es, wegen Uneinbringlichkeit aus Mitteln der Sozialhilfe übernommene Kosten der Krankenanstaltenunterbringung in ein und demselben Landesbudget zwischen dem Krankenanstaltenbudget und der Sozialhilfe über ein Dutzend Schreibtische mit enormem Personal- und Strukturaufwand „herumzubuchen", ohne daß damit irgendetwas außer einer kameralistischen Voranschlagskonformität gewonnen wäre.

[192] Im Behindertenbereich z.B. verschloß sich der Regelarbeitsmarkt fortschreitend mit der Verfestigung eines Segments von dauerhaft Arbeitslosen dem Bemühen um eine erweiterte Integration von Behinderten am Arbeitsmarkt. Zugleich fiel ein wachsender Teil der Behinderten aus dem Hilfensetting der Behindertenhilfe heraus. Experten sprechen davon, daß jährlich (!) über tausend Sonderschulabgänger, Schulabbrecher und behinderte AusbildungsteilnehmerInnen am Arbeitsmarkt nicht mehr auftauchen, in Subkulturen oder privaten Netzen gleichsam verschwinden.

[193] Im Kommunikationsbereich liegen die Chancen einer Innovationsagentur in einem z.B. mittels Fachtagungen reflektierten Abgleich der Konzeptionen unterschiedlicher Entscheidungsträger, wozu auch Kontrollstudien, Evaluierungsmaßnahmen und Screening-Technologien zählen; in der Etablierung festgefügter Kooperationsstrukturen zwischen dem politischen, dem administrativen und dem intermediären Bereich; in der Politikberatung durch Anregungen von Prioritätensetzungen im sozialpolitischen Bereich oder der Einrichtung einer sozialpolitischen Ideenbörse.

[194] Im übrigen ist es hinlänglich bekannt, daß die Aufgaben- und Strukturreformen durch Verwaltungsexterne zumeist Modelle aus der Privatwirtschaft importiert, ohne die spezifisch rechts- und wohlfahrtsstaatliche Leistungs- und Gestaltungsaufgabe zu realisieren. Zum zweiten erinnern derartige Maßnahmen an den Vorgesetzten, der seinen Mitarbeitern Supervision verordnet, obwohl er selbst das Problem ist. Man sollte sich also, ehe man an die Aufgabe einer Verwaltungsreform schreitet, erst einmal die Auftraggeber dieser Reform ansehen. Möglicherweise zeigt sich bei ihnen der dringlichste Reformbedarf. Zum dritten operieren Organisationsentwicklungsunternehmungen zumeist mit überwiegend profit-orientierten Modellen, deren Handlungslogik (Marketing, Public-Relations, Kosten-Nutzen-Rechnung, Profit-Center, Corporate Identity usf.) gerade nicht auf die Wohlfahrtsverwaltung als administrative NPO umgelegt werden kann.

[195] Dieser Status wäre vergleichbar einem Kontrollamt einer Statutarstadt.

A. Literaturverzeichnis

Abbott, Pamela / Claire Wallace (1992). The Family and the New Right, Boulder

Abromeit, Heidrun (1990). Staatsentwicklung in der Thatcher-Ära: weniger Staat - mehr Staat ?, 295 - 324, in: Roland Sturm (Hrsg): Thatcherismus - eine Bilanz nach zehn Jahren, Bochum

Afheldt, Horst (1994). Wohlstand für niemand ? Die Marktwirtschaft entläßt ihre Kinder, München

Ahlemeyer, Heinrich (1994). Administrativer Wandel, 183 - 197, in: Klaus Damman / Dieter Grunow / Klaus Japp (Hg): Die Verwaltung des politischen Systems, Opladen

Alcock, Pete (1993). Understanding Poverty, Houndmills

Althaler, Karl / Ferdinand Lechner / Angelika Volst (1986). Auswirkungen krisenbedingter Veränderungen des kommunalen Dienstleistungsangebots, Projekt-Endbericht, Institut für höhere Studien, Wien

Althaler, Karl / Sabine Stadler (Hg): Geld und Leben. Diskussion um soziale Mindeststandards, Wien

Althaler, Karl / Nikolaus Dimmel (1992). Arbeitsmarktpolitische Maßnahmen der Arbeitsmarktverwaltung: Entwicklung und Kooperation mit Ländern und Gemeinden, Forschungsprojekt im Auftrag des BMAS, Wien

Altmeyer-Baumann, Sabine (1987). Alte Armut - Neue Armut, Weinheim

Amann, Klaus (1995). Unternehmensführung: strategisches und operatives Management, Stuttgart

Andre, Günter (1994). SozialAmt. Eine historisch-systematische Einführung in seine Entwicklung, Weinheim

Antoniolli, Walter / Friedrich Koja (1986): Allgemeines Verwaltungsrecht, Wien

Argryris, Christopher (1960). Understanding Organizational Behaviour, Homewood

ders. (1964). Integrating the Individual and the Organization, New York

ders. (1973). Eingeübte Inkompetenz - ein Führungsdilemma, 129 - 144, in: Gerhard Fratzer (Hrsg): Organisationsentwicklung für die Zukunft, Köln

Armanski, Gerhard (1983). Das gewöhnliche Auge der Macht. Sozialgeschichte der Beamten, Berlin

Armanski, Gerhard et.al. (1983). Rationalisierung der öffentlichen Verwaltung, Frankfurt

Ashford, Douglas (1994). Die Theorie des Wohlfahrtsstaates und politische Entscheidungsfreiheit, 287 - 316, in: Dieter Grimm (Hrsg): Staatsaufgaben, Baden-Baden

Aubert, Vilhelm (1986). The Rule of Law and the Promotional Function of Law in the Welfare State, 28 - 39, in: Gunther Teubner (ed): Dilemmas of Law in the Welfare State, New York

Bach, Odilo (1996). Abbau von Hierarchien: mehr Effizienz durch schlankere Strukturen, Heidelberg

Backes, Gertrud / Wolfgang Clemens (1987). Unsere 'Frühausgliederungsgesellschaft`, 1 - 17, in: dies. (Hg): Ausrangiert. Lebens- und Berufsperspektiven bei beruflicher Frühausgliederung, Bielefeld

Backhaus-Maul, Helmut (1991). Wohlfahrtsverbände als soziale Dienstleistungsunternehmen ?, 27 -37, in: Forschungsjournal Neue Soziale Bewegungen Nr.3
Bäcker, Gerhard /Brigitte Stolz-Willig (1994). Vereinbarkeit von Beruf und Familie als eine Zukunftsaufgabe des Sozialstaats, 13 - 52, in: dies. (Hg): Kind, Beruf, soziale Sicherung, Köln
Baier, Vicky /James March / Harald Soetren (1995): Implementation and Ambiguity, 160 - 170, in: David McKevitt / Alan Lawton (eds): Public Sector Management. Theory, Critique and Practice, London
Baitsch, Christof (1993). Was bewegt Organisationen ? Selbstorganisation aus psychologischer Perspektive, Frankfurt
Bakker, Isabella / Riel Miller (1996). Escape from Fordism: The Emergence of Alternative Forms of State Administration, 334 - 356, in: Robert Boyer / Daniel Drache (eds): States Against Markets. The Limits of Globalization, London
Baldock, John / Adalbert Evers (1991). Beiträge zu einer neuen Dienstleisungskultur - Beispiele aus dem Bereich der Altenpflege, 232 - 257, in: Soziale Welt
Banner, Gerhard / Christoph Reichard (Hg; 1993). Kommunale Managementkonzepte in Europa, Köln
Banner,Gerhard (1994). Wir brauchen eine andere Kommunalverwaltung, 46 - 50, in: Demokratische Gemeinde Nr.3
Bardmann, Theodor (1994). Wenn aus Arbeit Abfall wird. Aufbau und Abbau organisatorischer Realitäten, Frankfurt
Bauer, Helfried (1993). Verwaltungsmodernisierung auf Gemeindeebene, 2 - 7, in: Österreichische Gemeindezeitung
Bauer, Petra (1996). Bedarfsgerechte Gesundheitsversorgung in Österreich: zur intramuralen und extramuralen Vernetzung von gemeindenahen Pflegesystemen, Linz
Bauer, Siegfried (1994). Privatisierung kommunaler Einrichtungen, Reduzierung der Pro-Kopf-Verschuldung, Doppik statt Kameralistik, „Tilburger Modell" und was noch ?, 128 - 133, in: Der Gemeindehaushalt Nr.6
Becher, Bernhard (1987). Sozialpolitische Aktionsgruppen: Bedingungsfaktoren ihrer Beziehung zu kommunaler Politik und Verwaltung, 269 -302, in: Franz Xaver Kaufmann (Hrsg): Staat, intermediäre Institutionen und Selbsthilfe, München
Becher, Berthold (1986). Recht und sozialpolitische Selbststeuerung, 279 - 301, in: Rüdiger Voigt (Hrsg): Recht als Instrument der Politik, Opladen
Beck, Ulrich / Michael Brater / Eckhart Tramsen (1976). Beruf, Herrschaft und Identität, 8 - 44, in: Soziale Welt
Beck, Ulrich (1993). Die Erfindung des Politischen, Frankfurt
Becker, Hermann (1992). Motivation durch Delegation von Verantwortung, 304 - 305, in: Verwaltungsführung Nr.5
Becker, Jörg (1994). Informationsmanagement und -controlling, Würzburg
Beckman, Svante (1990). Professionalization: Borderline-Authority and Autonomy in Work, 115 - 138, in: Michael Burrage / Rolf Torstendahl (eds): Professions in Theory and History, London

Behrenst, Johann / Stephan Leibfried / Ulrich Mückenberger (1987). Sozialpolitische Regulierung und Normalisierung des Arbeitsbürgers, 24 - 34, in: Michael Opielka / Ilona Ostner (Hg): Umbau des Sozialstaats, Essen

Benz, Arthur (1995). Verhandlungssysteme und Mehrebenen-Verflechtung im korporativen Staat, 83 - 103, in: Wolfgang Seibel / Arthur Benz (Hg): Regierungssystem und Verwaltungspolitik, Opladen

Bergold, Jarg (1993). Vernetzung psychosozialer Dienste: theoretische und empirische Studien über stadtteilbezogene Krisenintervention und ambulante Psychiatrie, Weinheim

Bertilsson, Margareta (1994). The Welfare State, the Professions, the Citizens, 237 - 249, in: David McKevitt / Alan Lawton (eds): Public Sector Management, London

Bichsel, Thomas (1994). Die strategische Führung der öffentlichen Verwaltung: Grundzüge eines Verfahrens zur Bestimmung und Einführung einer strategischen Führungskonzeption, Chur

Bieback, Karl-Jürgen / Helga Milz (1995). Armut in Zeiten des modernen Strukturwandels, 7 - 27, in: dies. (Hg): Neue Armut, Frankfurt

Biehal, Franz (1993). Lean Service, Bern

Blanke, Bernhard / Hubert Heinelt / Carl-Wilhelm Macke (1984). Arbeitslosigkeit und kommunale Sozialpolitik, 299 - 330, in: Wolfgang Bonß /Rolf Heinze (Hg): Arbeitslosigkeit in der Arbeitsgesellschaft, Frankfurt

Blankenburg, Erhard (1995). Mobilisierung des Rechts, Berlin

Blume, Michael (1993). Zur Diskussion um ein neues Steuerungsmodell für Kommunalverwaltungen - Argumente und Einwände, 1 - 9, in: Der Gemeindehaushalt Nr.1

BMAS (Bundesministerium für Arbeit und Soziales; 1995). Bericht über die soziale Lage, Wien

dass. (1996). Bericht über die soziale Lage, Wien

Böhm, Wolfgang / Marcel Mühlbach / Hans-Uwe Otto (1989). Zur Rationalität der Wissensverwendung im Kontext behördlicher Sozialarbeit, 226 - 248, in: Ulrich Beck / Wolfgang Bonß (Hg): Weder Sozialtechnologie noch Aufklärung, Frankfurt

Böhme, Gernot (1994). Die Sozialstruktur der Lüge, 71 - 85, in: Peter Kemper (Hrsg): Opfer der Macht. Müssen Politiker ehrlich sein ?, Frankfurt

Bölsenkötter, Heinz (1993). Voraussetzungen für die Privatisierung kommunaler Dienstleistungen, Vortrag gehalten am 2.11.1992 im Rahmen des Difu-Seminars „Kommunale Dienstleistungen - öffentlich oder privat ?"

Bösenberg, Dirk (1993). Lean Management: Vorsprung durch schlanke Konzepte, Landsberg

ders. (1994). Der schlanke Staat: Lean Management statt Staatsbürokratie, Düsseldorf

Bohne, Eberhard (1983). Informalität, Gleichheit und Bürokratie, 196 - 202, in: Rüdiger Voigt (Hrsg): Gegentendenzen zur Verrechtlichung, Opladen

Boje, David / Robert Gephart /Tojo Joseph Thatchenkery (eds.; 1996). Postmodern Management and Organization Theory, London

Bolz, Norbert (1994). Politik als ob oder die Lizenz zu lügen, 58 - 70, in: Peter Kemper (Hrsg): Opfer der Macht. Müssen Politiker ehrlich sein ?, Frankfurt
Born, Marius (1996). Teams - Chancen und Gefahren, Bern
Brandt, Eberhard (1996). Und keiner sieht, daß der Kaiser nackt ist. Über Ideologie und das Ideologische in der Sozialarbeit, Berlin
Brauns, Helmuth (1994). Die Wohlfahrtsverbände müssen ihre Orientierung am Staat aufgeben. Finanzierungsstrukturen prägen Organisationsformen - Was sich ändern muß, 161 - 163, in: Blätter der Wohlfahrtspflege Nr.9
Breitkopf, Helmut (Hrsg; 1990). Sozialpolitik jenseits von Markt und Staat, Bielefeld
Brodie, Janine (1996). New State Forms, New Political Spaces, 383 - 398, in: Robert Boyer / Daniel Drache (eds): States Against Markets. The Limits of Globalization, London
Bromley, Daniel (1989). Economic Interests and Institutions, Oxford
Brünner, Christian (1983). Aufgaben der Verwaltung, 89 - 140, in: Karl Wenger / Christian Brünner / Peter Oberndorfer (Hg): Grundriß der Verwaltungslehre, Wien
Brunn, Anke (1986). Selbsthilfe zwischen Sozialabbau und Selbstbestimmung, 170 - 177, in: Rolf Heinze (Hrsg): Neue Subsidiarität: Leitidee für eine zukünftige Sozialpolitik, Opladen
Bryson, Lois (1992). Welfare and the State. Who Benefits ?, Houndmills
Budäus, Dietrich (1994). Public Management. Konzepte und Verfahren zur Modernisierung öffentlicher Verwaltungen, Berlin
Bürsch, Michael (1996). Die Modernisierung der deutschen Landesverwaltungen, Bonn
Buhr, Petra / Monika Ludwig / Stephan Leibfried (1990). Armutspolitik im Blindflug. Zur Notwendigkeit einer Erweiterung der Armutsberichterstattung, 79 - 110, in: Diether Döring / Walter Hanesch / Ernst-Ulrich Huster (Hg): Armut im Wohlstand, Frankfurt
Buhr, Petra / Monika Ludwig (1994). Deklassierung oder biographischer Übergang ? Modernisierte Armutskarrieren in den 80er Jahren, 106 - 133, in: Michael Zwick (Hrsg): Einmal arm, immer arm ? Neue Befunde zur Armut in Deutschland, Frankfurt
Buhr, Petra (1995). Dynamik von Armut. Dauer und Biographische Bedeutung von Sozialhilfebezug, Opladen
Bullmann, Udo (1991). Kommunale Strategien gegen Massenarbeitslosigkeit. Einstieg in eine sozialökologische Erneuerung, Opladen
Bundesministerium für Umwelt, Jugend und Familie (1996). Bericht an den Nationalrat: Die Auswirkungen des Jugendwohlfahrtsgesetzes 1989 auf die Ausführungsgesetze und deren Vollziehung in den Ländern, Wien
Busch, Georg (1994). Sozialpolitik der Zukunft. Wie reformbedürftig ist der Sozialstaat Österreich ?, 51 - 64, in: Manfred Prisching / Hermann Schützenhofer (Hg): Soziale Sicherheit im Umbruch, Graz 1994
Bussfeld, Klaus (1990). Informales Verwaltungshandeln - Chancen und Gefahren, 39 - 49, in: Hermann Hill (Hrsg): Verwaltungshandeln durch Verträge und Absprachen, Baden-Baden

Bust-Bartels, Axel (1990). Skandal Massenarbeitslosigkeit. Zwischen passivem Staat und alternativer Arbeitsmarktpolitik, Opladen
Caiden, Gerald (1991). Administrative Reform comes of Age, New York
Clarke, John (1996). After Social Work, 36 - 60, in: Nigel Parton (ed): Social Theory, Social Change and Social Work, London
Clegg, Stewart / Gill Palmer (1996). Producing Management Knowledge, 1 - 18, in: dies. (eds.) The Politics of Management Knowledge, London
Cochrane, Allan (1994). Restructuring the Local Welfare State, 117 -135, in: Roger Burrows / Brian Loader (eds): Towards a Post-Fordist Welfare-State ?, London
Cohen, Michael / Lee Sproull (eds; 1996). Organizational Learning, Thousand Oaks
Corsten, Hans / Thomas Will (1993). Lean Production - schlanke Produktionsstrukturen als Erfolgsfaktor, Stuttgart
Coullery, Pascal (1993). Das Recht auf Sozialhilfe, Bern
Cranston, Ross (1985). Legal Foundations of the Welfare State, London
Crook, Stephen / Jan Pakulski / Malcolm Waters (1992). Postmodernization. Change in Advanced Society, London
Crozier, Michel (1964). The Bureaucratic Phenomenon, Chicago
Crozier, Michel / Erhard Friedberg (1993). Die Zwänge kollektiven Handelns. Über Macht und Organisation, Hain
Culpitt, Ian (1992). Welfare and Citizenship. Beyond the Crisis of the Welfare State, London
Cutler, Tony/ Barbara Waine (1994). Managing the Welfare State. The Politics of Public Sector Management, Oxford
Dahme, Jürgen / Dieter Grunow / Friedhart Hegner (1980). Aspekte der Implementation sozialpolitischer Anreizprogramme, 154 - 176, in: Renate Mayntz (Hrsg): Implementation politischer Programme, Königstein
Damaska, Mirjan (1986). The Faces of Justice and State Authority. A Comparative Approach to the Legal Process, New Haven
Dammann, Klaus / Dieter Grunow / Klaus Japp (Hg; 1994). Die Verwaltung des politischen Systems, Opladen
Denhardt, Robert (1990). Public Adminstration Theory: The State of the Discipline, 43 - 72, in: Naomi Lynn / Aaron Wildavsky (eds): Public Administration, Chatham
Denninger, Erhard (1989). Government Assistance in the Exercise of Basic Rights (Procedure and Organization), 461 - 484, in:Christian Joerges / David Trubek (eds): Critical Legal Thought: An American-German Debate, Baden-Baden
Dettling, Warnfried (1995). Solidarität neu denken - Über Grundlagen, Ziele und Methoden des Sozialstaates in einer veränderten Welt, 100 - 111, in: Werner Fricke (Hrsg): Jahrbuch Arbeit und Technik 1995, Bonn
Dewe, Bernd (Hrsg; 1991). Netzwerkförderung und soziale Arbeit, Bielefeld
Dick, Petra (1992). Personalentwicklung aus mikropolitischer Perspektive: Mikropolitik und Sozialisation, Dissertation, Augsburg
Diehl, Rolf (1993). Das Ende der Hierachien, Paderborn

Dimmel, Nikolaus (1990). Armutspotential zwischen Nichtinanspruchnahme und Repression, 161 - 190, in: ders. et.al.: Sozialhilfe. Strukturen, Mängel, Vorschläge, Wien

ders. (1993 a). BASO - Die Bahnhofs-Sozialstation, 93 - 100, in: Kurswechsel Nr.1

ders. (1993 b). Sozialrecht an den Grenzen sozialstaatlicher Rationalität, 57 - 72, in ÖZP Nr.1

ders. (1995 a). Sozialhilfe unter Druck. Nutzenverteilung, Legitimationsprobleme und Kostenlast der Sozialhilfe in Salzburg, 54 - 83, in: Herbert Dachs / Roland Floimair (Hg): Salzburger Jahrbuch für Politik 1995, Salzburg

ders. (1995 b). Vorüberlegungen zu einem Sozialhilfeverfahrensrecht, 63 - 68, in: JRP Nr.2

ders. (1995 c). Wahrnehmungs- und Strategieprobleme aus der Sicht der kommunalen Armutsverwaltung, 113 - 126, in: Bundesarbeitsgemeinschaft Wohnungslosenhilfe (Hg): Armut und Unterversorgung, Linz

ders. (1996 a). Armenhilfe im Wohlfahrtsstaat, 43 - 58, in: Johann Hagen et.al. (Hg): Querela Iuris. Gedächtnisschrift für Eduard Rabovsky, Wien

ders. (1996 b). Vom Nutzen eines Landessozialgesetzbuchs. Zur Kodifikation des Wohlfahrtsrechts, 1 - 5, in: JRP Nr. 4

ders. (1996 c). Die Architektur der Macht. Politik in Salzburg, oder: Das berühmte Salzburger Klima, in: Alfred Kyrer (Hrsg): Ein Salzburger Jahr, Salzburg 1997 (i.E)

ders. (1996 d). Nichtinanspruchnahme von Sozialhilfe. Ursachen, Strukturen, Lösungsmöglichkeiten, 38 - 42, in: Weg und Ziel Nr.1

ders. (1996 e). Auf dem Weg zu einem neuen Sozialkontrakt, 21 - 22, in: Juridikum Nr.3

Döring, Diether (1995). Soziale Sicherung in der Defensive, 11 - 50, in: ders. / Richard Hauser (Hg): Soziale Sicherheit in Gefahr, Frankfurt

Döring, Diether / Richard Hauser (1995). Neue Akzente für eine künftige Sozialpolitik, 249 - 262, in: ders. / Richard Hauser (Hg): Soziale Sicherheit in Gefahr, Frankfurt

Downs, Anthony (1967). Inside Bureaucracy, Boston

Dürig, Georg (1993). Zeitmananagement und Zeitmanagementsysteme, 37 - 40, in: Verwaltungsrundschau Nr.2

Dunleavy, Patrick (1991). Democracy, Bureaucracy and Public Choice. Economic Explanations in Political Science, Harvester Wheatsheaf, Hemel Hempstead

Dunsire, Andrew (1991). A Cybernetic View of Guidance, Control, and Evaluation in the Public Sector, 325 - 346, in: Franz X.Kaufmann (ed): The Public Sector. Challenge for Coordination and Learning, New York

Dunsire, Andrew / Keith Hartley / David Parker (1994). Organizational Status and Performance, 107 - 127, in: David McKevitt / Alan Lawton (eds): Public Sector Management, London

Ebbinghausen, Rolf (1995). Inszenierte Öffentlichkeit und politischer Skandal, 231 - 240, in: Gerhard Göhler (Hrsg): Macht der Öffentlichkeit - Öffentlichkeit der Macht, Baden-Baden

Edelman, Murray (1976). Politik als Ritual. Die symbolische Funktion staatlicher Institutionen und politischen Handelns, Frankfurt
Ehrenreich, Barbara (1992). Angst vor dem Absturz. Das Dilemma der Mittelklasse, München
Eichmann, Rainer (1989). Systemische Diskurse - Zur produktiven Nutzung von Dissens, 31 - 55, in: Manfred Glagow / Helmut Willke / Helmut Wiesenthal (Hg): Gesellschaftliche Steuerungsrationalität und partikulare Handlungsstrategien, Pfaffenweiler
Epskamp, Heinrich (1989). Die Illusion des Aufbruchs in die Leistungsgesellschaft, 104 - 127, in: ders. et.al. (Hg): Die neokonservative Verheißung und ihr Preis, Köln
Esping-Andersen, Gøsta (1985). Politics against Markets. The Social Democratic Road to Power, Princeton
ders. (1996). After the Golden Age ? Welfare State Dilemmas in a Global Economy, 1 - 31, in: ders. (ed): Welfare States in Transition. National Adaptions in Global Economies, London
Esser, Josef / Joachim Hirsch (1982). Materialistische Staatstheorie und Verwaltungswissenschaft, 105 - 121, in: Hans-Joachim Hesse (Hrsg): Politikwissenschaft und Verwaltungswissenschaft, erschienen als: PVS Sonderheft 13, Opladen
Evers, Adalbert / Kai Leichsenring (1996). Reduktion oder Redefinition politischer Verantwortung ? Modernisierungs sozialer Dienste in Delft und Stockholm, erschienen als: Eurosocial Nr. 60
Evers, Adalbert / Thomas Olk (1996). Wohlfahrtspluralismus - Analytische und normativ-politische Dimensionen eines Leitbegriffs, 9 - 62, in: dies. (Hg): Wohlfahrtspluralismus, Opladen
Ewald, Francois (1988). A Concept of Social Law, 40 - 75, in: Gunther Teubner (ed): Dilemmas of Law in the Welfare State, New York
Feldmann, Ursula et.al. (Hg; 1986). Handbuch der örtlichen Sozialplanung, Schriften des Deutschen Vereins für öffentliche und Private Fürsorge Bd.265, Frankfurt
Ferge, Zsusa / Sally Miller (1987). Social Reproduction and the Dynamics of Deprivation, 296 - 314, in: Zsusa Ferge / Sally Miller (eds): Dynamics of Deprivation, Aldershot
Festinger, Leon (1978). Theorie der kognitiven Dissonanz, Bern
Fink, Ulf (1990). Die neue Kultur des Helfens. Nicht Abbau, sondern Umbau des Sozialstaates, München
Fiol, Marlene (1996). Consensus, Diversity and Learning in Organizations, 173 - 206, in: James Meindl / Charles Stubbart / Joseph Porac (eds.): Cognition within and between Organisations, Thousand Oaks
Fischer, Georg / Emmerich Talos (1987). Materielle Versorgung bei Arbeitslosigkeit, 231 - 253, in: Emmerich Talos / Margit Wiederschwinger (Hg): Arbeitslosigkeit. Österreichs Vollbeschäftigungspolitik am Ende ?, Wien
Fleck, Christian (1991). Sozialpolitik und öffentliche Meinung,14 -26, in: AK-Salzburg (Hg): Soziale Sicherheit 2000, Salzburg

Flösser, Gaby (Hrsg; 1992). Sozialmanagement oder Management des Sozialen, Bielefeld
dies. (1994). Soziale Arbeit jenseits der Bürokratie. Über das Management des Sozialen, Neuwied
Flösser, Gaby / Mathias Schmidt (1996). Von der Subsidiaritätspolitik zur partnerschaftlichen Zusammenarbeit - Chancen für neue Kooperationsstrategien im Feld der Jugendhilfe, 274 - 294, in: Adalbert Evers / Thomas Olk (Hg): Wohlfahrtspluralismus, Frankfurt
Floimair, Roland (Hrsg; 1992). Das Projekt Aufgabenreform. Grundlagen - Bestandsaufnahme - Einsparungspotentiale, 'Salzburg Dokumentationen' - Schriftenreihe des Landespressebüros Nr.107, Salzburg
Fox, Charles / Hugh Miller (1996). Postmodern Public Administration. Toward Discourse, London
Francis, John (1993). The Politics of Regulation, London
Freyberg, Thomas (1995). Im Ganzen also sehr widerwärtig. Verleugnen, Verleumden, Ausgrenzen: Vom Umgang mit der Armut, 23 - 37, in: Friedhelm Hengsbach / Matthias Möhring-Hesse (Hg): Eure Armut kotzt uns an ! Solidarität in der Krise, Frankfurt
Frankenberg, Günter (1994). Solidarität in der Gesellschaft der Individuen ? Stichworte zur Zivilisierung des Sozialstaats, 210 - 223, in: ders. (Hrsg): Auf der Suche nach der gerechten Gesellschaft, Frankfurt
Friedman, Lawrence (1975). The Legal System: A Social Science Perspective, New York
ders. (1985). Legal Culture and the Welfare State, 12 - 27, in: Gunther Teubner (ed): Dilemmas of Law in Welfare State, Berlin
Gaier, Ulrich (1986). System des Handelns. Eine rekonstruktive Handlungswissenschaft, Stuttgart
Galkin, Alexander (1986). Herrschaftselite - Politisches Verhalten - Politische Kultur, Frankfurt
Gantner, Manfried (1994). Finanzwissenschaftliche Analyse des Salzburger Sozialhilfegesetzes mit besonderer Berücksichtigung der Kostenverteilung gemäß § 40 SbgSHG, Stellungnahme des Institut für Finanzwissenschaften der Universität Innsbruck, Innbruck
Garfield, Charles (1995). Spitzenmanagement im Team: funktionale Führung statt Hierarchie, Frankfurt
Gay, Paul (1996). Making Up Managers: Enterprise and the Ethos of Bureaucracy, 19 - 35, in: Stewart Clegg / Gill Palmer (eds): The Politics of Management Knowledge, London
Gehrmann, Gerd / Klaus Müller (1993). Management in sozialen Organisationen, Berlin
Gephart, Robert (1996). Management, Social Issues, and the Postmodern Era, 21 - 44, in: David Boje / Robert Gephart / Tojo-Joseph Thatchenkery (eds): Postmodern Management and Organization Theory. London
Gerhards, Jürgen (1991). Die Macht der Massenmedien und die Demokratie: Empirische Befunde, Wissenschaftszentrum Berlin - Abteilung: Öffentlichkeit und Soziale Bewegung, FS III 91-108, Berlin

Gibson, James (1989). Understandings of Justice: Institutional Legitimacy, Procedural Justice and Political Tolerance, 469 - 483, in: Law & Society Review, Nr. 4
Gibson, James (1996). The Legal Cultures of Europe, 55 - 85, in: Law & Society Review Nr.1
Giddens, Anthony (1994). Beyond Left and Right. The Future of Radical Politics, London
Gilbert, Neil (1995). Welfare Justice, Restoring Social Equity, New Haven
Görlitz, Axel (1983). Zur Transformation von Recht durch Vernetzung, 77 - 87, in: Rüdiger Voigt (Hrsg): Gegentendenzen zur Verrechtlichung, Opladen
Goodin, Robert (1988). Reasons for Welfare, Princeton
Gotthold, Jürgen (1983). Privatisierung oder Entbürokratisierung kommunaler Sozialpolitik, 249 -277, in: Rüdiger Voigt (Hrsg): Abschied vom Recht ?, Frankfurt
GPA (1995). Umverteilung. Wie der Reichtum für alle reicht, Wien
Grandke, Gerhard (1994). Die Stadt als Dienstleistungsunternehmen, 93 - 98, in: Ulrich Steger (Hrsg): Lean Administration. Die Krise der öffentlichen Verwaltung als Chance, Frankfurt
Greven, Michael (1990). Vom Sozialstaat zur Sozialpolitik und zurück zum Statt, 25 - 38, in: Udo Bermbach / Bernhard Blanke / Carl Böhret (Hg): Spaltungen der Gesellschaft und die Zukunft des Sozialstaats, Opladen
Grimm, Dieter (1991). Der Wandel der Staatsaufgaben und die Krise des Rechtsstaates, 159 - 175, in: ders.: Die Zukunft der Verfassung, Frankfurt
Groth, Uwe (1994). Lean Management: Konzept, kritische Analyse, praktische Lösungsansätze, Wiesbaden
Grunow, Dieter / Friedhart Hegner (1980). Sozialpsychologische Konsequenzen der Verrechtlichung: Alltagskontakte mit der Verwaltung, 261 - 275, in: Rüdiger Voigt (Hrsg): Verrechtlichung. Analysen zu Funktion und Wirkung von Parlamentarisierung, Bürokratisierung und Justitialisierung sozialer, politischer und ökonomischer Prozesse, Königstein
Grunow, Dieter (1994). Politik und Verwaltung, 29 - 39, in: Klaus Dammann / Dieter Grunow / Klaus Japp (Hg): Die Verwaltung des politischen Systems, Opladen
ders. (1995). Zwischen Solidarität und Bürokratie: Organisationsprobleme von Wohlfahrtsverbänden, 253 - 279, in: Thomas Rauschenbach / Christoph Sachße / Thomas Olk (Hg): Von der Wertgemeinschaft zum Dienstleistungsunternehmen, Frankfurt
Günther, Klaus (1990). Der Wandel der Staatsaufgaben und die Krise des regulativen Rechts, 51 - 68, in: Dieter Grimm (Hrsg): Wachsende Staatsaufgaben - sinkende Steuerungsfähigkeit des Rechts, Baden-Baden
Guger, Alois (1995). Umverteilung durch öffentliche Haushalte, WIFO-Studie, Wien
Habermas, Jürgen (1985). Die neue Unübersichtlichkeit, Frankfurt
Habermas, Jürgen (1992). Faktizität und Geltung. Beiträge zur Diskurstheorie des Rechts, Frankfurt

Hadaschik, Michael (1993). Revision und Controlling in einer Abteilung, 27 - 35, in: Interne Revision Nr.1
Häußermann, Hartmut (1977). Die Politik der Bürokratie. Einführung in die Soziologie der staatlichen Verwaltung, Frankfurt
Halfar, Bernd (1987). Nicht-intendierte Handlungsfolgen: zweckwidrige Effekte zielgerichteter Handlungen als Steuerungsproblem der Sozialplanung, Stuttgart
Hanesch, Walter (1988). Armutspolitik in der Beschäftigungskrise, Wiesbaden
ders. (1994). Armut in Deutschland, Frankfurt
ders. (1995). Optionen der Armutspolitik im Umbau des Sozialstaats, 141 175, in: ders. (Hrsg): Sozialpolitische Strategien gegen Armut, Opladen
Harms, Jens (1994). Wirtschaftlichkeit der öffentlichen Verwaltung. Anspruch und Mythos, 92 - 216, in: Verwaltungsführung Nr. 2
Hartmann, Helmut (1985). Armut trotz Sozialhilfe. Zur Nichtinanspruchnahme von Sozialhilfe in der Bundesrepublik, 169 - 189, in: Stephan Leibfried / Florian Tennstedt (Hg). Politik der Armut und Die Spaltung des Sozialstaats, Frankfurt
Harvey, David (1990). The Condition of Postmodernity, Oxford
Haslinger, Josef (1987). Politik der Gefühle. Ein Essay über Österreich, Darmstadt
Hauser, Richard / Werner Hübinger (1993). Arme unter uns. Ergebnisse und Konsequenzen der Caritas - Untersuchung, Freiburg
Hauser, Richard (1995). Armutspolitik unter veränderten ökonomischen und politischen Rahmenbedingungen, 112 - 140, in: Walter Hanesch (Hrsg): Sozialpolitische Strategien gegen Armut, Opladen
ders. (1996). Ziele und Möglichkeiten einer Sozialen Grundsicherung, Baden-Baden
Hearn, Jeff / Wendy Parkin (1993). Organizations, Multiple Oppressions and Postmodernism, 148 - 162, in: John Hassard / Martin Parker (eds): Postmodernism and Organizations, London
Heelas, Paul / Scott Lash / Paul Morris (eds.; 1996). Detraditionalization. Critical Reflections on Authority and Identity, Oxford
Hegenbarth, Rainer (1983). Selbstauflösung des Rechtssystems, 67 - 90, in: Rüdiger Voigt (Hrsg): Abschied vom Recht ?, Frankfurt
Hegner, Friedhart / Ernst Schmidt (1979). Organisatorische Probleme der horizontalen Politiksegmentierung und Verwaltungsfragmentierung, 167 - 194, in: Franz X.Kaufmann (Hrsg): Bürgernahe Sozialpolitik. Planung, Organisation und Vermittlung sozialer Leistungen auf lokaler Ebene, Frankfurt
Heins, Volker (1990). Strategien der Legitimation, Münster
Heinze, Rolf / Thomas Olk (1984). Sozialpolitische Steuerung. Von der Subsidiarität zum Korporatismus, 162 - 194, in: Manfred Glagow (Hrsg): Gesellschaftssteuerung zwischen Korporatismus und Subsidiarität, Bielefeld
Heinze, Rolf / Mathias Bucksteg (1995). Modernisierung der lokalen Sozialpolitik - Potentiale freiwilligen sozialen Engagements im „Wohlfahrtsmix", 208 - 218, in: Werner Fricke (Hrsg): Jahrbuch für Arbeit und Technik 1995, Bonn

Heinze, Rolf / Christoph Strünck (1996). Kontraktmanagement im Windschatten des „Wohlfahrtsmix“. Neue kommunale Steuerungsmodelle für das System der Wohlfahrtsverbände, 295 - 322, in: Adalbert Evers / Thomas Olk (Hg): Wohlfahrtspluralismus, Frankfurt
Held, David (1994). Inequalities of Power, Problems of Democracy, 47 - 59, in: David Miliband (ed): Reinventing the Left, Oxford
Hendler, Reinhard (1983). Grundprobleme der Entregelung im demokratischen Rechts- und Sozialstaat, 59 - 70, in: Rüdiger Voigt (Hrsg): Gegentendenzen zur Verrechtlichung, Jahrbuch für Rechtssoziologie und Rechtstheorie Bd. 9, Opladen
Hesse, Hans-Joachim (1982). Staat, Politik und Bürokratie, 9 - 33, in: Hans-Joachim Hesse (Hrsg): Politikwissenschaft und Verwaltungswissenschaft, erschienen als PVS Sonderheft 13, Opladen
Hill, Hermann (1994). Kommunikation als Herausforderung für Staat und Verwaltung, 49 - 66, in: Ulrich Steger (Hrsg): Lean Administration. Die Krise der öffentlichen Verwaltung als Chance, Frankfurt
Hindle, Tim (1994). Strategie: strategisches Management, München
Hinrichs, Karl (1989). Irreguläre Beschäftigungsverhältnisse und soziale Sicherheit. Facetten der Erosion des Normalarbeitsverhältnisses, 7 - 32, in: PROKLA Nr.4 (77)
Hoffmann, Jürgen (1989). Kapitalismus als soziale Realität, 37 - 65, in: Heinrich Epskamp et.al. (Hg): Die neokonservative Verheißung und ihr Preis, Köln
Hogwood, Brian /Guy Peters (1985). The Pathology of Public Policy, Clarendon Press, Oxford
Honderich, Ted (1994). Das Elend des Konservatismus, Hamburg
Horak, Christian (1992). Controlling in Non-Profit-Organisationen, Wiesbaden
Horch, Heinz-Dieter (1995). Selbstzerstörungsprozesse freiwilliger Vereinigungen: Ambivalenzen von Wachstum, Professionalisierung und Bürokratisierung, 280 - 296, in: Thomas Rauschenbach / Christoph Sachße / Thomas Olk (Hg): Von der Wertgemeinschaft zum Dienstleistungsunternehmen, Frankfurt
Hradil, Stefan (1987). Sozialstrukturanalyse einer fortgeschrittenen Gesellschaft, Opladen
Hübinger, Werner (1996). Prekärer Wohlstand. Neue Befunde zu Armut und sozialer Ungleichheit, Freiburg
Hugger, Werner (1983). Bürokratieabbau durch Einbeziehung der Betroffenen in die Rechtsvorschriftenentwicklung, 211 - 224, in: Rüdiger Voigt (Hrsg): Gegentendenzen zur Verrechtlichung, Opladen
îRezniîcek, Leonhard (1996). Lean Management für die öffentliche Verwaltung ?, Berlin
Jacobi, Henry (1984). Die Bürokratisierung der Welt, Frankfurt
Jessop, Bob (1991). The Welfare State in the Transition from Fordism to Post-Fordism, 82 - 105, in: ders.et.al. (eds): The Politics of Flexibility, Aldershot
ders. (1992). Regulation und Politik, 203 - 231, in: Alex Demirovic / Hans Peter Krebs / Thomas Sablowski (Hg): Hegemonie und Staat. Kapitalistische Regulation als Projekt und Prozeß, Münster

ders. (1994). Veränderte Staatlichkeit, 43 - 74, in: Dieter Grimm (Hrsg): Staatsaufgaben, Baden-Baden

Jordan, Grant (1990). Sub-Governments, Policy Communities and Networks: Re-filling Old Bottles, 319 - 338, in: Journal of Theoretical Politics, Nr. 2

Kaltenborn, Bruno (1995). Modelle der Grundsicherung: ein systematischer Vergleich, Baden-Baden

Kamper, Dietmar (1994). Stupidität. Über politische Dummheit heute, 112 - 124, in: Peter Kemper (Hrsg): Opfer der Macht. Müssen Politiker ehrlich sein ?, Frankfurt

Kanter, Rosabeth / David Summers (1994). Doing Well While Doing Good: Dilemmas of Performance-Measurement in Nonprofit Organisations and the Need for a Multiple-Constituency Approach, 220 - 236, in: David McKevitt / Alan Lawton (eds): Public Sector Management, London

Kardorff, Ernst (1979). Sozialpolitische Dimensionen, 177 - 205, in: Mona Winter et.al.: Venusfliegenfalle Sozialarbeit - Geometrisierung der Nächstenliebe, Frankfurt

Karpen, Ulrich (1989). Gesetzgebungs-, Verwaltungs- und Rechtsprechungslehre, Baden-Baden

Kasper, Helmut (1990). Die Handhabung des Neuen in organisierten Sozialsystemen, Heidelberg

Kaufmann, Franz-Xaver (1991). The Relationship between Guidance, Control and Evaluation, 213 - 234, in: ders. (ed): The Public Sector. Challenge for Coordination and Learning, Berlin-New York

ders. (1994). Diskurse über Staatsaufgaben, 15 - 41, in: Dieter Grimm (Hrsg): Staatsaufgaben, Baden - Baden

Kempson, Elaine / Alex Bryson / Karen Rowlingson (1994). Hard Times. How Poor Families make ends meet, London

Kieselbach, Thomas (1994). Arbeitslosigkeit als psychisches Problem - auf individueller und gesellschaftlicher Ebene, 233 - 263, in: Leo Montada (Hrsg): Arbeitslosigkeit und soziale Gerechtigkeit, Frankfurt

Kieser, Alfred / Herbert Kubicek (1992). Organisation, Berlin

King, Michael / Judith Trowell (1992). Children´s Welfare and the Law. The Limits of Legal Intervention, London

Klages, Helmut (1987). Motivierung zur Leistung als Innovationsaufgabe der öffentlichen Verwaltung, 339 - 352, in: Carl Böhret et.al. (Hg): Herausforderungen an die Innovationskraft der Verwaltung, Opladen

ders. (1991): Mitarbeitermotivation als Modernisierungsperspektive, Forschungsbericht des Forschungsinstituts für öffentliche Verwaltung an der Hochschule für Verwaltungswissenschafter Speyer, Gütersloh

ders. (1993). Häutungen der Demokratie, Zürich

Koch, Claus (1995). Die Gier des Marktes. Die Ohnmacht des Staaates im Kampf der Weltwirtschaft, München

König, Herbert (1994). Controlling in der öffentlichen Verwaltung ?, 158 - 162, in: Verwaltungsführung Nr. 3

Köppl, Franz / Hans Steiner (1989). Sozialhilfe - ein geeignetes Instrument zur Bekämpfung sozialer Not ?, 33 - 110, in: Nikolaus Dimmel u.a.: Sozialhilfe. Strukturen, Mängel, Vorschläge, Wien
Kötterl, Gerhard / Gabi Kienbauer (1992). Social-Marketing, NOVA-Leben 2000 Transkription vom 31.März 1992
Kohmaier, Franz (1995). Pension in Not. Das österreichische Sozialsystem vor dem Zusammenbruch, Wien
Krause, Peter (1994). Armut im Wohlstand, DIW-Diskussionspapiere 88/94, Berlin
Krebs, Harmut (1987). Entwicklungen eines administrativen Innovationsmanagements. Anforderungen und Potentiale, 203 -206, in: Carl Böhret et.al. (Hg): Herausforderungen an die Innovationskraft der Verwaltung, Opladen
Kreidl, Waltraud (1995). Vergleichende Evaluation ausgewählter Pilotprojekte der integrativen, vernetzten Altenbetreuung mit dem Schwerpunkt der ambulanten Versorgungsmodelle im ländlichen, kleinräumigen Bereich, Projektbericht der Arbeitsgemeinschaft Alpenländer, Institut für Soziologie, Innsbruck
Lampert, Heinz (1991). Lehrbuch der Sozialpolitik, Berlin
Lane, Jan-Erik (ed;1987). Bureaucracy and Public Choice, SAGE, London
ders. (1995). The Public Sector. Concepts, Models and Approaches, London
Lange, Dietrich (1992). Der geforderte Sozialstaat, 47 - 72, in: ders./ Hans-Ulrich Weth (Hg): Politische Beteiligung im Sozialstaat, Neuwied
Lawson, Roger (1993). Sozial Citizenship, Work and Social Solidarity, 119 - 142, in: William J. Wilson (ed): Sociology and the Public Agenda, Newbury Park
Leibfried, Stephan / Lutz Leisering u.a. (1995). Zeit der Armut, Frankfurt
Leisring, Lutz / Wolfgang Voges (1992). Erzeugt der Wohlfahrtsstaat seine eigene Klientel ?, 446 - 473, in: Stephan Leibfried / Wolfgang Voges (Hg): Armut im modernen Wohlfahrtsstaat, Opladen
Leisering, Lutz / Stephan Leibfried (1996). Nützliche Ungleichheiten - nützlicher Sozialstaat. Verteilungspolitik jenseits der Arbeitsgesellschaft, 70 - 90, in: Dieter Schulte (Hrsg): Erneuerung des Sozialstaates, Köln
Lenk, Klaus (1983). Funktionsverlust des Rechts in der öffentlichen Verwaltung, 88 - 102, in: Rüdiger Voigt (Hrsg): Gegentendenzen zur Verrechtlichung, Opladen
Lind, Allan (1994). Procedural Justice and Culture: Evidence for Ubiquitous Process Concerns, S. 24 - 36, in: Zeitschrift für Rechtssoziologie Nr.3
Löschnigg, Günther / Josef Scheipl (1990). Sozialinitiativen. Rechtliche Rahmenbedingungen und sozialpädagogische Aspekte, Wien
Luhmann, Niklas (1987). Soziale Systeme. Grundriß einer allgemeinen Theorie, Frankfurt
ders. (1993). Das Recht der Gesellschaft, Frankfurt
Lutz, Hedwig / Michael Wagner / Walter Wolf (1993). Von Ausgrenzung bedroht. Struktur und Umfang der materiellen Armutsgefährdung im österreichischen Wohlfahrtsstaat der 80er Jahre, Forschungsberichte des BMAS aus Sozial- und Arbeitsmarkt-politik Nr.50, Wien
Lynn, Naomi / Aaron Wildavsky (eds.; 1990). Public Administration. The State of the Discipline, Chatham

Macarov, David (1995). Social Welfare. Structure und Practice.
Mäder, Anne / Ursula Neff (1990). Vom Bittgang zum Recht, Stuttgart
March, James / Johan Olsen (1976). Ambiguity and Choice in Organizations, Oslo
dies. (1995). Democratic Governance, New York
Matzner, Egon (1987). Etatismuskritik und die Frage nach Alternativen zum herkömmlichen Sozialstaat, 139 - 152, in: Josef Weidenholzer (Hrsg): Rekonstruktion der Sozialdemokratie, Linz
McCann, Dick / Joe Katzenbach (1990). Team Management. Practical New Approaches, London
Marsland, David (1996). Welfare or Welfare State ? Contradictions and Dilemmas in Social Policy, Houndmills
Martinek, Oswin et.al. (Hg; 1986). Sozialpolitik und Sozialplanung, Wien
Mayer, Karl-Ulrich / Walter Müller (1994). Individualisierung und Standardisierung im Strukturwandel der Moderne. Lebensverläufe im Wohlfahrtsstaat, 265 - 295, in: Ulrich Beck / Elisabeth Beck-Gernsheim (Hg): Riskante Freiheiten, Frankfurt
Mayntz, Renate (1982). Problemverarbeitung durch das politisch-administrative System: Zum Stand der Forschung, 74 - 89, in: Hans-Joachim Hesse (Hrsg): Politikwissenschaft und Verwaltungswissenschaft, erschienen als PVS Sonderheft 13, Opladen
Meier-Ziegler, Rudolf (1993). Lean Management und Lean Production. Überlegungen für ein radikales Umdenken im Sozialwesen, 48 - 63, in: Archiv für Wissenschaft und Praxis der sozialen Arbeit Nr. 1
Mercer, James (1992). Public Management in Lean Years: Operating in a Cutback Management Environment, Westport/Conn.
Merchel, Joachim (1992). Sozialmanagement als Innovationsstrategie ? Anmerkungen zu Hitnergrund und Bedeutung der aktuellen 'Management`- Diskussion bei freien Trägern der Sozialarbeit, 73 - 87, in: Gaby Flösser / Hans-Uwe Otto (Hg): Sozialmanagement oder Management des Sozialen ?, Bielefeld
ders. (1995). Sozialmanagement: Problembewältigung mit Placebo-Effekt oder Strategie zur Reorganisation der Wohlfahrtsverbände ?, 297 - 320, in: Thomas Rauschenbach / Christoph Sachße / Thomas Olk (Hg): Von der Wertgemeinschaft zum Dienstleistungsunternehmen, Frankfurt
Merritt, Richard / Anna Merritt (eds; 1985). Innovation in the Public Sector, Beverly Hills
Metzen, Heinz (1994). Schlankheitskur für den Staat. Lean Management in der öffentlichen Verwaltung, Frankfurt
Mirbach, Thomas (1993). Arbeitsmarkt und Wohlfahrtsstaat, Opladen
Mishra, Ramesh (1996). The Welfare of Nations, 316 - 333, in: Robert Boyer / Daniel Drache (eds): States Against Markets. The Limits of Globalization, London
Mittelstraß, Jürgen (1995). Grenzen der Vernunft in Politik und Verwaltung, 111 - 122, in: Wolfgang Seibel / Arthur Benz (Hg): Regierungssystem und Verwaltungspolitik, Opladen

Möhring-Hesse, Matthias (1995). Mit Schmarotzern solidarisch sein ? Solidarität auf Gegenseitigkeit in der Wohlstandsgesellschaft, 83 - 102, in: Friedhelm Hengsbach / Matthias Möhring Hesse (Hg): Eure Armut kotzt uns an. Solidarität in der Krise, Frankfurt
Moon, Donald (1993): Citizenship and Welfare: Social Democratic and Liberal Perspectives, 97 - 118, in: Williams J. Wilson (ed): Sociology and the Public Agenda, Newbury Park
Morgan, Gareth (1986). Images of Organization, Beverly Hills
Morris, Lydia (1994). Dangerous Classes. The Underclass and Social Citizenship, London
Mückenberger, Ulrich (1990). Zur Rolle des Normalarbeitsverhältnisses bei der sozialstaatlichen Umverteilung von Risiken, 169 - 192, in: Christoph Büchtemann / Helmut Neumann (Hg): Mehr Arbeit durch weniger Recht ? Chancen und Risiken der Arbeitsmarktflexibilisierung, Berlin
Müller, Dennis (1989). Public Choice II, Cambridge
Müller, Eduard (1996). Personalentwicklung in der öffentlichen Verwaltung: Qualifizierung und Motivierung von Mitarbeitern als Führungsaufgabe, Wien
Müller, Hans-Peter (1992). Sozialstruktur und Lebensstile, Frankfurt
Müller, Marina (1992). Armut als verdrängte Wirklichkeit. Der Wandel einer gesellschaftlichen Austauschbeziehung, Münster
Müller-Schöll, Albrecht / Manfred Priebke (1991). Sozialmanagement. Zur Förderung systematischen Entscheidens, Planens, Organisierens, Führens und Kontrollierens in Gruppen, Darmstadt
Münch, Richard (1995). Dynamik der Kommunikationsgesellschaft, Frankfurt
ders. (1996). Risikopolitik, Frankfurt
Münder, Johannes (1988). Mängellagen und die verschiedenen Defizite, 56 - 64, in: ders. (Hrsg): Zukunft der Sozialhilfe, Münster
Mulgan, Geoff (1990). Uncertainty, Reversibility and Variety, 379 - 394, in: Stuart Hall / Martin Jaques (eds): New Times. The Changing Face of Politics in the 1990s, London
Naschold, Frieder et.al. (1994). Neue Städte braucht das Land. Public Governance: Strukturen, Prozesse und Wirkungen kommunaler Innovationsstrategien in Europa, WZB-Papers FS II 94-206, Berlin
Narr, Wolf-Dieter (1966). Verwaltungsreform - warum, wozu, wie ?, 61 - 92, in: Peter Grottian (Hrsg): Wozu noch Beamte ? Vom starren zum schlanken Berufsbeamtentum, Frankfurt
Natter, Ehrenfried / Christoph Reinprecht (1992). Achtung Sozialstaat, Wien
Neckel, Sieghard (1991). Status und Scham. Zur symbolischen Reproduktion sozialer Ungleichheit, Frankfurt
Neumann, Dieter (1991). Organisationsentwicklung in Institutionen der sozialen Arbeit, 842 - 849, in: Teresa Bock (Hrsg): Die soziale Arbeit in den 90er Jahren. Neue Herausforderungen bei offenen Grenzen in Europa, Frankfurt
Nilsson, Ragnar (1993). Organisationsentwicklung. Strukturorganisation als strategischer Erfolgsfaktor, 132 - 139, in: Controller Magazin Nr.3
Nullmeier, Frank / Friedbert Rüb (1993). Die Transformation der Sozialpolitik. Vom Sozialstaat zu, Sicherungstaat, Frankfurt

Nullmeier, Frank / Georg Vobruba (1995). Gerechtigkeit im sozialpolitischen Diskurs, 11 - 66, in: Diether Döring et.al. (Hg): Gerechtigkeit im Wohlfahrtsstaat, Marburg
Nullmeier, Frank / Friedbert Rüb (1993). Die Transformation der Sozialpolitik. Vom Sozialstaat zum Sicherungsstaat, Frankfurt
Oertzen, Hans-Joachim (Hrsg; 1974). Demokratisierung und Funktionsfähigkeit der Verwaltung, Stuttgart
Oettl, Manfred (1988). Sozialstaat und private Wohlfahrt in Österreich. Zum Verhältnis von staatlicher Politik und intermediärem Sektor in den sozialen Diensten, Projektbericht, Wien
Offe, Claus (1984). Contradictions of the Welfare State, Cambridge/Mass.
Offe, Claus (1989). Fessel und Bremse. Moralische und institutionelle Aspekte intelligenter Selbstbeschränkung, 739 - 774, in: Axel Honneth et.al. (Hg): Zwischenbetrachtungen im Prozeß der Aufklärung. Festschrift für Jürgen Habermas, Frankfurt
Offe, Claus (1994). Falsche Antworten, verlogene Fragen, 125 - 138, in: Peter Kemper (Hrsg): Müssen Politiker ehrlich sein ?, Frankfurt
Offe, Claus (1996 a). Modernity and the State, London
Offe, Claus (1996 b). Die Aufgabe von staatlichen Aufgaben: Thatcherismus und die populistische Kritik der Staatstätigkeit, 317 - 352, in: Dieter Grimm (Hrsg): Staatsaufgaben, Frankfurt
Offer, John (1991). The Sociology of Welfare: Where Social Work fits in, 68 - 86, in: Martin Davies (ed): The Sociology of Social Work, London
Olk, Thomas / Hans-Uwe Otto (1985). Kommunale Sozialpolitik und wohlfahrtstaatliche Entwicklung, 46 - 76, in: Jürgen Krüger / Eckart Pankoke (Hg): Kommunale Sozialpolitik, München
Olk, Thomas / Barbara Riedmüller (1994). Grenzen des Sozialversicherungsstaates oder grenzenloser Sozialversichungsstaat, 9 - 36, in: Barbara Riedmüller /Thomas Olk (Hg): Grenzen des Sozialversicherungsstaates, Opladen
Oppen, Maria (1991). Vom Verwaltungsapparat zum Dienstleistungsunternehmen ?, Berlin
Ortmann, Friedrich (1994). Öffentliche Verwaltung und Sozialarbeit, Weinheim
Osborne, David / Ted Gaebler (1993). Reinventing Government. How Entrepreneural Spirit is Transforming the Public Sector, New York
Ossadnik, Wolfgang (1993). Entwicklung eines Controllings für öffentliche Verwaltungen, 57 - 68, in: Die Verwaltung, Nr.1
Ostner, Ilona (1995). Wandel der Familienformen und soziale Sicherung der Frau oder: Von der Status- zur Passagensicherung, 80 - 117, in: Diether Döring / Richard Hauser (Hg): Soziale Sicherheit in Gefahr, Frankfurt
Ostner, Ilona / Wolfgang Voges (1995). Verschwindet der Ernäher-Ehemann ?, 93 - 106, in: Karl-Jürgen Bieback / Helga Milz (Hg): Neue Armut, Frankfurt
Pankoke, Erhard (1995). Subsidiarität und freies Engagement. Zur 'anderen' Modernität der Wohlfahrtsverbände, 54 - 83, in: Thomas Rauschenbach / Christoph Sachße / Thomas Olk (Hg): Von der Wertgemeinschaft zum Dienstleistungsunternehmen, Frankfurt

Parton, Nigel (1996). Social Work, Risk and the Blaming System, 98 - 114, in: ders. (ed): Social Theory, Social Change and Social Work. The State of Welfare, London
Pedler, Mike / John Burboyne / Tom Boydell (1990). The Learning Company, London
Pelinka, Peter (1995). Das Ende der Seligkeit. Wohin steuert Österreich ?, Wien
Penski, Ulrich (1986). Recht als Mittel der Politik. Möglichkeit oder Mißverständnis ?, 35 -59, in: Rüdiger Voigt (Hrsg): Recht als Instrument der Politik, Opladen
Peter, Laurence / Raymond Hull (1990). Das Peter-Prinzip oder Die Hierarchie der Unfähigen, Frankfurt
Peters, Bernhard (1993). Die Integration moderner Gesellschaften, Frankfurt
Peters, Thomas (1988). Kreatives Chaos. Die neue Management-Praxis, Hamburg
Peterseil, Erwin (1992). Vom Glück der Abhängigkeit. Die psychische Struktur des Funktionärs, 105 - 124, in: Anton Szanya (Hrsg): Politik auf der Couch, Wien
Petersen, Hans-Georg (1989). Sozialökonomik, Stuttgart
Petrovic, Otto / Iris Rausch (1992). Das Management von Sitzungen und Besprechungen als Entwicklungspotential der Öffentlichen Verwaltung, 404 - 407, in: Verwaltungsführung Nr. 6
Pfaff, Anita (1995). Was ist das Neue an der neuen Armut ?, 28 - 58, in: Karl-Jürgen Bieback / Helga Milz (Hg): Neue Armut, Frankfurt
Pfeffer, Jeffrey (1982). Organizations and Organization Theory, Boston
Pfeiffer, Werner (1994). Lean Management: Grundlagen der Führung und Organisation lernender Unternehmen, Berlin
Pierson, Paul (1995). The New Politics of the Welfare State, ZeS-Arbeitspapier Nr.3
Pinch, Steven (1994). Labour-flexibility and the changing welfare state: is there a post-fordist model ?, 177 - 202, in: Roger Burrows / Brian Loader (eds): Towards a Post-Fordist Welfare-State ?, London
Pippig, Gerhard (1988). Die Verwaltung und ihr Publikum, Westdeutscher Verlag, Opladen
Pitschas, Rainer (1980). Soziale Sicherung durch fortschreitende Verrechtlichung ? Staatliche Sozialpolitik im Dilemma von aktiver Sozialgestaltung und normativer Selbstbeschränkung, 150 - 169, in: Rüdiger Voigt (Hrsg): Verrechtlichung. Analysen zu Funktion und Wirkung von Parlamentarisierung, Bürokratisierung und Justitialisierung sozialer, politischer und ökonomischer Prozesse, Königstein
Pitschas, Rainer (1983). Entbürokratisierung durch Beratung ? Beratung als bürokratisch-distanzierte Regulierungsform des Verwaltungsstaates, 225 - 241, in: Rüdiger Voigt (Hrsg): Gegentendenzen zur Verrechtlichung, Opladen
Pitschas, Rainer (1990). Die Infrastruktur sozialer Dienste als Wirkungsbedingung der Sozialrechtsentwicklung, 3 - 19, in: Vierteljahresschrift für Sozialrecht Nr.1

Plant, Raymond (1991). Welfare and the Enterprise Society, 73 - 88, in: Thomas Wilson / Dorothy Wilson (eds): The State and Social Welfare. The Objectives of Policy, London
ders. (1992). Citizenship, Rights and Welfare, 15 - 30, in: Anna Coote (ed): The Welfare of Cititzens. Developing New Social Rights, London
Postlep, Rolf-Dieter / Hans Skopp (1993). Controlling in Kommunalverwaltungen, 30 - 33, in: Der Gemeindehaushalt Nr.2
Pratscher, Kurt (1992). Sozialhilfe: Staat - Markt - Familie, 61 - 96, in: Emmerich Talos (1992): Der geforderte Wohlfahrtsstaat, Wien
ders. (1996). Sozialhilfe in Österreich. Überlegungen zur subsidiären Sozialstaatlichkeit, 115 - 126, in: Kurswechsel Nr.3
Preslmayer, Helmuth (1992). Modernisierung von Kommunalverwaltungen, 127 - 129, in: oö.Gemeindezeitung Folge 6
Preuß, Ulrich (1985).The Concept of Rights and the Welfare State, 151 -173, in: Gunther Teubner (ed): Dilemmas of Law in Welfare State, Berlin
ders. (1994). Risikovorsorge als Staatsaufgabe, 523 - 551, in: Dieter Grimm (Hrsg): Staatsaufgaben, Baden-Baden
Promberger, Kurt (1995). Controlling für Politik und öffentliche Verwaltung, Wien
Puch, Hans-Joachim (1994). Organisation im Sozialbereich, Freiburg
Raschauer, Bernhard / Wolfgang Kazda (1983). Organisation der Verwaltung, 141 - 180, in: Karl Wenger / Christian Brünner / Peter Oberndorfer (Hg): Grundriß der Verwaltungslehre, Wien
Raschauer, Bernhard (1993). Besonderes Verwaltungsrecht, Wien
REFA (1995). Den Erfolg vereinbaren. Führen mit Zielvereinbarungen, München
Reichard, Christoph (1988). Der dritte Sektor - Entstehung, Funktion und Problematik von „Non-Profit"-Organisationen aus verwaltungswissenschaftlicher Sicht, 363 - 370, in: Die öffentliche Verwaltung, Nr.9
Reidegeld, Eckart (1980). Vollzugsdefizite sozialer Leistungen: Verrechtlichung Bürokratisierung als Grenzen der Sozialpolitik, 275 - 288, in: Rüdiger Voigt (Hrsg): Verrechtlichung. Analysen zu Funktion und Wirkung von Parlamentarisierung, Bürokratisierung und Justitialisierung sozialer, politischer und ökonomischer Prozesse, Königstein
Reischl, Ingrid / Martin Panholzer (1995). Ob arm, ob reich, für alle gleich ? Verteilungswirkungen von Sozialleistungen, Studie der GPA, Wien
Reithofer, Hans (1995). Sozialpolitik in Österreich, Wien
Riede, Thomas / Andrea Schott-Winterer / Alfred Woller (1988). Soziale Dienstleistungen und Wohlfahrtsstaat. Vergleichende Analysen zur Beschäftigung im Arbeitsmarktsegment „soziale Dienstleistungen" in der Bundesrepublik und den USA, 292 - 314, in: Soziale Welt, Nr. 3
Riedmüller, Barbara (1988). Die Defizite der Sozialhilfe, 51 - 55, in: Johannes Münder (Hrsg): Zukunft der Sozialhilfe, Münster
Rifkin, Jeremy (1995). Das Ende der Arbeit und ihre Zukunft, Frankfurt
Ritter, Ernst-Hasso (1990). Das Recht als Steuerungsmedium im korporativen Staat, 69 - 112, in: Dieter Grimm (Hrsg): Wachsende Staatsaufgaben - sinkende Steuerungsfähigkeit des Rechts, Baden - Baden

Rödel, Ulrich (1996). Sozialstaat und zivile Gesellschaft, 151 - 166, in: Dieter Schulte (Hrsg): Erneuerung des Sozialstaates, Köln
Rose, Richard (1984). Understanding Big Government. The Programme Approach, London
Rothgang, Heinz / Karin Haug (1993). Habits und Frames in der Sozialpolitik: Konzeptionelle Überlegungen, Zentrum für Sozialpolitik, ZeS-Arbeitspapier Nr.9, Bremen
Saltzstein, Grace (1992). Explorations in Bureaucratic Reponsiveness, 171 - 192, in: Larry Hill (ed): The State of Public Bureaucracy, Armonk
Scharang, Michael (1989). Das Wunder Österreich oder Wie es in einem Land immer besser und dabei immer schlechter wird, Wien
Scharpf, Fritz (1982). Der Erklärungswert binnenstruktureller Faktoren in der Politik- und Verwaltungsforschung, 90 - 104, in: Hans-Joachim Hesse (Hrsg): Politikwissenschaft und Verwaltungswissenschaft, erschienen als PVS Sonderheft 13, Opladen
Schattovits, Helmuth (1987). Aufgabenplanung, Wien
Schauer, Reinbert (1983). Handlungsmaßstäbe der Verwaltung, 313 - 326, in: Karl Wenger / Christian Brünner / Peter Oberndorfer (Hg.): Grundriß der Verwaltungslehre, Wien
Schedler, Kuno (1994). Die Verwaltung auf der Suche nach Wirksamkeit, 191 - 196, in: Verwaltungsführung Nr.3
ders. (1995). Ansätze einer wirkungsorientierten Verwaltungsführung, Bern
Scheuerman, William (1994). Between the Norm and the Exception. The Frankfurt School and the Rule of Law,Cambridge/Mass.
Schluchter, Wolfgang (1985). Aspekte bürokratischer Herrschaft, Frankfurt
Schmal, Andreas (1993). Problemgruppen oder Reserven für den Arbeitsmarkt, Frankfurt
Schmee, Josef / Andreas Landl (1991). Ökonomische Effekte der Einführung eines Mindestlohnes, Forschungsberichte des BMAS Nr.44, Wien
Schmid, Günther / Hubert Treiber (1975). Bürokratie und Politik, München
Schmid, Günther (1986). Regulierung im Wohlfahrtsstaat. Das Beispiel Behindertenpolitik, 158 - 183, in: Rüdiger Voigt (Hrsg): Recht als Instrument der Politik, Opladen
Schmid, Tom (1992). Wohnen und Arbeit, Projekt-Zwischenbericht, Wien
Schönig, Werner / Raphael L´Hoest (1996). Der geforderte Sozialstaat. Gedanken zu einer Systematik der Umbaudiskussion, 1 - 12, in: dies. (Hg): Sozialstaat wohin ? Umbau, Abbau oder Ausbau der sozialen Sicherung, Darmstadt
Scholz, Christian (1987). Strategisches Management: ein integrativer Ansatz, Berlin
Scholz,Hans-Gunther (1994). Controlling für die Kommunalverwaltung, 160 - 167, in: Verwaltungsrundschau Nr.5-6
Schütz, Martina (1994). Die moderne Organisation. Lean Management in Deutschlands Kommunen, 224 - 225, in: Der Landkreis Nr.5
Schulze-Fielitz, Helmuth (1992). Informales oder illegales Verwaltungshandeln ?, 233 - 254, in: Arthur Benz / Wolfgang Seibel (Hg): Zwischen Kooperation und Kooruption. Abweichendes Verhalten in der Verwaltung, Baden-Baden

Schwarz, Peter (1996). Management in Non-Profit-Organisationen, Bern
Seibel, Wolfgang (1983). Regierbarkeit und Verwaltungswissenschaft. Ideengeschichtliche Untersuchung zur Stabilität des verwaltenden Rechtssstaates, Frankfurt
ders. (1986). Steuerungsversagen des Rechts. Auf der Suche nach Abhilfe, 256 - 278, in: Rüdiger Voigt (Hrsg): Recht als Instrument der Politik, Opladen
ders. (1987). Der Staatsstil für Krisenzeiten: Selbststeuerung öffentlicher Aufgabenträger und das Problem der Kontrolle, 197 - 219, in: Politische Vierteljahresschrift Nr.2
ders. (1992). Funktionaler Dilletantismus. Erfolgreich scheiternde Organisationen im „Dritten Sektor" zwischen Markt und Staat, Baden-Baden
Selander, Staffan (1990). Associative Strategies in the Process of Professionalization: Professional Strategies and Scientification of Occupations, 139 - 150, in: Michael Burrage / Rolf Torstendahl (eds): Professions in Theory and History, London
Servatius, Hans-Gerd (1991). Vom strategischen Management zur evolutionären Führung, Stuttgart
Siegrist, Hannes (1990). Professionalization as a Process: Patterns, Progression and Discontinuity, 177 - 202, in: Michael Burrage/Rolf Torstendahl (eds): Professions in Theory and History, London
Skidelsky, Robert (1996). Können wir uns den Wohlfahrtsstaat leisten ?, 48 - 61, in: Transit No.12
Smith, Douglas / Jon Katzenbach (1993). The Wisdom of Teams, Boston
Sofsky, Wolfgang / Rainer Paris (1991). Figurationen sozialer Macht. Autorität, Stellvertretung, Koalition, Opladen
Ståhlberg, Krister (1987). Functional and dysfunctional bureaucracies, 195 - 209, in: Jan-Erik Lane (ed): Bureaucracy and Public Choice, London
Steger, Ulrich (Hrsg; 1994). Lean Administration. Die Krise der öffentlichen Verwaltung als Chance, Frankfurt
Steinle, Claus (1993). Delegation: Konzept, Felder, Prinzipien und Wirkungen, 41 - 48, in: Betriebswirtschaftslehre Nr.1
Stemmle, Dieter / Ursula Nader / Gerd Neises (Hg; 1992): Marketing im Gesundheits- und Sozialbereich, Bern
Stevens, Joe (1993). The Economics of Collective Choice, Boulder
Stewart, John / Stewart Ranson (1995). Management in the Public Domain, 54 - 70, in: David McKevitt / Alan Lawton (eds): Public Sector Management, London
Steyrer, Johannes (1994). Charisma in Organisationen: sozial-kognitive und psychodynamisch-interaktive Aspekte von Führung, Frankfurt
Stichweh, Rudolf (1994). Berufsbeamtentum und öffentlicher Dienst als Leitprofession, 207 - 214, in: Klaus Dammann / Dieter Grunow / Klaus Japp (Hg): Die Verwaltung des politischen Systems, Opladen
Stolterfoht, Barbara (1994). Umbau des Sozialstaates: Ist die Krise eine Chance ? Struktur- und Managementreform bei sozialen Dienstleistungen, 145 - 168, in: Ulrich Steger (Hrsg): Lean Administration. Die Krise der öffentlichen Verwaltung als Chance, Frankfurt

Strasser, Johano (1985). Soziale Sicherung in der Wachstumskrise, 44 - 52, in: Thomas Olk / Hans-Uwe Otto (Hg): Der Wohlfahrtsstaat in der Wende, Weinheim

ders. (1986). Grenzen des Sozialstaats, 173 - 192, in: Jürgen Krüger / Hermann Strasser (Hg): Soziale Ungleichheit und Sozialpolitik. Legitimation, Wirkung, Programmatik, Regensburg

Strehl, Franz (1993). Internationale Trends im Management öffentlicher Verwaltungen, 161 - 210, in: ders. (Hrsg): Managementkonzepte für die öffentliche Verwaltung, Wien

Strünck, Christoph (1995). Wandel der Wohlfahrtsverbände durch Kontraktmanagement, 349 - 359, in: Neue Praxis Nr.4

Stumpfögger, Nikolaus / Ulrich Wiethoff (1989). Armutsverwaltung. Kritik und Perspektive der Sozialhilfe, Berlin

Sützl, Heimo (1991). Neuorganisation der Wohlfahrtsverwaltung. Zielbestimmung - Zielhierarchie, Werkheft der MA 3/00, Salzburg

ders. (1992). Projekt NOWA -Materialien zur Geschäftsordnung, hektographiert, MA 3/00, Salzburg

Swietly, Ernst (1995). Auf dem Weg ins Sozialdebakel, Wien

Talos, Emmerich / Karl Wörister (1994). Soziale Sicherung im Sozialstaat Österreich, Baden-Baden

Terry, Larry (1996). Leadership of Public Bureaucracies, Thousand Oaks

Teubner, Gunther / Helmut Willke (1984). Kontext und Autonomie: Gesellschaftliche Selbstssteuerung durch reflexives Recht, 4 - 35, in: Zeitschrift für Rechtssoziologie Nr. 5

Teubner, Gunther (1985). After Legal Instrumentalism ? Strategic Models of Post-Regulatory Law, 299 - 326, in: ders. (ed): Dilemmas of Law in Welfare State, New York

Therborn, Göran (1995). European Modernity and Beyond. The Trajectoy of European Societies 1945-2000, London

Timmermann, Manfred (1995). Effizienzsteigerung in der öffentlichen Verwaltung. Management versus Bürokratie, 101 - 110, in: Wolfgang Seibel / Arthur Benz (Hg): Regierungssystem und Verwaltungspolitik, Opladen

Tjaden-Steinhauer, Margarete (1985). Die verwaltete Armut, Hamburg

Torstendahl, Rolf (1990). Promotion and Strategies of Knowledge-based Groups, 1 - 10, in: ders. / Michael Burrage (eds): The Formation of Professions. Knowledge, State and Strategy, London

Treutner, Erhard / Stephan Wolff / Wolfgang Bonß (1978). Rechtsstaat und situative Verwaltung. Zu einer sozialwissenschaftlichen Theorie administrativer Organisationen, Frankfurt

Treutner, Erhard (1982). Planende Verwaltung zwischen Recht und Bürgern. Zur Interdependenz von Bürger- und Verwaltungshandeln, Frankfurt

ders. (1986). Zur strategischen Nutzung rechtlicher Regeln in der Verwaltung, 234 - 255, in: Rüdiger Voigt (Hrsg): Recht als Instrument der Politik, Opladen

ders. (1993). Rückzug des Staates oder subtile Steuerung im Bereich der Arbeits- und Sozialpolitik, 351 - 370, in:Rüdiger Voigt (Hrsg): Abschied vom Staat - Rückkehr zum Staat, Baden-Baden

Türk, Klaus (1978). Grundlagen einer Pathologie der Organisation, Stuttgart
Tullock, Gordon (1970). Private Wants, Public Means, New York
Ulrich, Peter (1988). Management, Bern
Twine, Fred (1994). Citizenship and Social Rights, London
Uusikylä, Petri (1996). The Politics of Cutback-Management, MPIFG Discussion Paper No.2, Max Planck Institut für Gesellschaftsforschung Köln
Varga, Csaba (1992). Comparative Legal Cultures, New York
Verwaltungsakademie (1991). Personalmanagement: Personalentwicklung in der öffentlichen Verwaltung, Wien
Vetter, Rolf / Ludwig Wiesenbauer (1992). Führungsverhalten in Projekten, 21 - 26, in: Office Management Nr. 12
Vobruba, Georg (1983). Entrechtlichungstendenzen im Wohlfahrtsstaat, 91 - 117, in: Rüdiger Voigt (Hrsg): Abschied vom Recht ?, Frankfurt
ders. (1987). Gesellschaftsspaltungen und solidarisierende Sozialpolitik, 153 - 192, in: Ehrenfried Natter / Alois Riedlsperger (Hg): Zweidrittelgesellschaft. Spalten, Splittern oder Solidarisieren, Wien
ders. (1989). Arbeiten und Essen, Wien
Voges, Wolfgang (1996). Konsequenzen neuer Familienformen und heterogener Armutslagen, 79 - 99, in: Werner Schönig / Raphael L´Hoest (Hg): Sozialstaat wohin ? Umbau, Abbau oder Ausbau der sozialen Sicherung, Darmstadt
Voigt, Rüdiger (1983). Regulatives Recht im Wohlfahrtsstaat, 19 - 49, in: ders. (Hrsg): Abschied vom Recht ?, Frankfurt
Walker, Carol (1993). Managing Poverty. The Limits of Social Assistance, London
Wallner, Stefan (1995). Verarmungsrisiken im Wohlfahrtsstaat. Situationsanalyse und Problemkatalog zur sozialen Lage in Österreich, hektographiert, Wien
Wandaller, Peter / Uwe Höfferer (1995). Ist der Sozialstaat noch finanzierbar ? Reihe: Politische Grundlagenarbeit in der AK, hektographiert, Salzburg
Welge, Martin / Andreas Al-Laham (1993). Der Prozeß der strategischen Planung, 193 - 200, in: Betriebswirtschaftslehre Nr.3
Wenger, Karl (1983). Verwaltungslehre als wissenschaftliche Disziplin, 33 - 88, in: Karl Wenger / Christian Brünner / Peter Oberndorfer (Hg): Grundriß der Verwaltungslehre, Wien
Werder, Hans (1992). Das Leitbild als Instrument strategischer Verwaltungsführung, 157 - 161, in: Verwaltungsführung Nr.3
Wiesenthal, Helmut (1990). Unsicherheit und Multiple-Self-Identität: Eine Spekulation über die Voraussetzungen strategischen Handelns, Max-Plank-Institut-für-Gesellschaftsforschung, MPIFG -Arbeitspapier Nr.2, Köln
Wiethölter, Rudolf (1986). Materialization and Proceduralization in Modern Law, 221 - 249, in: Gunther Teubner (ed): Dilemmas of Law in the Welfare State, New York
Wildavsky, Aaron (1984). The Politics of the Bugdetary Process, Boston
Wilfing, Heinz (1995). Sozialarbeit - Methodisches Interventionsrepertoire oder Wissenschaft des sozialen Handelns ?, 55 - 68, in: ders. (Hrsg): Konturen der Sozialarbeit, Wien

Williams, Fiona (1991). The Welfare State as Part of a Racially Structured and Patriarchal Capitalism, 306 - 336, in: Martin Loney et.al. (eds) The State or the Market, London
dies. (1994). Social Relations, Welfare and the Post-Fordism- Debate, 49 -73, in: Roger Burrows / Brian Loader (eds): Towards a Post-Fordist Welfare State, London
Williams, Wilton /Richard Elmore (1976). Social Programme Implementation, New York
Willke, Helmut (1985). Three Types of Legal Structure: The Conditional, the Pirposive and the Relational Program, 280 - 298, in: Gunther Teubner (ed): Dilemmas of Law in Welfare State, New York
ders. (1996). Ironie des Staates, Frankfurt
Wimmer, Norbert / Konrad Arnold (1990). Dialogisches Verwaltungshandeln im Lichte des Legalitätsprinzips, 51 - 58, in: Hermann Hill (Hrsg): Verwaltungshandeln durch Verträge und Absprachen, Baden-Baden
Wimmer, Rudolf (1993). Zur Eigendynamik komplexer Organisationen. Sind Unternehmungen mit hoher Eigenkomplexität noch steuerbar ?, 255 - 308, in: Gerald Fatzer (Hrsg): Organisationsentwicklung für die Zukunft, Köln
Windhoff-Heritier, Adrienne (1987). Responsive Sozialpolitik - Aspekte eines politischen Prozesss, 231 - 250, in: Thomas Olk / Hans-Uwe Otto (Hg): Soziale Dienste im Wandel Bd.I:´Helfen im Sozialstaat`, Neuwied
Wirth, Wolfgang (1991). Responding to Citizens Needs. From Bureaucratic Accountability to Individual Coproduction in the Public Sector, 69 - 86, in: Franz X.Kaufmann (ed): The Public Sector. Challenge for Coordination and Learning, New York
Witte, Gertrud (1994). Privatisierung städtischen Aufgaben, 524 - 528, in: Der Städtetag Nr.8
Wittkämper, Gerhard (1982). Die politische Kontrollproblematik der öffentlichen Verwaltung, 190 - 204, in: Hans-Joachim Hesse (Hrsg): Politikwissenschaft und Verwaltungswissenschaft, Opla-den
Wohlgenannt, Liselotte / Herwig Büchele (1990). Den ökosozialen Umbau beginnen: Grundeinkommen, Wien
Wolff, Georg (1992). Führungsstil als Leistungskiller, 578 - 581, in: ö. Sparkassenzeitung Folge 22
Wollmann, Hellmut (1990). Handlungsspielräume und -grenzen in Kommunen gegenüber sozialer Polarisierung im Gefolge der Massenarbeitslosigkeit, 175 - 182, in: Udo Bermbach / Bernhard Blanke / Carl Böhret (Hg): Spaltungen der Gesellschaft und die Zukunft des Sozialstaats, Opladen
ders. (1983). Entbürokratisierung durch „Implementation von unten“ - Handlungsreserve sozialstaatlicher Verwaltungspolitik ?, 242 - 262, in: Rüdiger Voigt (Hrsg): Gegentendenzen zur Verrechtlichung, Opladen
Wolters, Jan / Johannes Hartkemeyer (1994). Die öffentliche Verwaltung - ein System organisierter Unverantwortlichkeit oder ein Dienstleistungsunternehmen ?, 46 - 51, in: Organisationsentwicklung Nr.3
Yeatman, Anna (1990). Bureaucrats, Technocrats, Femocrats. Essays on the Contemporary Australian State, Sydney

Zilian, Hans-Georg / Christian Fleck (1990). Die verborgenen Kosten der Arbeitslosigkeit, Frankfurt
Zilian, Hans-Georg / Bertram Malle (1994). Spreu und Weizen. Das Verhalten der Arbeitskräftenachfrage, Wien